문학사의 이론

지은이_임성운(林成雲, Lim, Seong-Woon)은 동국대학교 국어국문학과를 졸업하고, 동대학원에서 「문학사 기술방법 연구」로 문학박사 학위를 취득하였다. 저서로는 『남도문학과 근대』, 『순천대학교 민주화운동사』(편), 『서울로 가는 Q군에게』 등이 있으며, 현재 순천대학교 사범대학 국어교육과 교수로 재직 중이다.

문학사의 이론

초판인쇄 2012년 8월 10일 **초판발행** 2012년 8월 20일
지은이 임성운 **펴낸이** 박성모 **펴낸곳** 소명출판 **출판등록** 제13-522호
주소 서울시 서초구 서초동 1621-18 란빌딩 1층
전화 02-585-7840 **팩스** 02-585-7848 **전자우편** somyong@korea.com **홈페이지** www.somyong.co.kr

값 25,000원

ISBN 978-89-5626-746-3 93810

文學史의 理論

문학사의 이론

—

The theory of literary history

—

임성운

소명출판

머리말

예술 작품으로 이 세상에 태어난 모든 문학작품들은 그 수준이야 어떻든 시간을 초월하여 유일 단독자로서 존재하고자 하는 야망을 품기 마련이다. 문학사는 이 득의에 찬 야망들을 한 두름 굴비 엮듯 한 줄로 줄줄이 써낸다. 문학사 기술(혹은 서술)은 개개 작품들을 분류하여 시간 속에서 그것들이 유적(類的) 정체성을 지닌 양 묘사하는 작업이다. 역사로서의 문학사가 쓰여지는 것은, 모든 것을 시간과 서사 안에 가두어 이해하여야만 안심하는 인간의 인식 습성 때문이리라. 그러나 문학사의 시간과 서사는 예의 그 개별 작품들의 반란과, 사가들의 사관과 이데올로기를 의심하는 독자들에 의해 곧잘 무너진다. 그래서 문학사는 과연 가능한가 하는 본원적인 질문이 반복적으로 제기된다.

문학사의 본질에 대한 논의는 단순하게 말해서 맥락주의(contextualism)와 형식주의(formalism)의 두 방향에서 이루어질 수 있다. 우리는 그간 민족주의 맥락, 제국주의 혹은 식민주의 맥락, 국가애국주의 맥락, 자본주의 맥락 등과 관련된 논의를 통해서 문학사를 이해하는 편향을 보여왔다. 그래서 얻은 것은 일반사요, 잃은 것은 문학사가 아니었을까. 분과학으로서의 문학사의 존재의 근거는 어디에 있을까. 그것은 바로 문학사의 텍스트성이다. 텍스트로서의 문학사는 항상 형식에 의해 규제되어 자신의 독자적 정체성을 구성한다. 이때 문학사의 형식은 완결성의 이미지를 지닌 이념형(ideal type)을 전제해야 한다. 모든 문학사는, 그것이 아무리 편년체적 문학사라 하더라도, 이념형이 설정한 스펙트럼의 어느 한 지점에 위치한다. 이와 동시에 문학사는 모든 존재물이 그렇듯 다른 담론들과 상호의존적 관계에 있다. 따라서 문학사에 대한 형식주의적 인식과 맥락주의적 인식은 이항대립적 관계에 있는 것이 아니라 대화적 관계에 있게 된다. 문학사 이론에 대한 논의에서 맥락주의적 방법이 문학사의 형식 혹은 형체에 대하여 아주 무관심해서는 안 되는 이유이다.

이 책은 세 시기에 걸쳐 쓴 글들로 이루어졌다. 첫 번째가 1990년에 쓴 본인의 박사학위 논문 「문학사 기술방법 연구」이다. 이 논문이 이 책 전체의 뼈대를 이룬다. 두 번째는 제1부의 제5장 '문학사의 수사학'이다. 2006년에 쓰여졌는데, 학위 논문에서 전혀 다루지 않은, 텍스트로서의 문학사의 소통의 문제를 수사학 측면에서 다루었다. 그리고 세 번째로 쓴 글은 제3부에 실린 '문학사의 언어'와 '민족주의 문학사의 서사' 등인데, 2012년에 썼다. 이 책을 펴내고자 이전에 두 번에 걸쳐 쓴 원고를 검토한 결과 문학사의 언어와 서사에 관한 논의가 미진하였다고 판단하여 쓴 것이다.

이상과 같이 이 책은 세 시기에 걸쳐 쓴 내용을 엮은 것이어서 전체적으로 구성의 체계성과 용어의 일관성을 지켜내지 못한 면이 있다. 그런데 문학사 이론에 대한 세 시기의 연구들은 다 같이 문학사의 텍스트성을 구명해 보려는 형식주의적 접근에 기초하였기 때문에 이 책 전체의 흐름에는 별 문제가 없다고 본다.

그간 실제 연구로서 문학사 기술은 안확의 『조선문학사』(1922) 이래 다수가 이루어졌다. 그러나 그에 비해 문학사 이론에 대한 원론적인 연구는 무척 영성한 편이다. 있었다 하더라도 앞에서 말한 바와 같이 맥락주의에 편향되어 있었다. 문학사의 텍스트성을 구명하는 형식주의적 접근의 필요성은 새삼 말할 필요도 없다. 형식주의적 접근은 무엇보다 문학사의 분과학적 인식을 공고히 하는 데 있다고 본다. 분과학으로서의 독립성 혹은 자율성이 없다면 문학사의 존재 근거를 어디에서 찾겠는가. 문학사에 대한 분과학적 인식은 문학사 연구와 문학사 교육에서 발생하는 주관성과 자의성을 극복하는 길을 열어주기도 한다. 또 하나 덧붙인다면, 기존에 저술된 문학사들을 일관되게 비교해 볼 수 있는 기준점을 마련할 수도 있다.

이상과 같이 문학사 이론에 대한 형식주의적 접근을 토대로 하여 쓰여진 이 책이 그렇다고 맥락주의적 접근을 방기하는 것은 결코 아니다. 다만 문학사의 텍스트성을 강조함으로써 문학사 담론 전개에 있어서 말과 실제와의 거리를 항상 환기해야 한다는 점을 강조해 보고 싶었던 것뿐이다. 담론들은 항상 자체의 논리에 충실한 결과 예상치 못하게 실제와는 항상 낙차를 보이기 마련이다. 이런 인식을 소홀히 할 때 맥락적 논의들은 방만해져 질서화되지 않거나 혹은 형상화되지 않는다. 그 결과는 역사 사실의 파편화이다. 텍스트로서의 문학사에 참여하는 역사적 사실들은 형태 혹은 형체 가운데서만 의미를 갖게 된다.

문학사 이론에 대한 맥락주의적 논의라면 사회역사적 맥락은 물론 장르 갈등, 미의식, 운율, 전통론, 정신사와 양식사의 관련, 문학사와 다른 예술들과의 관계 등 숱한 문제들을 논의할 것이다. 이 책은 이런 문제들에 관해 거의 논의하지 않았다. 다만 말하고 싶었던 것은 그런 숱한 맥락적 문제들도 문학사라는 텍스트 안에서 실현될 때 의미를 지닌다는 사실이었다.

책을 내는 마당에 여러분들이 떠오른다. 우선 부끄럽다는 생각이 든다. 학위논문을 지도해주신 홍기삼 교수님은 "너무 늦었구만"이라 하실 것이다. 고인이 되신 김장호 교수님은 또 뭐라 하실까? 아마 "이제

한 잔 해도 돼나?"라고 하시거나 "다 털고 산에나 가지, 뭘"이라고 하실 것이다. 늦은 밤 막차로 온 기분이다. 항상 격려해 주신 학과 동료 교수님들, 그리고 문학사를 같이 공부하며 고전했던 제자님들에게 새삼 감사를 드린다. 그리고 문학사 이론과 지방문화론에 대하여 관심을 가져주신 국민대학교 정선태 교수님과 순천대학교 최현주 교수님께도 감사드린다. 그리고 난삽한 교정본을 인내심을 가지고 가다듬어준 박장례 박사를 잊지 않겠다. 이 책의 출판은 수년 전 순천대학교 국제교류어학원(전 어학연구소)의 논저 출판 지원 프로그램의 일환으로 기획되었다. 국제교류어학원에 감사드린다. 마지막으로 이 책의 편집과 제작을 담당한 소명출판 직원 여러분들의 노고에 감사를 드린다.

2012년 7월
순천 난봉산하 연구실에서
임성운

차례

제1부_문학사의 이론

서장

왜 '문학사의 이론'인가?

'문학사의 이론'에 대한 연구는 원론적인 차원의 연구이다. 이런 메타적 성격의 논의가 있어야 하는 까닭은, 실용적인 측면에서 말한다면, 기존 문학사 저작들에 다양하게 구사된 방법들을 일관적으로 검토해 볼 수 있는 연구 기준을 설정하는 데 있다. 이런 작업의 필요성은 다음과 같은 연구사적 반성을 통해서 분명히 확인할 수 있다.

구중서는 기존 한국문학사 기술방법론을 검토하고 나서, "…… 대부분의 한국문학사들이 방법론 체계에 있어 아직 정돈되지 못한 상태에 있으며, 여기에 저술자 개인의 연구 취향들이 보태어진 예들이 있다"[1]라고 한다. 이와 같은 현상은 문학사 기술방법에 대한 인식이나 원론적인 연구가 부진한 데서 비롯된 것이라고 판단한다. 한국 문학

---

1 구중서, 「한국문학사 방법론 연구」, 『한국문학사론』, 대학도서, 1978, 78면.
검토의 대상이 된 글은 임화의 「신문학사의 방법론」(1940), 백철의 「국문학사 서술방법론」(1957), 조연현의 「한국문학사 방법론 서설」(1965), 김윤식·김현의 「방법론 비판」(1972), 김동욱의 「한국문학사의 문제점·일반문학사」(1974), 장덕순의 「한국문학사의 방법」(1975) 등이다.

사가들이 문학사 방법에 대한 인식이 철저하지 못하다는 점은 기존 문학사 저작들에서도 확인되는 사항이다. 9권의 문학사 저작을 연구한 이광국은 한국 문학사가들에게는 문학사 기술 이전에 가설의 설정과 사실 선택의 기준 설정이 필요하다는 점을 강조한다.[2] 그리고 심재추는 14권의 문학사에 대한 연구 결과 "문학연구 방법론이 미약한 한국문학은 새로운 방법론의 이론과 논리를 적극적으로 수용할 필요가 있다"[3]라고 한다. 문학사 방법론이나 실제 문학사 저작에 대한 연구에서 지적된 그와 같은 문제점은 거듭 강조하지만, 문학사 기술방법에 대한 인식을 새롭게 해야 한다는 점을 강력히 시사한다 하겠다. 그렇지 않을 경우 예상되는 바와 같이, 연구 출발점의 미비로 그 결과는 거

---

2 이광국, 「한국 문학사 서술의 비교 연구」, 건국대 석사논문, 1979, 66면.
연구 대상이 된 문학사 저작은 안자산의 『조선문학사』(1922), 우리어문학회의 『국문학사』(1948), 조윤제의 『국문학사』(1949), 김사엽의 『개고 국문학사』(1954), 이병기·백철의 『국문학전사』(1959), 여증동의 『한국문학사』(1973), 김석하의 『한국문학사』(1975), 장덕순의 『한국문학사』(1975), 김동욱의 『국문학사』(1976) 등이다.

3 심재추, 「한국 현대문학사 서술방법론 연구」, 건국대 석사논문, 1983, 98면.
연구 대상이 된 문학사 저작은 김동인의 『근대소설고』(1929), 임화의 『개설 신문학사』(1935~1939), 박영희의 『현대한국문학사』(1958)·『초창기의 한국문단측면사』(1959), 백철의 『조선신문학사조사』(1949), 김팔봉의 『한국문단측면사』(1956), 홍효민의 『한국문단측면사』(1958), 조연현의 『한국현대문학사』(1965), 김우종의 『한국현대소설사』(1968), 김병익의 『한국문단사』(1973), 김용성의 『한국현대문학사탐방』(1973), 김윤식·김현의 『한국문학사』(1977), 정한숙의 『현대한국문학사』(1982) 등이다.
이 외에도 기존 한국문학사 연구를 부분적으로 비교·검토한 연구들 가운데 주목할 만한 것들이 있다. 김윤식의 「국문학사 방법론 문제점 및 업적비판의 연구」(『국어교육』 제4집, 1962), 김용직의 「문학의 〈문학〉과 〈역사〉 해석」(『문학사상』 제100호, 문학사상사, 1981) 등이 그것이다.
김윤식의 연구와 이광국의 연구는 문학사를 논리적 형체(形體, format)로, 김용직의 연구는 문학적 사실들의 인과관계의 구성물로, 그리고 심재추의 연구는 정신사로 전제하고서 이루어진 연구들인데, 제 각기 그 나름대로 일정한 성과를 거둔 것으로 판단된다. 그러나 이들의 연구 성과를 서로 비교해 보고 소통시키는 데는 상당한 어려움이 있다. 왜냐하면 각자의 연구방법이 자신만의 회로 속에 갇혀 있기 때문이다. 이것은 문학사 연구라는 이론에 대한 연구를 위한 방법이 정식화되어 있지 않은 데서 비롯된 것이라고 해야 할 것이다. 이론에 대한 연구방법도 이론 자체가 정식화된 연후에 가능하다고 본다.

의 자의적이 될 가능성이 있을 뿐만 아니라 평면적인 비교 수준에 머물고 말 것이다.

그런데 문학사 기술에 대한 연구 기준의 설정을 목적으로 하여 쓰여지는 이 글은 이 글 자체만으로도 충분한 의의가 있다고 생각한다. 이 작업은 궁극적으로 문학사 기술방법에 대한 논의를 통해 학문으로서 문학사의 독립성 또는 당위성을 확보하는 작업이 될 것이기 때문이다. 문학사의 독립성에 관한 문제는 원론적인 수준의 연구에서 다루어져야 할 성질의 것으로서 연구 기준 설정은 무엇보다 방법 그 자체에서 유도될 때 그 신뢰성이 높다 하겠다.

모든 학문 분과들이 학문사회에서 존립하는 근거는 그 나름의 독립성에 있다. 독립성을 지니지 않은 학문은, 있어야 한다는 당위성이 인정된다 하더라도, 그 존립 기반을 잃어버린 나머지 폐기되어야 할 것이다. 이때 독립성은 연구 대상의 독립성과 연구 방법의 독립성을 포괄한다. 이런 점을 전제할 때, 문학사 연구는 현재 엄밀한 의미에서 하나의 학문 분과로 정립되어 있다고 말할 수는 없다. 왜냐하면 연구 대상의 범주가 매우 유동적일 뿐만 아니라, 그럴 듯한 역사상(歷史像, Geschichtsbild)이나 논리적 구조물을 자연스럽게 구성해 낼 수 있는 자체의 명백한 방법을 갖추고 있지 않기 때문이다. 여기서 연구 대상의 범주가 선험적으로 결정되어 있는 것이 아니라 방법에 의해서 결정된다고 본다면, 개별 학문으로서 문학사 연구의 존립 근거는 궁극적으로 방법의 독립성에서 찾아져야 한다고 해야 할 것이다. "현대의 문학연구에서 가장 크게 시련 받고 있는 영역이 문학사다. 역사적 조건과 작가의 창작 과정 사이에 존재할 기계적 인과관계, 또는 문학적 소원(遡源)의 결정적 영향력에 대한 회의론은 문학사 기술을 그만큼 어렵게 만들고 있다."[4] 이것은 근본적으로 문학사 연구의 독자적인 방법이 무엇인가 하는 데서 비롯된 것이다. 현재에도 많은 문학사 저작들은 여타

문학 연구들의 업적과 일반사 연구의 업적들을 아무런 논리적 매개도 없이 적당히 혼합함으로써 방법의 부재를 스스로 드러내고 있다. 그와 같은 절충적인 문학사에서 우리가 보는 것은 개별 문학사들의 역사상이 아니라, 일종의 문명사이거나 잡다하게 집적된 지식들의 파편들일 뿐이다. 이런 현상은 학문으로서 문학사 연구의 독립성에 깊은 회의를 불러일으키기에 충분하다 하겠다. 현재 분과학으로서 문학사 연구의 독립성이 의문시됨으로써 문학사 기술방법이 불안정한 상태에 놓여 있는 것은 분명하다. 문학사 기술방법의 불안정성으로 말미암아 우리들은 문학사 독서와 문학사 교육에 있어 실은 많은 혼란과 무기력을 겪고 있는 실정이다.

기술된 기존 문학사를 읽고 별 재미를 느끼지 못하는 것은 필자만의 생각은 아닐 터이다. 하나의 예술사로서 문학사가 재미없다는 것은 무슨 까닭인가. 이 경우 다음과 같은 아주 고답적인 설명으로써 질문에 답하고자 하는 것은 지나치게 학문의 티를 내는 것이 된다. 즉, '문학예술 작품을 역사적으로 인식하는 일은 원천적으로 잘못된 발상이다, 혹은 양자는 차원을 달리하는 것으로서 하나는 감정적 차원에 관련된 것이며 다른 하나는 지적 차원에 관련된 것이기 때문에 어쩔 수 없는 일이다.' 그러나 대답은 아주 일상적이고도 상식적인 수준에서 가능해야 한다.

많은 문학사들이 편년체적(chronogical) 기술로써 문학사를 대신하거나, 정치적 · 사회적 변화를 기술하는 것으로써 문학사의 변화를 대신하고 있다. 전자는 설명상의 사이 메꾸기(fulling up)가 전혀 되어 있지 않아 어떤 동력을 느낄 수가 없으며, 후자는 일반 문화사 가운데 문학사 부분을 좀더 확대해 놓은 것에 지나지 않기 때문에 문학사를 보고

---

4 김열규, 「고전문학과 현대문학」, 『국어국문학』 제88호, 국어국문학회, 1982, 411면.

자 하는 우리의 기대를 아주 혼란스럽게 한다. 우리가 문학사에 기대하는 것은 역사의 의미이며, 그것도 특수사로서의 문학사의 의미이다. 편년체적 기술에서 우리는 아무런 역사적 의미도 발견할 수 없으며, 정치적·사회적 변화를 통해 문학사의 의미를 발견할 수도 없다. 궁극적으로 두 경우 다 같이 문학사의 상을 구축하는 데 실패하고 있다. 독자는 역사 텍스트에 구축된 역사상을 통해 역사의 의미와 마주서게 된다. 역사상은 역사의 줄거리와 그 표현에 의해 형성된다. 연대기적 사실들이나 문학 외적 지식들의 집적으로 줄거리가 짜여지는 것은 아니며, 따라서 문학사의 상이 구현되는 것도 아니다.[5]

우리가 읽는 문학사가 혹여 재미없었다고 한다면 바로 기대하는 바의 문학사의 상을 만나지 못했다는 사실을 의미하게 된다. 같은 논리로 우리가 어떤 문학사를 읽고, 가다가 재미를 느꼈다면 거기에는 반드시 어떤 문학사의 상이 구현된 경우일 것이라고 단언해도 좋다. 우리가 문학사 저작에 일차적으로 기대하는 바가 재미일 수는 없다 하더라도 지식의 보편적인 가치에 대한 믿음이나 사회적 환원이라는 면에서 재미를 전적으로 도외시할 수도 없고 해서도 안 될 것이다.

그러나 이와 같은 독자 수용 측면에서의 재미의 문제도 궁극적으로

---

5 모든 서사 텍스트는 내용의 차원인 이야기와 표현의 차원인 이야기하기라는 두 가지 국면으로 이루어진다(한용환, 『소설의 이론』, 문학아카데미, 1990, 93면)고 하였을 때, 문학사의 줄거리는 전자에 해당한다. 그러면 역사서술에 있어서 줄거리, 즉 이야기를 구성하는 요소는 무엇인가. 일반사에 있어서는 인간이다. 문학사에 있어서도 인간, 즉 작가인가, 아니면 그 결과인 문학작품인가. 전자를 주된 요소로 인식할 경우 정신사적 형태의 줄거리가 짜여질 것이며, 후자를 주된 요소로 인식할 경우 양식사적 형태의 줄거리가 짜여질 것이다. 따라서 하나의 역사상을 지닌 완결된 텍스트로서 문학사 저작을 연구할 경우 줄거리의 짜임새에 주목하는 일은 그 내용 차원을 분석하는 데 유용한 지침을 제시해 주리라고 본다. 물론 거의 같은 수준으로 문학사 텍스트의 또 다른 국면, 즉 표현의 차원인 이야기하기라는 국면에도 관심을 가져야만이 연구는 소기의 목적을 달성할 수 있을 것이다. 그 국면 가운데 가장 중심적인 것은 문학사 서술 문체에 관한 것이다.

는 문학사 기술방법 안에서 이론적으로 정식화되지 않으면 안 된다. 그렇지 않을 경우 문학사 기술은 아무런 논리적 근거도 없이 주관화될 것이며 재생산력을 지니지 못할 것이다. 그간 일반 독자들에게 유익한 문학사 저작이 없었던 바도 아니다. 그러나 그것이 하나의 역량으로 축적되지 못하고 간헐적이었던 근본적인 이유는 따지고 보면 방법에의 반성이 철저치 못한 데 있었다고 해야 할 것이다. 방법에의 자각 없이도 역사를 쓸 수 있다는 말은 이 경우에는 좀 무책임한 소리로 들린다 하겠다.

문학사 기술방법의 불안정성은 한편으로 현재의 문학사 교육을 아주 무기력하게 만들고 있다. 흔히들 문학사는 문학 연구의 정점에 있는 학문인 것처럼 이야기들을 하고 있는데, 우리는 과연 이에 상응할 만큼 문학사 연구를 수행하고 있으며, 그 강의 또한 내실 있게 이루어내고 있는지 성찰해 볼 일이다.

대학에 문학사 강좌가 개설된 초기에 그것은 국문학의 여타 강좌들에 대해 중심적이며 지배적인 위치에 있었을 것으로 추단된다. 그 이유는 이렇다. 국문학 연구 1세대들이 "역사의 서술 그 자체가 민족문학의 실상을 찾는 문화적인 민족운동의 일환"[6]이라는 자긍심을 지니고 있었기 때문이다. 또한 문학사가는 전체적인 조망 하에 개별적인 연구 성과들을 총괄하는 것이 문학사의 임무인 것처럼 인식하고 있었다는 판단 때문이다. 그래서 당시에는 문학연구에 종사하는 사람들의 최고의 보람과 목표는 문학사 기술에 있다는 말을 믿어 의심치 않았을 것이며, 문학사 강좌에 임하는 자세 또한 각별했으리라. 이제 그 누구도 민족적 자긍심이 학문의 객관성을 보장한다거나 개별 연구 업적들을 총괄한다고 해서 문학사가 구성된다고 생각지 않는다. 전자에 대한 비

6 이재선, 「한국문학 연구의 회고와 전망」, 『한국문학의 해석』, 새문사, 1981, 253면.

판은 상식적인 것이며, 후자에 대한 회의는 보다 본질적인 것이다. 전통적인 문학사 기술 관습—지식 생산에 한계를 드러낸—에 젖어 있는 텍스트를 대상으로 하여 문학사 교육을 수행하는 것에 대해서 회의가 제기된 것은 상당히 오래된다.[7] 일반 역사로 하여금 문학사를 말하게 하는 일이 얼마나 허망한 일이며, 개별 연구들의 성과를 편집해서 강의가 이루어지는 것이 얼마나 또 당치않은 일인지, 드러내 놓고 말하지는 않지만, 실은 문학사 강좌는 깊은 곤경에 처해 있는 실정이다. 이는 독자적인 학문 분과로서 문학사 연구가 자기 정체성을 상실한 데서 비롯된 것이라 해야 할 것이다. 더욱이 국문학의 다른 강좌들이 보다 새롭고 정치한 접근 방법으로 해당 영역을 심도 있게 다루고 있다는 사실을 의식했을 때 그 초조감은 이루 말할 수 없으리라. 이제 문학사 강좌는 국문학의 여타 강좌들에 대해 지닌 지배적이며 중심적인 위치를 스스로 포기해야 할 지경에 이르렀다고 해서 지나친 말은 아닐 듯싶다. 문학사 교육이 활성화되기 위해서도 학문으로서 문학사의 당위성이 확보되어야 한다는 것은 명백하다.

지금까지 문학사 기술방법의 불안정성으로 말미암아 야기되는 문제점을 문학사 독서의 측면과 문학사 교육의 측면에 한정해서 다소 거칠게 말해 보았지만, 이는 문학사 기술이라는 학문적인 측면에서도 철

---

7 우리나라에서 문학사 연구에 대한 집단적인 반성이 본격적으로 이루어진 것은 1969년도에 국어국문학회가 주최한 '제12회 전국 국어국문학 연구발표대회 심포지엄'에서라고 할 수 있다. 당시 국문학 분야에서는 '국문학 연구 현상과 장래'라는 주제하에 네 편의 논문이 발표・토론되는데, 여기에 문학사 연구에 대한 두 편의 발표가 포함되어 있다. 「국문학사 정리는 어디까지 와 있는가」(백철)와 「한국문학사의 현황과 장래」(김열규)가 그것이다. 백철은 확실한 문학사관을 가지고서 전통단절론을 극복할 것과 환경론 중심의 문학사 서술 방법을 극복할 것을 주장한다. 그리고 김열규는 한국문학사의 당면과제로서 문학사의 학문적 당위성의 확보, 기계론적인 합리주의 및 진화론적 사관의 극복, 문학론과 배경론에 매개된 과학적 문학사, 그리고 고전・현대문학의 대립의 극복 등을 들고 있다. 두 편의 주제 발표는 문학사 연구방법에 대한 반성에 초점이 맞추어져 있지만 문학사 교육의 문제도 짤막하게 언급하고 있다.

저하게 인식되어야 할 사항임은 두말할 필요가 없다. 문학사 기술방법에 대한 반성이 없이 새로운 문학사를 기술한다는 것은 기존 문학사에 새로운 사실들을 덧붙여 놓은 문학사를 또 하나 낳는 결과에 지나지 않을 것이다. 말할 것도 없이 새로운 문학사란 새로운 사실들을 덧붙여 놓은 문학사가 아니라 새로운 관점이나 방법에 의해서 이루어진 것이어야 한다. 이때 우리는 역사란 있는 그대로의 것을 그냥 그대로 기술하는 것이 아니라, 역사가의 관점에 의해 발견되는 것이라는 견해를 승인해도 크게 무리는 없다 하겠다.[8] 새로운 문학사를 구성하기 위해서는 자료의 문제도 중요하다 하겠지만, 그에 못지않게 기술방법에 대한 숙고 또한 중요하다는 사실을 간과해서는 안 될 것이다.

새로운 문학사 기술의 의의는 개별적인 문학연구들의 총체적인 정리라는 연구 집단 내의 문제만으로 한정되지는 않는다. 문학연구의 총체적인 결과로서 문학사가 기술됨으로써 문학에 관한 새로운 지식이 드디어 우리의 삶에 직접적으로 응용될 수 있는 단계에 들어서게 된다는 데 또 다른 의의가 있다. 따라서 텍스트로서의 문학사의 실제적이고도 효용적인 가치는 연구 현장에서 새로운 연구의 출발점을 제시하는 데서뿐만 아니라, 문학사가 일반 독자들에게 향수되고, 문학교육에 있어 하나의 텍스트로서 사용되는 데서도 충분히 드러나야 한다. 이와 같은 목적을 달성하기 위해서는 무엇보다 문학사 기술방법에 대한 원

---

8 조동일은 문학사 연구에 있어 자료에 대한 이론의 중요성을 다음과 같이 언급한다. "…… 자료학이라도 경험의 누적만으로는 올바르게 될 수 있는 것이 아니다. 이론적인 각성과 문제의 발견은 자료학에서도 새로운 인식을 가능하게 한다. 자료는 있기 때문에 소중한 것이 아니고 연구에서 활용될 때 소중하게 되며, 연구에 활용되기 위해서는 자료가 자료 자체로서 머무르지 않고 문제와 방법에 따라서 분석되고 해석되어야 마땅하다. 문학사 연구의 경우에도, 문학사의 원리와 방법에 대한 자각이 이루어질 때 자료의 의의가 더욱 부각되고, 자료의 확대와 광범위한 활용이 비로소 절실하게 요청되는 데 이른다."(조동일, 「문학사는 어떻게 이해할 것인가」, 『문학연구방법』, 지식산업사, 1980, 261면)

론적인 차원의 연구가 견실하게 이루어져야 한다고 본다. 이것은, 앞에서도 언급한 바와 같이, 학문사회에서 문학사 연구가 하나의 분과학으로서 독자성이나 당위성을 확보하는 것이기도 하다.

그런데 우리는 지금까지 이 글 자체의 의의를 강조하면서 은연중에 이상적인 문학사 방법이 존재하는 것처럼 말한 결과를 빚고 말았다. 그러나 실제로 이상적인 문학사 방법이란 있을 수 없으며 오직 실천된 문학사 방법만이 있을 뿐이다. 우리는 다만 기존에 실천된 문학사 방법을 토대로 하여 새로운 문학사 방법을 구상하는 것이다. 시대마다 새로운 문학사 방법을 구상하는 것은 사고의 변화에 대응된다.[9] 방법은 사고의 변화를 수용하든 거부하든 그에 대해 적극적으로 대처해야 한다. 왜냐하면 세계에 대한 설명력을 소진해 버린 설명 모델로서의 방법은 쇠퇴하기 마련이기 때문이다. 변화에 대처하는 일은 기존 방법에 대한 반성에서 시작된다. "모델의 역사에서 쇠퇴기가 되면, 모델 자체를 재조정하는 일에, 다시 말해 그것을 연구 대상과 나란히 서도록 되돌리는 일에 상대적으로 더 많은 시간이 소비되어야 한다. 이제 연구는 실제적이라기보다는 이론적이 되고 그 자체의 전제들(모델 자체의 구조)로 되돌아가는 경향"[10]이 생긴다. 그래서 실제적인 작업도 중요하지만 작업 수행에 기초가 되는 방법에 문제가 있다고 판단되면 의식적으로 방법 그 자체를 연구대상으로 삼아야 할 필요성이 제기되는 것이다.

이 글은, 앞에서 밝힌 바와 같이, 기존에 실천된 한국문학사 기술 양상을 일관되게 검토해 볼 수 있는 기준으로서 문학사 기술방법에 대한

---

9 그런 의미에서 과거에 실천된 문학사들은 각 시대의 사고에 대응해서 그 시대의 욕구를 충족시켰던 것으로 이해되어야 할 것이다.

10 Fredric Jameson, *The Prison-House of Language : A Critical Account of Structuralism and Russian Formalism,* New Jersey, Princeton University Press, 1972; 윤지관 옮김, 『언어의 감옥—구조주의와 형식주의 비판』, 도서출판 까치, 1985, i면.

원론적인 연구이기 때문에 새로운 문학사 기술방법을 논의하는 것은 아니다. 다만 이 글은 어떤 문학사 기술방법을 지향하든 문학사 기술방법이라면 기본적으로 포함해야 할 원리, 범주, 기준 등을 논의한다.

다음으로 그와 같은 원론적인 연구가 문학사 연구 영역에서 어떤 위치를 차지하는가를 간단히 살펴보자.

모든 경험과학은 이론 연구와 실제 연구를 포괄한다. 조동일은 문학사 연구의 영역을 이론 연구와 실제 연구 둘로 나누어 이것을 학적 수준에서 이론학과 자료학이라 이름붙이기까지 한다.[11] 그는 문학사란 문학사에 관한 이론만 가지고 쓸 수 있는 것이 아니며, 문학사의 서술이나 문학사적 연구는 문학의 실상을 구체적으로 다루는 작업이어야 하고, 문학사 연구는 이론학과 자료학이 하나로 합치되는 것을 이상으로 삼아야 한다고 강조한다.

문학사 연구에 있어서 이론 연구와 실제 연구는 각자 독자성을 지니면서 상호규정적 관계로 해당 학문 영역을 구성하여야만 한다. 이에 따라 그 두 영역에서 생산된 지식들은 논리적으로 체계화되고 나아가서는 계서화되어 비로소 하나의 분과학으로서 정립하게 된다. 그런데 현재 문학사의 이론 연구와 실제 연구의 상호관계가 논리적으로 확실하게 규정되지 않음으로써 이론적 차원의 개념과 경험적 차원의 개념이 연계되지 않은 채 단순히 병렬적으로 사용되거나 심지어 착종현상을 빚기까지 하여 인식론상 혼란을 야기하는 경우가 허다하다.[12]

문학사의 이론 연구와 실제 연구 사이의 상호규정성을 올바르게 해명하기 위해서 문학사 연구는 다음 두 가지 점을 전제해야 한다고 본다. 첫째로 문학사 연구는 학문 이론적 특수성을 지니고 있다는 점이

---

11 조동일, 앞의 책, 260~261면.

12 학문 연구에 있어서 개념의 혼란은 치명적이다.

다. 이것은 분과학으로서 문학사 연구가 역사성과 과학성, 그리고 예술성의 상호관계를 어떻게 인식해야 하는가에서 나타난다. 둘째로 문학사 연구 자체가 그 나름의 이론적 구조를 지닌다는 점이다. 이것은 모든 문학사 지식들은 하나의 완결된 텍스트(또는 담화) 내에서만 의미를 지닌다는 점에서 그렇다.[13] 다시 말하면 문학사 지식들의 의미는 구조 기능적으로 결정된다는 뜻이다. 이와 같은 인식은 문학사 연구에서 생산된 지식들이 체계화될 수 있는 준거틀이 되어준다. 이것은 또 역사 연구가 어떤 세계관과 이데올로기를 토대로 하고 있든 간에 형식이론(formal theory)을 필요로 하는 근거가 되기도 한다.[14] 여기서 우리는 문학사 연구의 전제를 둘로 나누어 말했지만, 문학사 연구의 기본적인 문제들을 원론적 차원에서 구명하는 작업은 문학사 연구 자체의 이론적 구조를 설명하는 작업을 거치게 되므로 결국 하나의 문제라고 말할 수 있다.

그러면 문학사 연구에 있어서 이론 연구와 실제 연구는 어떻게 상호관련을 맺게 되는가? 문학사의 이론 연구는 말 그대로 이론을 지향하고, 실제 연구는 실천을 지향한다. 문학사 연구가 분과학으로서 그 정당성을 확보하기 위해서는, 이상적으로 말해서 실제적 연구와 이론적 연구가 순환관계를 이루지 않으면 안 된다. 어느 학문에서나 두 연구는 상호 추동하여 해당 학문의 연구 수준을 향상시키기 때문이다. 문학사의 두 연구 영역이 지향하는 바가 서로 다르기 때문에, 문학사 연구는 그 두 연구에서 생성된 지식들을 매개하는 새로운 형식의 지식을 필요로 한다. 왜냐하면 문학사 연구에 있어서 추상적인 이론과 구체적

---

13 달리 말한다면, 모든 문학사 지식들은 완결된 텍스트에 수렴될 때만이 의미를 지니게 된다. 이때 문학사 지식들은 구조 기능적인 의미를 지닌다고 할 수 있다.

14 이와 같은 관점에서 기존 역사 서술을 연구한 저작이 헤이든 화이트의 『19세기 유럽의 역사적 상상력-메타 역사』(천형균 옮김, 문학과지성사, 1991)이다.

인 실천은 직접적으로는 만나지 못하고, 그들을 매개하는 지식이 있어야 비로소 관계를 맺을 수 있기 때문이다. 실제는 그 자체로 지식이 되지 않는다. 우리는 앞에서 일반적으로 문학사의 이론 연구와 실제 연구 간의 상호관계에 대한 인식이 철저하지 못하다고 지적하였는데, 바로 이 점을 두고 한 말이다.

그렇다면 실제를 지식이 되게 하는 것은 무엇인가? 반복하자면, 이론 연구와 실제 연구를 매개하는 일은 어떤 연구 영역이 담당하는가? 매개적 기능을 담당하는 연구를 학문론에서는 방법론(또는 모형론)이라 한다. 이때 방법론은 조사방법 등 기술적인 차원의 방법에 그치는 것이 아니라 인식론을 포함한다. 그렇다면 원론적 수준에서 우리는, 이론은 특수한 방법을 함축하고, 모든 이론은 자신의 방법을 지닌다고 가정하여야 한다. 문학사 연구에 있어서 원론적인 수준에서 이런 점을 논의하는 것은 이론 연구의 소관이다.

그런데 이와 같은 문학사 연구의 영역들은 단순히 병렬된 채로 평면적인 관계에 머물러 있는 것이 아니다. 각 영역들이 독자적인 기능만을 수행하고 있다면, 그 영역들은 단순히 층위적 수준에 머물러 있게 되어 생산된 지식들 또한 고립분산 상태에 빠지게 된다. 따라서 세 영역은 이론적 수준에서 상호규정적 관계에 있는 것으로 가정되어야 하고, 상호 순환과정에 있는 것으로 이해되어야 한다. 이렇게 될 때 세 연구 영역에서 생산된 지식들은 일련의 체계를 이루게 된다. 따라서 각 영역들은 단순히 층위적 수준에 머물러 있는 것이 아니라, 연구의 과정이나 단계에 놓여 있는 것으로 이해되어야 한다. 말하자면 현상에서 법칙을 찾아내어 이론을 수립하는 과정 자체가 문학사 연구의 학문적 정체성과 정당성을 확보해 가는 과정이며, 현상에 관한 확고한 지식, 곧 개념과 명제들의 체계로서 이론이 존재할 때 비로소 문학사 연구가 하나의 분과학으로 존립하게 되는 것이다. 그렇게 수립된 이론은 다시 현상을 검증하고 설명하는 상위 기제가 됨으로써 이론과 현상이 상호 규정적으로 발전하게 된다. 이론과 현상을 매개하는 이 과정에 문학사 연구의 방법론이 존재하게 되는 것이다.[15] 따라서 방법론은 언제나 현상과 이론에 대하여 종속적이다. 그러나 이론 생성 과정에 간여한다는 점에서 메타이론적이라고 말할 수도 있다. 문학사 연구의 실제 현상과 문학사 연구 이론과의 관계 위에서 방법론을 모색할 수 있다는 뜻이다. 결국 문학사 연구 방법론이 모호한 것은 문학사 연구 이론이 모호하다는 사실을 증거하는 동시에, 이론의 모호함을 낳는 이유가 된다. 이론의 모호함이 문학사 연구의 학문적 성격을 모호하게 함으로써 학적 정체성과 정당성을 약화시키는 것이다. 지금까지의 논의를 요약하자면, 문학사 연구 영역은 이론 연구와 실제 연구 그리고 이들 두 연구를 매개한 방법론 연구 등 세 가지라고 할 수 있다. 이 가운데 본『문학사의 이론』은 부분적으로 이론 연구와 방법론 연구에 걸쳐 있다.

이 글은 전체적으로 다음과 같이 짜여져 있다.

이 글은 기술된 문학사 저작을 다음과 같이 전제한다. 즉, 문학사란 문학사 기술방법의 구성적 이념들의 유기적 상호관계에 의해 이룩된, 논리적으로 완결된 형체(形體, format)이다. 여기서 강조하고자 한 것은 문학사의 구성 요소들은 텍스트 내에서 유의미하다는 점이다. 이때 형체로서의 문학사는 개별 문학사가들의 사관에 의해 구체화되어 하나의 역사상을 지니게 됨은 물론이다.

이 전제를 충족시키고자 한다면 하나의 문학사 기술방법론은 다음

---

15 이런 전제는 문학사 연구의 결과로 생산된 지식들 상호간에 계서화가 가능하도록 한다. 학문 연구에 있어서 계서화되지 못한 지식들은 단편적일 뿐 재생산력을 지니지 못한다. 거듭 강조하자면 문학사가 과정적 연구 단계를 거쳐 문학사 연구의 지식들이 총체적으로 논리화되고 계열화된다면, 세 단계에서 생산된 모든 지식들은 유기적으로 통합될 수 있다.

과 같은 점들을 논리적으로 체계화하여야 할 것이다. 즉, ① 연구 출발점으로서의 문학사라는 대상의 규정, ② 문학사 기술방법의 구성적 이념들의 상호관계, ③ 문학사관에 의해 구체화된 문학사의 형태 및 그 상호관계, ④ 인문과학 방법으로서 문학사 방법의 변화 요인과 그 성격 등. 이것들은 학문사회에서 문학사 연구가 하나의 분과학으로서 독립성 또는 정당성을 확보하기 위해서 기본적으로 갖추어야 할 이론적 조건들이다. 이 가운데 특히 ④에 대한 인식을 포함해야 하는 까닭은 이렇다. 앞의 것들이 대체로 문학사 방법에 대한 공시적 이해인 데 반해 ④는 통시적인 이해에 해당된다. 이론 체계에 대한 논의도 양자의 접근이 동시에 이루어질 때 완결된다고 본 것이다.

이에 따라 '제1부 문학사의 이론'은 다음과 같이 구성된다.

1장에서는 먼저 일반적으로 문학사의 개념을 어떻게 인식하고 있는지 그 양상을 검토한 다음, 각 개념들이 철학적 기초를 달리함으로써 문학사의 원리・범주・기준 등이 어떻게 달라지는지를 검토한다. 또한 개념 형성의 역사적 배경을 통해 문학사 인식의 변화도 추적한다. 여기서 철학은 개별 문학사가들에 의해 구체화되어 문학사관으로 나타나게 되는데, 문학사관이 문학사 방법 내에서 어떻게 기능하느냐 하는 점은 다음 장에서 다루어진다.

2장에서는 어떤 문학사 인식을 지니든 문학사 기술방법이라면 공통적으로 지닐 수 있는 구성 요소, 즉 구성적 이념들을 상정한 다음 그것들의 상호관계를 정식화한다. 여기서 구성적 이념들로 상정된 요소는 문학사관, 시대구분 문제, 설명의 문제, 그리고 문학 내적 사실과 외적 사실 간의 관계 등이다. 그런데 문학사관과 다른 구성적 이념들은 같은 차원의 것이 아니라고 보아 그 상호관계는 따로 검토한다.

3장에서는 문학사 기술방법의 분류 기준과 분류 양상을 먼저 살펴본 다음, 1장의 문학사 인식이 2장에서 논의된 구성적 이념들을 어떻게 특성화하는지를 문학사 유형별로 검토한다. 여기에는 문학사 유형들의 실제적인 상호관계와 그 혼효 현상에 대한 검토도 부분적으로 포함된다.

4장에서는 문학사 기술방법의 상호관계를 공시적인 측면과 역사적인 변화의 측면에서 고찰한다. 이 일은 방법들의 상호 공존성과 경쟁성에 대한 탐색을 통해 방법들이 하나의 패러다임(paradigm)으로서 상호 간에 어떤 대안적 성격을 지니게 되는가 하는 점을 알아보는 것이 된다. 방법들의 실제적인 관계에 대해서는 앞 장에서 언급할 것이므로 여기서는 다만 방법들의 상호관계가 지니는 본질적인 특성만을 살펴보게 된다. 본질적인 특성이란 하나의 인문과학 방법으로서 문학사 기술방법이 지니는, 이론 내적 수준에서의 특성을 말한다.

5장에서는 문학사의 수사학을 논의한다. 문학사를 서사 텍스트로 전제한 논의이다. 모든 서사 텍스트는 서사 차원과 담화 차원으로 이루어진다는 것이 서사학자들의 공통된 의견이다. 문학사의 수사학은 서사 텍스트로서의 문학사의 담화 차원에 관한 논의이다.

'제2부 문학사 인식의 쟁점'은 앞 장들에서 제기될 수 있는 문제점들을 적출·항목화하여 논의한 것인데, 한국문학사론과 관련시켰다. 여기서 문제점이란 지금까지의 논리 전개상 다룰 수 없었거나 부분적으로만 다룬 것 가운데 쟁점이 될 수 있는 것들이다. 이들 가운데는 기존 한국문학사론에서 쟁점으로 거론된 것도 있으며 새로운 쟁점으로 부각시켜 볼 만한 것도 있을 것이다.

마지막으로 '제3부 '문학사의 이론'을 위한 보론'은 문학사의 언어, 민족주의 문학사의 서사, 문학사의 유형론과 개별 문학사, 문학사 기술방법론 연구사[16] 등을 논의할 것이다. 이 논의들은 '제1부 문학사의

---

16 이것은 원래 필자의 학위논문 「문학사 기술방법 연구」(1990)의 '연구사 개관'으로 쓰

이론'을 전개하면서 충분히 논의하지 못한 점을 보완하기 위하여 쓴 글들이다.

이 글은 연구 진행과정에서 인접학문으로부터 많은 지적 정보를 제공받게 된다.

첫째로는 철학이다. 이론이나 방법을 직접 문제 삼는 메타이론적(meta-theorical) 성찰은 철학을 이용하지 않고서는 불가능하기 때문이다.[17] 대상의 범주 설정과 대상에 대한 인식 가능성의 문제는 기본적으로 철학의 영역이다. 그 많은 문학사 논쟁 또한 따지고 보면 궁극적으로 철학과 관련된다. 다음으로 특수문화사로서의 문학사를 인식하는 데 있어서 일반 역사이론을 참조한다는 것은 지극히 당연하다 하겠다. 그러나 일반 역사이론으로부터 문제 설정과 범주들은 물론 개념들을 넘겨받기는 하지만 우리는 이것들을 문학사 연구의 특수성에 비추어 재정식화한다. 그리고 이 글은 그 친연관계로 해서 문학비평론에 많은 신세를 지게 된다. 여기서도 그것을 단순히 차용하는 것이 아니라 분과학으로서의 문학사 인식에 전이시킬 것이다.

이와 같이 인접학문들에서 개발된 지식들을 원용함으로써 이 글은 용어 사용 면에서 다소의 혼란을 자초할 수 있는 가능성이 충분히 있다. 그때그때 설명을 붙여 재조정해 나가기로 하겠다. 그리고 문학사론이든 그 밖의 것이든 기존 업적들을 참조함에 있어서 가능하면 중립적이고자 한다. 현재로서 문학사 기술방법에 대한 전체적인 조망을 얻는 일이 무엇보다 앞서서 이루어져야 한다는 판단 때문이다.

인 것이다. 90년 이전 논의들만을 대상으로 한 연구이기 때문에 시의성이 떨어진다는 생각이 들지만 그 나름의 연구사적 의의가 있다고 판단하여 수록하기로 하였다.

17 A. Schaff, *History and Truth*, 김택현 역, 『역사와 진실』, 청사, 1982, 138면.

제1장
문학사에 대한 인식과 그 변화

1. 문학사에 대한 인식

'문학사 기술방법'이란 말은 그 안에 포함된 '문학사'라는 말이 '실재적인 문학 그 자체의 역사'라는 의미를 갖는다고 생각할 때만이 적절한 것이 된다. 그러나 '문학사'라는 말은, 앞으로 살펴보겠지만, '실재적인 문학에 대한 연구방법'의 의미로도 쓰이는데, 이때 '문학사 기술방법'이란 말은 기껏해야 '문학사'라는 말과 '기술방법'이란 말이 병치되어 동어반복 현상을 보이고 있는 것 정도로 이해될 수밖에 없다. 이렇다면 우리가 '문학사 기술방법'이란 말의 적절성에 의아심을 품는 것도 당연하다 하겠다.

먼저 문학사라는 말이 일반적으로 어떻게 쓰이고 있는지 몇 가지 실제적인 예를 통해서 알아보는 것으로부터 논의를 시작하자.

① 문학사라는 것은 문학의 기원・변천・발달을 질서적으로 기재한 것이라. 즉, 일국민의 심적 현상의 변천・발달을 추구하는 것이라.[1]

② "그 문학에 나타난 한 민족의 정신의 흐름을 기술한 것"이 문학사라고 정의하는 것이 보통이다.[2]

③ 문학사는 실체가 아니라 형태이다.[3]

④ 그[문학사] 저술은 반드시 그 자체로서 이해 가능한, 배타적 체계를 갖추고 있어야 하고, 한편 그 대상이나 요소군은 역사나 문학사의 관여적 분류원리에 따라 기술되고 있지 않으면 안 되는 것이다.[4]

위에 든 예들을 통해 우리는 문학사라는 말을 다음과 같이 두 가지 의미로 쓰고 있음을 알 수 있다.

첫째, 우리는 문학사라는 말을 과거 문학의 과정 그 자체를 의미하는 것으로 사용한다. 위의 예들 가운데 ①, ②가 여기에 해당된다. 이 경우 문학사가는 과거 문학의 실상이나 그 경과가 어떠했는가를 설명하려고 할 것이며, 또 어떤 문학사가는 과거의 문학들 가운데서 사가의 시야를 넘어서 있는 의미나 패턴 또는 법칙 등을 찾아내려고도 할 것이다.

둘째, 우리는 문학사라는 말을 과거의 문학에 대한 연구방법을 의미하는 것으로 사용한다. 위의 예들 가운데 ③, ④가 여기에 해당된다. 이 경우 문학사는 과거 문학의 실체가 아니라 그에 대한 인식 또는 사고의 결과, 즉 지식이다. 그래서 문학사가는 특히 문학의 과거를 어떻

---

1 안자산, 『조선문학사』, 한일서점, 1922, 2면.

2 이상섭, 『문학비평용어사전』, 민음사, 1976, 78면.

3 김윤식・김현, 『한국문학사』, 민음사, 1973, 8면.

4 김상일, 「문학사와 그의 대상」, 『한국문학』 68호, 한국문학사, 1979, 365~366면. 여기서 '관여적'이라는 말은 '내적'이라는 의미를 지니는 것으로 설명되고 있다.

게 인식할 수 있는가 하는 점에 대하여 반성적인 사고를 의식적으로 하게 된다. 다시 말하면 문학사가는 실제적인 문학사 연구에 앞서 문학사의 이해나 설명 방법, 문학적 사실의 객관성 문제, 인과판단의 문제 등 연구방법의 본질에 대하여 일차적인 관심을 갖게 된다.

전자의 의미에서 "국문학사란 무엇인가?"라고 물을 때, 우리는 "국문학사는 우리 국문학과 한문학과의 투쟁의 역사이었고, 또 조선에 일어나는 모든 문화와의 교섭의 역사"이었다[5]와 같은 대답을 들을 것이다. 후자의 의미에서 "국문학사란 무엇인가?"라고 물을 때, 우리는 "국문학사가들의 연구 방법에 따라 각기 다르게 나타난 형태—실체가 아니라—이다"라는 대답을 듣게 될 것이다.

이처럼 "문학사란 무엇인가?"에 대한 대답이 서로 다른 두 방향에서 가능할 수 있는 것은 기본적으로 문학사 인식론 문제와 관련된다. 문학사를 인식할 경우 문학이라는 인식대상과 대상에 대한 인식방법—이것들은 문학사 인식론을 구성한다—가운데 어느 쪽을 강조 혹은 선택하느냐에 따라 그에 대한 대답은 전혀 다르게 나타난다. 문학사를 '과거 문학의 과정 그 자체'라고 했을 때 이것은 문학이라는 존재 그 자체를 강조한 대답이며, '문학에 대한 인식'이라고 했을 때 이것은 당연히 문학에 대한 인식방법과 관련된 대답이다. 전자의 의미를 지향할 경우 문학사는 '문학의 역사'가 되며, 후자의 의미를 지향할 경우 문학사는 '문학의 역사의 과학'이 되는 것이다.[6] 문학사가가 그 가운데 어느 쪽을 선택 혹은 강조하느냐 하는 문제는 궁극적으로 사가의 이념이나 세계관과 관련된다. 다시 말하면 문학사의 인식은 사가의 이념에 의해

---

5 조윤제, 『국문학사』, 동국문화사, 1949, 493면.
이 정의는 다만 설명을 목적으로 한 것이기 때문에 전적으로 적합한 것으로 생각해서는 안 된다.

6 김윤식, 「국문학사의 방법론 · 문제점 및 업적비판의 연구」, 91면.

서 선택되고 강조되는 것이다. 이 점은 철학상의 인식론 문제와 관련시켜 생각해 보면 보다 분명해진다.

샤프(Adam Schaff)는 철학상의 인식과정에 대한 고전적인 분석들에는 어느 것에나 다음과 같은 세 가지 기본적인 요소가 들어 있다고 한다.[7] 즉, 인식주체(the cognitive subject), 인식대상(객체)(the object of cognition) 및 인식 과정의 결과로서의 지식(knowledge as product of the process of cognition)이 그것이다. 그는 이 세 가지 요소 가운데 인식주체와 인식대상이 맺는 관계의 양상에 따라 인식 과정을 세 가지 모델로 유형화한다. 즉 객관적 요소를 강조하는 반영론적 모델, 주관적 요소를 강조하는 관념론적 모델, 그리고 인식 요소들의 상호작용의 원칙을 내세우는 변증법적 모델 등이 그것이다. 모든 학문연구 방법들은 기본적으로 이 세 가지 모델들 가운데 어느 하나에 기초를 둔다고 가정할 수 있다.

역사인식에 있어서 실재적인 객관성을 우위에 둔다면 그 방법은 반영론적 모델에 인식의 기초를 둔다 하겠고, 주관성을 우위에 둔다면 그 방법은 관념론적 모델에 인식의 기초를 둔다 하겠다. 물론 어떤 역사인식은 세 번째의 변증법적 모델을 지향하기도 할 것이다. 이 점은 특수사로서의 문학사 인식에도 그대로 해당된다. 문학사가 '문학의 역사'라는 의미를 지닌다고 했을 경우에는 문학이라는 인식 대상이 인식주체보다 우위에 있다는 관념을 토대로 한 것이며, 문학사가 '문학의 역사의 과학'이라는 의미를 지닌다고 했을 경우에는 그 반대가 된다.

이 글에서는 전자의 문학사 개념을 '실재로서의 문학사'라 하고, 후자를 '방법으로서의 문학사'라 부르기로 한다.[8] 전자는 인식대상, 즉 문

---

7 A. Schaff, 김택현 역, 『역사와 진실』, 청사, 1982, 70~76면 참조.

8 일반 역사학에서도 '역사'라는 말은 다음에서 볼 수 있듯이 일반적으로 두 가지 의미로 쓰이고 있다.
"첫째, 우리는 역사라는 말을 사건의 과정, 곧 현실의 어떤 지층을 가리키는 말로 사

학사가 현실 내에 실재하는 것으로 인식하고서 그것을 찾아내기만 하면 된다는 본질주의적 입장에 서며, 후자는 문학사를 인식의 결과로 보는 입장, 즉 방법이 대상을 창조한다는 현재주의적 입장에 선다는 의미에서이다.[9] 그런데 이와 같은 문학사 개념의 차이는 그것들을 각기 실천하는 방법에 있어서 커다란 차이를 드러낸다. 이 점을 문학사 기술의 역사에서 가장 전통적인 연구방법이라고 할 수 있는 역사주의 방법을 통해서 알아보기로 하자.

오세영은 「역사주의 비평과 문학사」에서 문학사와 역사비평은 서로 구분되기도 하고 밀착되어 있기도 하다는 논지 하에 문학사와 역사주의와의 관계를 설명한다.

> 문학사(Literary History)는 기본적으로 역사주의 입장에서 가능하다고 하지만, 그것은 비평의 한 방법으로서 역사비평(Historical criticism)과 구분되지 않으면 안 된다. …… 후자는 어디까지나 문학사 기술 이전 단계로서 비평의 한 분야인 데 반해 전자는 후자의 비평방법이 아닌 다른 비평의 방법을 통해서도 어느 정도 그 기술이 가능하기 때문이다(예 : 원형비평에 의한 역사 기술이나 형태비평에 의한, 가령 양식사 등). 그러나 역사비평

용하고 있으며, 역사가는 사건의 경과를 연구하는 것을 전문적인 일로 삼고 있다. 한편 우리는 역사라는 말을 역사가의 연구 자체를 나타내는 데 사용하기도 한다. 곧 역사라는 말로 우리는 어떤 종류의 주제에 대한 일종의 탐구를 나타내기도 한다."(W. H. Dray, *Philosophy of History*, 황문수 역, 『역사철학』, 문예출판사, 1980, 9면)
"역사란 말은 두 가지 의미를 가지고 있다. 그것은 첫째로 인간의 과거를 의미한다. 이 의미에서는 〈역사란 무엇인가〉라는 물음에 대해서 이를테면 〈종래의 모든 사회의 역사는 계급투쟁의 역사이다〉라고 하면 그런대로 하나의 답이 될 수 있다. 둘째로 역사는 인간의 과거의 인식을 의미한다. 이 의미에서 그 물음에 답하려면, 역사란 과거를 어떻게 인식하는 학문인가를 설명해야 할 것이다. 다시 말해서 그 〈방법〉을 설명해야 할 것이다."(양병우, 『역사의 방법』, 민음사, 1989, 11면)

9 인식대상과 인식주체 간의 상호대화적 관계에서 제3의 방법, 즉 변증법적 모델을 상정할 수도 있다고 본다.

> 은 다른 어떤 방법보다도 문학사 기술에 밀착되어 있다. 비록 문학사 기술이 역사비평의 성립 이전에 이미 시도되었다 하더라도 근본적으로는 역사비평 의식이 없이는 불가능했을 것이다. "작품이란 역사적 사실의 기록이며, 그 존재 자체가 이미 역사적 사실의 일부이고, 그 어떤 미적 자질도 그것의 과거성과 분리시킬 수 없다는 의식" 그 자체는 이미 작품평가에 있어서 역사주의의 수용이 있고 난 후의 일이다. 그리고 비평의 다음 단계에 역사기술이 있다고 할 때도 그 역시 역사비평의 의식이 문학사 기술에 선행함을 전제하는 것이다.[10]

문학사와 역사비평이 구분된다고 한 것은, 들어 놓은 예를 통해 알 수 있듯이, 역사비평이 다른 비평들에 대해 상대적인 경우이다. 밀착되어 있다고 한 경우에는 "문학사 기술이 역사비평 의식이 없이는 불가능했을 것"이므로 역사비평은 절대적인 성격을 지니게 된다. 그러나 어느 경우이든 시간의 경과에 대한 의식이 없이는 문학사가 기술될 수 없을 터이므로 문학사 인식의 저변에는 역사주의 입장, 즉 역사주의 방법이 견지되고 있는 것이 사실이다. 다만 차이는 다른 방법들에 대해 상대적으로 인식되느냐 아니면 절대적으로 인식되느냐 하는 데 있다. "작품 그 존재 자체가 이미 역사적 사실"이라는 점에 주목하여 문학사라는 인식대상을 우위에 놓는다면 역사주의 방법은 절대화될 것이다. 이것은 우리가 실재로서의 문학사라고 한 경우에 해당된다. 그리고 문학사를 구성하는 방법으로 역사주의 방법과 더불어 여러 방법들을 상정할 수 있다고 한다면 물론 역사주의 방법은 상대화된다. 여기에는 여러 가지 방법에 의해 여러 가지 문학사를 기술할 수 있다는 인식이 전제되어 있다. 우리는 이 경우의 문학사를 방법으로서의 문학

---

10 오세영, 『문학연구방법론』, 이우출판사, 1988, 13면.

사라고 한 것이다.

이어지는 글에서 두 양상의 문학사 인식에 각기 나타나는 특징적인 점을 문학사의 대상과 그 실천 방법의 측면에서 구체적으로 살펴보기로 한다.

2. 문학사에 대한 인식의 두 양상

1) 실재로서의 문학사

문학은 다음과 같은 두 가지 방식으로 존재한다는 것이 일반적이다. 첫째, 문학은 어떤 특정 시기에 특정한 사회적・역사적 환경들을 배경으로 하여 발생한다. 둘째, 문학은 세월이 흐름에 따라 첨가가 이루어지는데, 이 첨가는 발전이라기보다는 축적이다.[11] 전자에서는 문학의 역사성이 강조되며, 후자에서는 현재성이 강조된다. 웰렉이 문학사를 쓰는 것이, 즉 문학적이며 동시에 역사적일 수 있는 것을 쓰는 것이 가능할까?[12] 하고 탄식조로 질문한 것도 바로 이 문학의 두 속성을 아우를 수 있는 길을 찾지 못한 데서 비롯된다.

첫 번째 존재방식에 따라 문학사를 구성할 경우, 문학사가들은 일반적으로 상이한 많은 종류의 진술들을 내포하게 된다. 곧 작품이 쓰여

11 John M. Ellis, *Theory of Literary Criticism : A Logical Analysis*, 이승훈 역, 『문학의 이론』, 대방출판사, 1982, 204~205면.

12 René Wellek and Austin Warren, *Theory of Literature*, 백철・김병철 공역, 『문학의 이론』, 신구문화사, 1959, 349면.

진 날짜와 작가의 이름들, 역사적 사회적 환경들에 대한 간략한 평가들, 그리고 작품들에 나타난 주제나 문체에 대한 간략한 언급들이 그것들이다.[13] 여기에는 문학작품이란 그 자체로 존재하는 것이 아니며 또한 완전한 존재론적 실체가 아니라는 가정이 전제되어 있다. 그래서 문학사는 한 작품의 의미를 작가・독자・장르・시대・환경・언어와의 관계 속에서 결정한다. 이와 같이 구성된 문학사는 문학작품을 다음과 같이 일반화하는 것이 특징이다. 즉, ① 공시적으로는 문학작품의 존재가 문학의 현재적 기능—두 번째 존재방식에 따른—이 아니라 전기적 기원을 언급함으로써 설명된다. ② 통시적으로는 문학의 역사가 문학적 사건의 연대기적 계기성 속에서 지배적인 발전의 유형을 추상하려 한다. 이 경우 모든 문학작품들은 인과론적 설명의 대상으로 인식된다. 특히 독특하고 독립적인 위대한 기념비(monument)적인 문학작품들조차 일반적인 사건(document)들로 일반화되어 문학사의 사건들이 일반 역사의 사건들처럼 다루어지게 된다. 공시적이든 통시적이든 문학사는 역사적 증거에 대한 조심스러운 접근을 통하여 연구의 객관성과 신뢰성을 확보하고자 한다.[14] 이것은 바로 문학사가 실재하는 것으로 인식하고서 그것을 찾아내기만 하면 된다는 인식에서 비롯된 것이다. 이와 같은 인식을 기초로 하고 있는 문학사를 우리는 앞에서 실재로서의 문학사라 했다.

그러면 실재로서의 문학사를 실천하는 데 있어서 가장 적합한 방법은 무엇인가? 그것은 무엇보다도 문학사의 역사성을 정확하게 재구성할 수 있는 방법이어야 할 것이다. 이에는 전통적으로 역사주의 방법과 실증주의 방법이 주로 구사되었다. 그런데 이 방법들은 역사인식에

---

13 John M. Ellis, 앞의 책, 199면 참조.
14 John M. Ellis, 위의 책, 200면 참조.

있어서 서로 일치하는 면도 있고, 일치하지 않는 면도 있다. 이 점을 이미 살펴본 인식방법으로서의 주관성과 객관성의 문제와 관련시켜 생각해 보자.

주관성과 객관성의 문제는 우리가 탐구하고자 하는 대상이 어떤 성질과 구조를 지닌 존재인가 하는 존재론의 문제와 밀접히 연결되어 있다.[15] 인간을 포함한 모든 존재가 동일한 존재의 성격과 구조를 지녔다고 본다면 그 방법은 객관성에 토대를 둔 방법론적 일원론(methodological monism)의 전통에 서게 될 것이며, 자연과 인간이 존재론적으로 전연 다른 것이라는 물질과 정신의 이원론을 타당한 것으로 본다면 그 방법은 주관성에 토대를 둔 방법론적 이원론(methodological dualism)의 전통에 서게 될 것이다. 그런데 역사주의 방법과 실증주의 방법은 일원론의 입장에서는 일치하며, 이원론의 입장에서는 일치하지 않는다. 실증주의 방법은 처음부터 끝까지 일원론을 지향하는 데 반해 역사주의 방법은 두 입장으로 나뉘어지기 때문이다. 결국 두 방법이 서로 일치하지 않는 면을 지니는 것은 역사주의 방법의 이중적 성격에 있다.

역사주의 방법을 역사학의 절대적인 방법으로 인식했던 시기는 '역사학의 세기'라고 일컬어지는 19세기이다. 당시에, 현실은 전적으로 "역사적으로 결정되고 있다"는 믿음으로 충만되어 있었다.

> 역사주의자들은 어떤 사물을 설명하거나, 그 가치를 평가하는 일 그리고 사물의 본질을 규명하는 일—이런 모든 것이 그 사물의 "역사적 과정" 속에서 발견될 수 있다고 믿는다. 바꾸어 말하자면 우리는 어떤 사물의 진상, 의미 및 가치를 알려고 할 경우 그 사물의 역사를 살펴보면 가능하다고 믿는다. 역사주의 사관은 현실 자체가 하나의 방대한 역사 과정이며 모든 존

---

15 이명현, 『이성과 언어』, 문학과지성사, 1982, 106면 참조.

재하는 것들의 본질은 역사발전 과정에 있다고 전제하고 있다.[16]

이런 지적 분위기에서 문학사 인식에 있어서도 "역사주의는 하나의 세계관이며 동시에 하나의 방법론"[17]으로 인식되게 된다. 역사주의 방법을 신봉하는 문학사가들은 문학이라는 실재 자체에 내재해 있다고 가정하는 역사성(historicity)을 찾기만 하면 실재로서의 문학사를 구성할 수 있다는 믿음으로 충만해 있었다. 우리는 이들을 역사재구론자라 부르는데, 이들은 "문학사는 그 독자의 표준과 기준을, 즉 현대 이외의 다른 시대의 표준을 가지고 있다"고 주장하며, 따라서 "우리들은 우리들 자신의 선입관념의 침입을 신중히 배제하면서, 과거 시대의 표준을 받아들이지 않으면 아니 된다"[18]고 주장하기에 이른다. 이에 따라 문학사가는 "일반적인 인생관, 태도, 개념, 편견 및 여러 가지 문명의 근저에 있는 가정을 재구성"[19]하는 것을 임무로 삼는다.

이들 역사재구론자들은 문학이나 작가를 역사적 사실로서 다루면서도 그 개별성을 중시하여 역사에서 정신적 실체를 파악하고자 했다는 점에서 실증주의를 절대시한 자연과학자들과는 구분된다. 그러나 문학적 사실들을 사물화시켰다는 점에서는 그들과 일치하는 면을 지닌다. 이 점은 근대 사학의 창시자 내지는 대성자로 알려진 랑케(Leopold von Ranke)의 사학에 벌써 내재해 있던 사실이기도 하다. "랑케는, 사실의 정밀한 복원을 과학적으로 수행하려는 실증주의와 역사 사실의 정신적 측면에 대한 내적 이해를 목적으로 하는 관념론과의 기묘한 혼합에 머물러 있었다."[20]

---

16 차하순, 「역사주의」, 차하순 편, 『사관이란 무엇인가』, 청람, 1985, 40면.
17 차하순, 위의 글, 55면.
18 R. Wellek and A. Warren, 앞의 책, 51면.
19 위의 책, 52면.

실증주의자들의 관점에 따르면, "역사학은, 진정한 역사학은, 자연과학적 방법에 따라 구성되고 인과관계적인 귀납법으로 성립된다."[21] 실증주의자들은 역사의 과학화를 시도했던 것이다. 여기서는 역사 사실의 개별성보다는 일반성이 중시된다.

> 그들 [실증주의자들]은 관찰, 실험, 일반법칙의 적용과 같은 자연과학적 방법을 도입하여 역사적 현상을 설명할 수 있다고 믿었으며 또 실제로 그들은 역사적 비교 방법, 인과적 설명, 통계적 방법, 사회심리학적 방법 등을 역사 연구에 적용하였다. 이러한 방법의 채택은 곧 그들의 역사인식이 개별적인 현상의 파악을 목표로 하였음을 뜻해주는 것이다. 과학에 있어서 개별적 사실은 그것이 일반법칙을 설명해줄 수 있는 한에서만 중요하다. 과학에서는 법칙이 목적이며 개별적 사실은 법칙을 위한 수단에 불과하다.[22]

이와 같은 역사인식에서는 문학작품은 일회적인 역사적 사실들과 하나도 다를 바 없게 된다. 일반화의 통칙에서는 개체의 가치 관념은 사상(捨象)되기 때문이다. 가치표현 그 자체인 문학작품을 실재 개념으로 인식하여 그 역사성에 주목했던 것은 당대의 과학적 분위기에서였다.

실증주의자들은 일반화의 통칙을 역사 진행 과정에도 적용하여 역사를 진보의 구현 과정으로 인식한다. 즉, 역사는 야만 상태에서 문명 상태로 진보한다는 것이다. 이와 같은 진보관은 문학상의 변화를 설명

---

20 차하순, 「객관과 주관의 대립－20세기 전반기의 역사해석」, 전해종 · 길현모 · 차하순, 『역사의 이론과 기술』, 서강대 인문과학연구소, 1975, 93면.

21 Benedetto Croce, *Zur Theorie und Geschichte der Historiographie*, Tübingen, 1915; 이상신 역, 『역사의 이론과 역사』, 삼영사, 1978, 253면.

22 김영한, 「실증주의사관」, 차하순 편, 앞의 책, 74면.

하는 데도 그대로 전용된다. 특히 스펜서(H. Spencer) 류의 진화론적 실증주의는 당시에 생물학적 사유 방식을 유행시켜 문학상의 변화를 설명하는 데도 생물학적 유추가 가능하도록 한다. 많은 문학이론가들은 문학의 변화에 대한 설명에 "단순한 것으로부터 복잡한 것으로의 진보의 법칙"을 기계론적으로 적용하기에 이른다.[23] 그 가운데서도 특히 브륀띠에르(F. Brunetiére)는 문학 장르들을 생물학적 종에 대비하여 장르의 실재성을 확신하며, 장르들의 상호 경쟁성을 "존속하기 위한 투쟁"으로부터 유추한다.[24] 말하자면 앞선 시대에는 일원론적 성향을 지닌 역사주의 방법과 실증주의 방법은 절대적인 역사 연구방법으로 인식되어 문학사 기술에서도 규제적 원리(regulative principle)로 작용한 것이다.

그와 같은 방법들이 규제적 원리로 작용함으로써 문학사는 일반적으로 다음과 같은 특징들을 지니게 된다. 첫째, 문학사는 설명의 대상이 되는 문학작품들은 일반적인 역사적 사실들처럼 평균화하며, 문학이 발전하는 것으로 묘사한다. 둘째, 문학사들은 새로운 작품들만이 지배적인 문화 현상이었던 것처럼 인식하게 할 뿐만 아니라,[25] 당대에서도 수용되고 있는 전시대의 문학작품들을 역사 속으로 이미 사라져 버린 것으로 인식하게 한다. 셋째, 문학사는 문학을 문학적 문맥에서

---

23 R.Wellek, "The Concept of Evolution in Literary History," *Concepts of criticism*, (ed.) Stephen G. Nichols, JR., Yale Univ. press, 1978, 41~45면 참조.

24 위의 글, 44면.

25 레이몬드 윌리암스는 문화에 대한 시대구분적 분석에 만족하지 못한다. 흔히 시대구분적 분석은 문화의 지배적인 체계에만 주목한 나머지 정적인 이해에 그치고 만다고 보기 때문이다. 그는 문화에 대한 과학적인 인식은 지배적인 체계가 전반적인 문화적 과정과 어떠한 연관을 갖는가를 구명함으로써 가능하다고 본다. 그래서 그는 한 문화의 복합성을 이해하기 위해서는 최소한 다음과 같은 세 가지 이해의 틀을 지녀야 한다고 한다. 그것은 '지배적인 것', '잔여적인 것', 그리고 '부상적인 것' 등에 대응되는 개념들이다. (Raymond Williams, *Marxism and Literature*, 이일환 역, 『이념과 문학』, 문학과 지성사, 1982, 152~159면)

다루기보다는 일반적인 역사적 사건의 문맥에서 다루기 때문에 문학사는 문학의 역사라기보다는 차라리 문명의 역사가 된다. 끝으로 문학사의 변화에 대한 설명도 발생론이나 진화론에서 유추된 개념에 의존하기 때문에 문학의 자율성이나 창조성을 무시한다. 이와 같은 특징을 지닌 문학사는 문학사 자체를 실재 개념으로 인식하도록 한다.

문학사를 실재 개념으로 전제하고서 문학의 두 번째 존재 방식, 즉 축적적인 존재 방식까지를 포괄하는 문학사를 구성하는 일은 거의 불가능할 것처럼 보인다. 왜냐하면, 첫째로 무수한 문학적 사실들, 즉 개별적인 사실들을 집적함으로써 전체의 의미나 역사상을 구성할 수 있다는 믿음은 환상에 지나지 않기 때문이다. 또한 어떤 역사를 구성하든 공통된 유일한 관념은 '시간의 연속'일 터인데 축적적으로 존재하는 문학의 역사에서 과연 문학의 과거성을 파악할 수 있으며 설령 파악한다 하더라도 그것을 어떻게 이론화할 수 있느냐 하는 문제가 가로 놓여 있기 때문이다. 결국 '과거 문학의 과정 그 자체'의 의미를 갖는 실재로서의 문학사 개념은 매우 부분적이며 불완전한 지식밖에 전달하지 못한다는 점에서 많은 한계를 드러내게 된다.

전통적인 문학사 방법에 대해 비판적인 사람들은 여러 면에서 다양하게 문제를 제기한다. 크게는 문학사 인식대상인 문학사적 사실의 과거성과 주관성에 대한 회의와 그 인식방법에 대한 회의로 요약된다. 엘리어트(T. S. Eliot)는 모든 문학의 동시성을 역설함으로써 문학의 과거성을 간단히 부정해 버린다. 그는 "…… 모든 문학이 동시적 존재이며 동시적 질서를 구성한다"[26]고 하여 문학의 초시간적 감각을 강조한다. 문학이 초시간적 감각을 지니고 있는 한 문학의 시간성과 주관성은 인정될 수 없다. 이렇다면 문학사를 구성하는 일은 어떤 종류의 문학사가

---

26 R. Wellek, 앞의 책, 46면.

되었든 불가능하게 된다. 그러나 스필러 같은 사람은 문학적 사실이란 역사 그 자체가 아니라 사건에 대한 표현으로 인식하여 문학사가 가능하다고 본다. 스필러는 인간 경험의 행위나 사실에는 역사를 지니고 있지 않은 것이 없다는 전제 하에서 문학을 인간의 역사적 경험의 기록으로 본다.[27] 문학적 경험이 아무리 주관적 견해(편견일 경우라도 포함해서)라 할지라도 역사서술에서는 하나의 객관적 요소로 취급될 수 있으며, 따라서 그 결과를 평가할 때 그 주관성은 중요한 참작점이 되기 때문에 문학사 서술이 가능하다는 것이다. 이와 같은 주장은, 역사란 사실이나 객체를 그것 그대로 기록하는 것이 아니라, 그러한 사실과 객체에 대한 인간의 경험의 기록이므로 사건(event) 즉 있었던 일(what was)이 아니라 일어났던 일(what happened)을 다루고, 행동이나 사고를 통한 사건의 표현으로 보는 관점이다. 이러한 관점은 문학적 사실에는 과거의식(sense of the past)이 존재하고 있다는 사실을 전제하고 있는 것이다. 그러므로 문학사가는 다른 사가들과 마찬가지로 역사학 방법론(historiography)을 따라 문학사를 구성할 수 있는 것이다. 역사적 사실에 대한 표현론적 관점 때문에 어느 정도 역사상대주의 관점을 반영하고 있음에도 불구하고 이 역시 실재로서의 문학사를 지향하고 있다.

한편 방법의 측면에서 제기된 전통적인 문학사에 대한 비판은 문학사에 대한 일원론적 인식에 대한 비판으로 요약된다. 물론 이것은 이원론을 지향하는 역사가들에 의해 주도된다. 그들은 전통적인 역사학이 역사인식 방법으로 삼았던 객관성에 대해 비판하고서 역사인식의 주관성을 적극화한다.

---

27 이상섭, 「역사주의 비평의 방법」, 이선영 편, 『문학비평의 방법과 실제』, 동천사, 1985, 73~75면 참조.

…… 역사의 주관성을 인정하려는 사람들의 견해에 의하면 역사상의 사건이나 사실은 실제로 지나간 특정의 시 · 공간에서 일어나긴 하였으나 다만 그것은 사람의 기억 속에 머물러 있는 한, 유효하다는 것이다. 그리하여 과거 사실이 사람의 기억, 즉 정신 속에 머물러 있기 위해서는 기억하는 사람(역사가)이 그 기억의 필요를 느껴야 한다는 것이다. 이러한 필요성은 역사가의 〈관점〉을 형성하며, 다분히 주관적 동기에 의해서 좌우되기 마련이다. 그러나 이 주관의 개입은 어디까지나 역사 사실의 객관적 존재를 부정하는 것이 아니며 한 걸음 더 나아가서 도리어 진정한 역사의 이해를 얻게 된다는 것이다.[28]

역사가의 주관의 개입은 필연적일 뿐만 아니라, 역사가 뜻 있는 생명을 가진 역사가 되려면 역사가의 정신을 통과해야만 한다. 딜타이(Wilhelm Dilthey)가 인간 자체의 내적 이해(Verstehen)를, 크로체가 현재적 역사(contemporary history)를, 그리고 콜링우드(Robin G. Collingwood)가 역사적 상상력(historical imagination)을 각기 강조한 것도 그런 인식을 전제한 것이다.[29] 이들 이원론자들은 전통적인 문학사가 설명의 기초로 삼았던 발생론적 설명틀을 거부해 버린다. 베르그송(H. Bergson)이 창조적 발전(Evolution créatrice) 개념을 주창하여 연대기적 순서의 전체 이념을 거부하고, 크로체(Benedeto Croce)가 장르 개념을 부정하고 문학 예술 작품의 독창성을 강조함으로써 모든 진화의 기초를 파괴해 버린 사실들[30]이 대표적이다. 역사인식의 주관성을 강조한 이들은 문학사가 정신사로 구성되는 데 많은 영향을 끼쳤다.

역사인식에 있어서 주관성에의 경사는 문학사가 형이상학적 · 역사

---

28 차하순, 「객관과 주관의 대립」, 전해종 · 길현모 · 차하순, 앞의 책, 88면.

29 위의 글, 90~93면 참조.

30 R. Wellek, 앞의 책, 46면.

철학적 성향을 띠게 되어 문학사 자체를 이제 실재로서의 문학사로부터 방법으로의 문학사로 인식하도록 하게 한다.

그런데 문학사의 인식에 있어서 주관성이야말로 문학의 존재의 속성이기 때문에 객관적 인식에 토대를 둔 전통적인 방법, 즉 실재로서의 문학사 방법에 대한 회의는 전통적인 방법에 대한 일반 역사학의 회의—인식론적 측면에서 제기된—와는 그 성격이 다르다. 문학사의 대상은 해석을 요구하는 주관성을 이미 그 안에 포함하고 있다는 새삼스러운 인식으로 말미암아 주관성의 문제는 문학사에 대한 새로운 인식의 단초를 마련해 줄 것으로 기대된 것이다. 이 기대 속에는 주관성에 토대를 둔 새로운 인식의 결과 문학사 기술방법이 오랫동안 빚지고 있던 일반사 기술방법으로부터 독립할 수 있으리라는 희망도 섞여 있었다.

2) 방법으로서의 문학사

모든 역사적 사실은 과거완료적인 기록이나 흔적으로 존재하지만 문학적 사실들은 역사적으로 존재하며, 동시에 자체의 시공을 갖는 자기 설명적인 방식으로도 존재한다. 이처럼 두 가지 방식으로 존재하는 예술작품의 존재방식의 특수성 때문에 문학사에서는 일반사에서와는 달리 연구자의 주관성이 더욱 문제가 될 수밖에 없다.

역사적 존재로서의 예술작품은 일반사에서의 역사적 사실처럼 이해가 가능하지만, 메시지가 자기 설명적인 면을 갖는다면 유일하게 적절한 설명은 해석일 뿐이다.[31] 해석은 대상과 인식 주체의 주관과의 대

31 Agnes Heller, *A Theory of History*; 강성호 역, 『역사의 이론』, 문예출판사, 1988, 209면. 설명의 문제로서 '해석'은 제1부 제2장 '2) 문학사의 인식과 설명원리'에서 상세하게 논의된다.

화에 의해서만 가능하다. 그런데 자기 설명적인 모든 예술작품은 실제로 무한한 해석자들에게 제공되는 개방적인 해석 자료이다. 누구나 그 작품과 의사소통할 수 있고, 그 메시지를 자신의 시대와 자신의 세계관 및 개성과 조정시킬 수 있으며, 누구나 여러 가지 방식으로 이를 행할 수 있는 것이다. 그와 같은 문학예술작품의 존재와 구조 때문에 그 역사적 인식에 있어서 일반사의 인식에 비해 과거성보다는 현재성이 강조되며 객관성보다는 주관성이 더욱 강조되는 것이다. 이때 문학적 진리는 인식 주체의 관점이나 방법에 의해서 발견되는 것으로 인식되며, 문학사는 방법으로서의 의미를 지니는 것으로 전환된다.

방법으로서의 문학사는, 앞에서 언급한 바와 같이, 과거 문학의 실체가 아니라 그에 대한 인식이나 사고의 결과이다. 그런데 문학을 인식하고 사고하는 방법은 여러 가지가 있을 수 있기 때문에 방법으로서의 문학사는 다양화된다. 이때 하나의 문학사는 다른 문학사들에 대해 상대적 위치에 놓인다. 따라서 문학사 개념을 방법의 의미로 보게 될 경우 절대적인 위치에 있던 전통적인 역사주의 방법은 그 위치가 크게 흔들리게 된다. 역사주의 방법에 의한 실재로서의 문학사는 여타의 문학사 서술방법에 의한 문학사에 대해 상대적이 되기 때문이다. 여기서 분명한 사실은 방법으로서의 문학사는 그 실천방법으로서 역사주의적 방법 하나만을 고집하지 않는다는 점이다.[32]

역사 서술에 있어서 역사주의 방법의 상대적인 위치로의 변화는 가치판단에 대한 인식의 변화와 그 궤를 같이 한다. 즉, 절대적인 가치판단에서 상대적인 가치판단으로의 전환이 그것이다. 실재로서의 문학사에서 구사된 역사주의가 작품이 쓰인 당대의 물질적 토대를 절대적

32 그렇기는 하지만 아직도 문학사—실재의 의미를 갖는 것이거나 방법의 의미를 갖는 것이거나 간에—의 주도적 방법은 역사주의적 방법임을 인식해 둘 필요는 있다.

으로 중시한 반면, 방법으로서의 문학사에서 구사된 역사주의는 우리 시대 삶의 기준을 떠나서는 작품을 평가할 수 없다는 점을 강하게 인식하면서 현재주의를 반영하게 된다. 현재주의란 역사를 "과거에 투영된 현재의 사유"[33]로 인식하는 것인데, 현재주의 역사학에서 "사료의 선택은 현재의 관심에 의하여 제약을 받으며, 역사는 그 선택에 의하여 현재의 요구를 드러내고자 하는 역사가의 창조물로 변형된다."[34] 여기에는 역사적 진리는 역사가의 방법에 의해 발견되고 창조된다는 인식이 전제되어 있다.

문학사에 대한 현재주의적 관점은 문학사가 거듭 새롭게 쓰여져야 한다는 믿음을 주게 된다. 역사에 적용되는 모델은 시대에 따라 변하며, 과거에 관한 문제제기도 변하기[35] 때문이다. 이제 문학사 기술에서 중요한 것은 실재로서의 문학사적 사실 그 자체가 아니라 인식 주체의 상상력에 의해 구성된 역사상이거나 지식에 의해 축조된 논리적 구조물이다. 여기서 확인할 수 있는 사실 하나는 문학사에서 구사되는 모든 방법들은 상대적인 위치에 서게 되어 역사 이해의 서로 다른 패러다임으로 인정되게 된 점이다.

문학사에 대한 그와 같은 관념적인 인식을 지지하는 우리 시대의 이론가들을 우리는 새로운 역사 상대주의자라고 부른다. 새로운 역사 상대주의자들의 사물관은 근본적으로 표현론에 기초하고 있다. 즉, 그들에게 있어서 문학사적 사실이란 역사 그 자체가 아니라 사건에 대한 표현으로 인식한다. 그러나 역사 상대주의에 기초한 문학사라 할지라도 전통적인 역사주의 시대에서와는 달리 오늘날에 있어서는 하나의 방법으로 인식될 뿐이다.

---

33 A. Schaff, 앞의 글, 109면.
34 위의 글, 131면.
35 위의 글.

우리는 지금까지 방법 개념으로 문학사를 인식할 경우 그 개념적 특징이 무엇인가 하는 점을 역사주의 방법을 중심으로 하여 살펴보았다. 그러면 다음으로 이 경우 문학사 기술방법이 어떻게 운용되는지를 살펴보기로 하자.

우리는 앞에서 역사주의가 위세를 떨치던 지난 세기의 역사인식에 있어서 역사주의 방법과 실증주의 방법이 규제적 원리로 관철되고 있음을 살펴본 바 있다. 방법을 규제적 원리로 사용한다는 것은 방법 그 자체를 절대시한다는 것을 의미한다. 규제적 방법관은 일종의 형이상학적 관념론이다. 크로체가 실증주의를 "형이상학적 운동의 다른 면"[36]에 불과하다고 한 것도 이와 관련된다. 오늘날에 있어서는 훨씬 약화된 형태이기는 하지만 전통적인 역사주의를 비난하고 나섰던 방법론적 이원론자들에 의해 역설적으로 규제적 방법관이 계승된 면이 있다. 이에 반해 일원론을 지향하는 신실증주의자들은 방법을 작업가설(working hypothesis)로 인식한다.

방법론적 이원론자들이 일원론자들에 비해 방법을 운용하는 데 있어서 상대적으로 규제성을 띨 수밖에 없는 것은 물론 그 철학적 기반에 원인이 있다. 철학적 기반이란, 앞에서 논의한 바와 같이, 인식론적 주관주의와 현재주의이다. 방법을 규제적 원리로 운용하는 이론가들은 역사인식 과정에 능동적으로 참여하고자 하기 때문에 역사를 주관적인 관점에서, 그리고 역사가의 현재의 관점에서 인식하게 된다. 따라서 그 방법은 역사가의 세계관과 일체가 되어 역사인식 과정, 즉 기술 과정에서 규제적으로 작용하게 되는 것이다. 문학사 기술방법은 특히 그 대상의 특수한 존재 방식—과거적이면서 현재적인—때문에 그러한 성향이 다른 역사들에 비해 더욱 강한 일면을 지닌다. 그러나 규

36 김영한, 앞의 글, 75면.

제적 원리로서의 방법은 문학사 기술방법의 구성적 이념들의 유기적 관련성을 토대로 하여 하나의 역사상을 이해하고 구성해 내는 데는 다음에 살펴보게 될 작업가설로서의 방법보다는 우월한 시각을 지닐 수가 있으나 대상과 인식 주체의 관계에만 집중하게 한 결과 형이상학적 관념론에 빠질 우려가 있다. 그러나 오늘날 방법을 규제적으로 운용하고 있는 이론가들도 전 시대의 관념론자들과는 달리 방법을 절대화하지 않고 진리 발견의 수단이나 발견술적 전략 정도로 이해하는 유연성을 보이고 있다.

방법에 대한 작업가설적 인식은 법칙정립적 접근방법(nomothetic approach)을 구사하는 일원론자들에게서 강하게 드러난다. 이미 논의된 바와 같이, 일원론자들은 자연과 인간이 동일한 존재의 성격과 구조를 지니고 있다는 전제 위에 선다. 이들 일원론적 역사사고를 지지하는 이론가들은 자연과학적 사고를 인문과학적 사고에 유추적으로 적용하는 것을 아직도 지극히 온당한 것으로 생각한다. 경험론적 역사사고를 고수하고 있는 것이다. 우리들은 이들을 논리실증주의자들이라고 부른다. 논리실증주의자들에 따르면 "역사인식은 자연과학적 인식과 다를 바 없고 역사에 있어서의 설명도 역시 자연과학과 같이 인과법칙에 입각해야 한다"[37]는 것이다. 일원론적 역사연구 방법론에서 전범적 사례를 보여 준 논리실증주의자 헴펠(Carl G. Hempel)은 역사의 과학적 연구에 있어서 일반법칙을 '보편적 가설'이라고 인식한다. 이때 가설은 원인과 결과 간의 규칙성을 전제로 하며 일반적으로 설명과 예측은 사건들을 유형화하여 연결시키는 기능을 가지는 것을 의미한다. 헴펠은 역사적 설명이 과학적 설명과 동일한 구조를 가질 수 있다

---

37 차하순, 「역사의 문학성」, 차하순 · 이태동 · 이근삼, 앞의 책, 10면, 이하 논리실증주의자들에 대한 설명은 이 글을 참조하였음.

고 주장하면서 역사는 아직 과학이 되지 않았지만 과학적 방법과 기준을 분명히 채택함으로써 과학이 될 수 있다고 한다.

그러나 이와 같은 인식을 역사의 설명에 직접적으로 적용하는 데는 난점이 있을 수밖에 없다. 역사는 반드시 인과론적 설명을 통한 원인 탐색에 몰두하거나 일반화를 지향하지는 않기 때문이다.[38] 이것들은 역사 서술에서 부수되는 것에 불과하다. 아직은 역사연구는 이론과학으로보다는 기술과학으로 인식하는 쪽이 훨씬 우세하다. 오늘날 방법을 헴펠처럼 '보편적 가설'로까지는 인식하지 않는다 하더라도 역사연구에 있어서 방법에 대한 작업가설적 인식은 부수적인 수준에서 유용한 지침이 되고 있는 것만은 사실이다.

문학사 연구에 있어서도 설명 방법에 대한 작업가설적 인식은 크게 작용되고 있다. 그 연구 대상인 문학의 속성 가운데 역사적 사실로 다룰 수 있는 문학적 사실의 과거성 때문인 것은 물론이다. 웰렉은 공통의 작가적 소질, 장르, 양식상의 형(型) 혹은 언어적 전통에 따른다면 어느 정도 문학사 기술이 가능할 것이라고 본다. 그의 다음 말에는 설명 방법에 대한 작업가설적 인식이 반영되어 있다.

> 일련의 발달은 가치나 규범의 도식(scheme)에 관련해서 구성될 수 있다. 그러나 이러한 가치 그 자체는 이 과정을 고찰하는 것에서 비로소 생겨난다. 우리는 여기에 논리적 순환이 있음을 인정하지 않으면 안 된다. 즉, 역사적 과정은 가치에 의해 판단되지 않으면 안 되지만, 반면에 가치의 척도 그 자체는 역사로부터 추상되는 것이다. 그러나 이것은 불가피한 것으로 생각된다. 왜냐하면, 그렇지 않을 경우 우리들은 변화란 뜻 없는 유동이라고 하는 관념에 굴복하지 않으면 안 되거나, 어떤 특별한 문학상의 표준—

---

38 위의 글, 19면.

문학의 과정에 대해서 관계가 없는 절대적인 것(Absolute)을 적용하지 않으면 안 되기 때문이다.[39]

여기에 나타난 문학사에 대한 웰렉의 인식은 기본적으로 경험적이다. 그래서 '도식'을 역사에 대한 설명 틀, 즉 이론 모형으로 인식할 수가 있는 것이다. 도식은 "역사 그 자체로부터 추상되는 것"이기 때문에 어떤 절대적인 형이상학적 준거틀을 따로 갖고 있는 것이 아니며 그 자체가 절대적일 수도 없다. 따라서 도식은 역사 인식상 전략적 가설일 뿐이다. 이러한 사실은 다음과 같은 문맥, 즉 "선택하는 데 있어서 어떤 도식을 마음속에 지니지 않는다면, 역사를 연구할 수"[40] 없으며 "올바른 역사를 쓰기 위해서 우리들은 어떤 일시적인 목적이나 타이프를 마음속에 지닐 필요"[41]가 있다는 주장에서 보다 분명해진다. 말하자면 방법이란 선험적으로 존재하는 문학적 진실을 발견하기 위한 수단으로 인식된 것이다.

방법에 대한 작업가설적 인식은 방법을 사물 이해의 좌표로 인식하는 것이어서 문학사적 사실을 바라보는 태도에 있어 유연하고 개방적이다. 그러나 대상과 인식 주체의 관계를 소홀히 하고서 대상과 대상 사이의 관계만을 중시한 나머지 논리상의 순환에 빠질 우려가 있다.

그러나 주관주의와 현재주의를 전제하고서 문학사를 방법 개념으로 인식함으로써 새로운 문학사[42]에 거는 기대는 날로 증대되고 있다. 야우스(H. R. Jauss)는 "예술의 역사는 과거의 예술과 현재의 예술 사이

---

39 R. Wellek, 앞의 책, 257면.

40 위의 책, 260면.

41 위의 책, 262면.

42 문학사의 인식의 문제를 전문적으로 논의하기 위해 1969년에 『*New Literary History*』가 창간된다.

의 그 끊임없는 중재를 통해서 '이 현재의 발전'을 보여줄 하나의 역사를 위한 패러다임이 되어야 "[43]한다고까지 주장한다. 일반사와 예술사 간의 관계의 역전을 주장하고 있는 것이다. 종래까지 일반 역사의 파생물, 즉 부수현상(附隋現象, epiphenomena)에 불과한 것으로 인식되었던 예술사의 각 분야가 오히려 일반 역사를 위한 패러다임이 될 수 있다[44]는 아주 도전적인 발언이다.

우리는 지금까지 문학사를 방법 개념으로 인식함으로써 문학사 방법이 어떻게 운용되는가 하는 점을 살펴보았다. 오늘날 방법을 규제적 원리로 사용하고 있는 이론가들이 있다 할지라도 개별 방법들에 대한 상대적 인식으로의 전환은 방법들을 규제적 원리에서 발견 수단이나 작업가설로서 인식하도록 하는 전환을 유도한다.

이어지는 글에서는 이와 같은 전환을 가능케 한 역사적 배경을 살펴보고 앞으로의 전망에 대해서 살펴보기로 한다.

3. 문학사에 대한 인식의 변화

우리는 지금까지 두 가지 의미로 사용되는 문학사의 개념, 즉 실재로서의 의미를 갖는 문학사의 개념과 방법으로서의 의미를 갖는 문학사의 개념을 살펴보았다. 그런데 두 가지의 문학사 개념은 학문사에서 처음부터 병행적으로 사용되지는 않았다. 이미 드러난 바이지만, 두

---

43 R. C. Holub, *Reception Theory*, 최상규 역, 『수용이론』, 삼지원, 1985, 237면.
44 위의 책.

개념의 사용은 역사적으로 순차적이다. 실재로서의 문학사 개념은 방법으로서의 문학사 개념에 비해 훨씬 오랜 전통을 지니고 있다. 18·9세기에는 역사의 개념이 그렇듯 문학사 개념 또한 방법 개념보다는 사실 기록의 개념이 우세했다. 이것은 현상의 배후에는 관찰하는 주체와 무관하게 형이상학적 실재가 존재하며 이 실재를 확인하려는 것이 모든 학문의 목표가 되어야 한다는 신념[45]을 밑바탕에 둔 객관주의 철학의 전통 내에서의 인식이다. 그와 같은 신념을 바탕에 둔 객관주의 철학은 자연과학 방법의 영향권 안에 있던 실증주의이든 그것에 반발을 한 역사주의이든 공통으로 관철되고 있었다. 그 당시에는 역사주의란 애써서 만들어 낸 고안이나 강령이 아니고 유기적으로 발생한 기반으로서, 종교적으로 구속되었던 중세의 세계관이 허물어지고 세속화한 계몽기의 세계상과 초시간적 이상이 허물어진 뒤에 스스로 형성된 세계관 그 자체이다.[46] 세계관으로서의 역사주의는 모든 사물의 본질과 가치를 그것의 시간적 변화과정을 통해 파악할 수 있다고 믿으며, 우리가 사는 세계가 주어진 세계인 동시에 창조되어 가는 세계라고 주장한다. 그러므로 역사주의는 인간행위와 사회제도를 포함한 온갖 현상과 전세계를 그것들의 역사성에 비추어 관찰하고 해석하는 독특한 사고의 틀이 된다.[47] 당시에 세계관으로 작용했던 역사주의는 문학에 대한 역사적 연구를 통해 문학의 실재에 도달할 수 있다는 믿음을 주기에 충분했다. 문헌학을 중심으로 전개되었던 문학사 연구방법은 실재를 복원할 수 있는 한에서만 의의를 지닐 수 있었다. 따라서 당시에 문학적 사실이 역사적 사실처럼 다루어지는 것은 당연했던 것이다.

이와 같은 역사주의적 세계관은 19세기 말엽부터 회의주의적 성격

---

45 이민호, 『역사주의』, 민음사, 1988, 18면.

46 위의 책, 35면.

47 이한구, 『역사주의와 역사철학』, 문학과지성사, 1986, 29면.

을 띠게 되면서 위기에 직면하게 된다. 왜냐하면 모든 개념과 규범이 다만 역사적 사실들이고 역사적 사실성이 모든 개념과 규범들의 기초라면, 초역사적으로 타당한 인식이나 가치란 존재할 수 없기 때문이다. 모든 인식이나 가치가 상대화되고 만 것이다. 이때 진리라는 말은 서로 다른 역사적 상황에서는 완전히 다른 것을 의미하며, 보편타당한 진리란 존재할 수 없게 된다.[48] 역사주의 세계관은, 이미 살펴본 바와 같이, 결국 역사주의 자체는 물론 모든 것을 상대화시키고 만 나머지 가치판단의 혼란을 야기시킨다. 새삼스럽게, 진리는 인식될 수 있는가, 어떻게 인식할 수 있는가라는 본질적인 문제가 모든 학문 분야에서 제기되기에 이른다. 금세기에 들어서면서 역사해석과 연구방법론들에 대한 논의가 역사인식에 있어서 객관성과 주관성의 문제로 귀착된 것[49] 역시 역사에 있어서 진리 인식의 가능성 여부를 묻는 문제에서 촉발된 것이다.

이제 문제가 되는 것은 진리발견의 방법이다. 오늘날 우리는 실재를 절대적 진리로서가 아니라 다만 구사된 방법의 반영물로만 인식하기까지에 이른다. 그 결과 어떤 사물의 진실과, 방법이 개진해 주는 지식 사이의 틈을 당연한 것으로 받아들인다. 이론은 흔히 그 자체로서 자율성을 얻게 되고, 과정에 오류가 없으면 결과 또한 참으로 간주하고자 한다.[50] 이에 이르면 진실과 지식은 구별될 수밖에 없다. 우리 시대에는 역사주의도 이런 범위 내에서만 용인된다. 그래서 "역사적 방법은 아마도 역사가의 흥미를 끄는 특수한 문제에 응용되는 과학적 방법에 지나지 않을 것이며, 역사는 사회과학의 한 분과로 분류될 것이다."[51]

---

48 위의 책, 29면.

49 이민호, 앞의 책, 18면.

50 강두식 · 이성원, 「문학연구의 새로운 방향」, 서울대 인문과학연구소 편, 『인문과학의 새로운 방향』, 서울대 출판부, 1984, 80면.

세계관적 의미에서 방법적 의미로 전환되는 역사주의의 위기 속에서 문학에 대한 역사주의적 연구 또한 회의의 대상이 된다. 과거에 있으면서 동시에 항상 새로운 의미로 현존(external present)하는 사물 그 자체, 즉 자기 설명적인 존재인 문학을 예술적이면서 동시에 역사적으로 어떻게 인식할 수 있을까? 여기에는 세계관으로서의 역사주의에 대한 회의와 더불어 예술이란 인간행위 가운데 상대적으로 가장 비역사적이라는 인식이 동시에 강하게 작용한다. 문학의 발생사적 측면보다는 존재론적 실체로서 축적적인 측면이 더 강조되게 된 것이다. "해석학이 제시할 한 작품의 독자적 문학성이 역사라는 전체에서 연역되기가 힘들 뿐만 아니라, 역으로 그 독자적인 문학성에서 귀납적으로 문학사라는 전체적 동향이 단선적으로 그어질 수도 없다"[52]는 주장도 그러한 인식의 결과이다.

역사주의에 대한 이와 같은 전반적인 회의는 문학에 대한 전통적인 문헌 중심의 역사주의적 연구는 다만 문학에 대한 여러 가지 방법 가운데 하나에 불과하다는 인식을 낳게 된 것이다. 이에 따라 문학사의 개념을 사실의 기록으로 보도록 했던 19세기의 역사적 객관주의 철학도 시대적 이데올로기의 지배 하에 있었음이 방법에 대한 논의 과정에서 드러남으로써 실재로서의 문학사 개념 또한 방법으로서의 문학사 개념이었음이 드러나게 된다. 이제는 문학사 개념이 사실 기록으로서의 내포를 갖는 데서 방법으로서의 내포를 지니고서 사용되게 된 것이다. 우리 시대에는 실재를 절대적 진리로서가 아니라 다만 구사된 방법의 결과, 즉 지식으로서만 인식한다는 의미에서는 방법으로서의 문학사 개념이 우세한 듯하다. 따라서 '문학사 기술방법'이라는 말은 매

51 W. H. Dray, *Philosophy of history*, 황문수 역, 『역사철학』, 문예출판사 1980, 11면.
52 김열규, 「고전문학과 현대문학」, 앞의 책, 411면.

우 관습적임을 알 수 있다. 왜냐하면 지금까지의 논의 과정에서 확인된 바와 같이, 그 말은 '실재로서의 문학사' 개념을 전제할 경우에만 성립되는 말이기 때문이다.

문학사의 실재성을 보장받을 절대적 기준을 확보하지 못하고 있는 현재로서는 문학사의 개념을 방법의 의미로 사용할 때라야만이 개별 문학사들은 나름대로 그 정당성을 주장할 수 있다. 그럼에도 불구하고 우리가 의식적으로든 무의식적으로든 문학사의 개념을 실재적 의미로도 사용하고 있는 것은 아마도 절대적인 문학사적 진실에 대한 연연한 꿈을 포기하고 있지 않다는 반증일 수도 있을 것이다.

문학사적 진실은 실재하는 것인가, 창조되는 것인가? 이에 대한 질문은 이후로도 끊임없이 되풀이 될 것이다. 현실적으로 문학사를 방법으로 인식하게 됨에 따라 문학사들은 기술방법의 이념들을 구성하는 면에 있어서 각기 커다란 차이를 드러내고 있다(우리는 이것을 '제2장 문학사 기술방법의 구성적 이념과 그 원리'에서 살펴볼 것이다). 또한 인정되는 문학사 기술방법은 문학사의 수만큼 많아지게 된다(이것을 '제3장 문학사 기술방법의 유형'에서 유형적으로 살펴볼 것이다). 그리고 각 방법들은 다른 방법들을 상대적으로 인정하여 공존하기보다는 경쟁한다('제4장 문학사 기술방법들의 상호관계'에서 살펴볼 것이다). 이런 것들은 문학사적 진실이란 무엇인가에 대해 말하고자 할 때 반드시 깊이 있게 다루어져야 할 기본적인 사항들이다. 그러나 본고에서의 논의는 그 질문에 대해서 답하기보다는 질문의 구체적인 내용들을 살펴보는 것으로 대부분 채워지게 될 것이다. 때로 어려운 질문일수록 그 질문 내용을 구체적으로 파악하는 일이 대답 못지않게 중요한 경우가 있다.

우선 실재 개념과 방법 개념 가운데 어느 쪽을 지향하는 문학사이든 문학사라면 공통으로 지니는 문학사 기술방법의 구성적 이념부터 살펴보기로 한다.

제2장
문학사 기술방법의 구성적 이념과 그 원리

'문학사 기술방법'에서 '기술'이란 다름 아닌 '설명'을 의미한다. 정확하게는 설명에 의해 이루어진 일련의 진술 체계를 의미한다. 모든 학문은 이 '설명'을 매개로 하여 대상에 대한 인식을 표현한다. 설명은 이론 혹은 방법을 통해 이루어지는데, 이때 이론 혹은 방법은 사건들을 체계적으로 진술하기 위한 사고의 한 형태이다. 모든 학문은 저마다 대상에 적절하다고 판단되는 특수한 설명 방법을 구사한다. 이것은 모든 학문들이 분과학으로서 존립하는 근거이기도 하다. 문학사 연구도 자신의 특수한 방법을 가지고 문학사에서 '무엇'이 '왜' 일어났는지를 적절하게 설명해 내는 개별적인 학문 분과이다.

어떤 이론가는 역사 기술 단계를 메시지를 받기, 메시지를 해독하기, 그리고 이론과 결부시켜 여러 가지 증언에 의미를 부여하기 등의 순으로 제시한다.[1] 이것은 소통 이론의 용어를 빌어 표현한 것인데, 일반적으로 첫 번째 단계는 사료선택을, 두 번째 단계는 사료비판을, 그리고 세 번째 단계는 사료해석을 의미한다. 문학사 기술도 그것이 역사인 한 거의 같은 단계를 밟는다고 해야 할 것이다. 이병기 · 백철은 문학사 연구 과정을 다음과 같이 설명한다.

> ……문학사가 문학의 역사적 발전과정을 구명하는 학문인 바에는 문학사는 〈작품〉이라는 〈문헌〉을 구명함으로써만 이해되는 것이라 하겠다. 따라서 작품을 읽는다는 것이 곧 문학사 연구의 전제가 되지 않을 수 없다.
>
> 그런데 이 작품을 읽는다는 것은 곧 작품의 해석과 이해 · 비판을 뜻하는 것이고, 그로 말미암아 우리는 작가의 사상과 의도를 재인식하게 되고, 그 작가가 생존하던 시대 곧 역사적 특징을 파악하게 되는 것이다. 그러면 이 작품을 읽을 때에 어떠한 방법과 태도가 필요하며, 그 어느 것을 취하는가에 따라 문학사를 파악하는 결과가 달라지는 것임을 잊어서는 안 된다.[2]

여기서 주목되는 것은, 기술 단계들을 굳이 구분하기보다는 '읽는' 행위 자체에 모든 단계의 행위가 동시적으로 작용하는 것으로 파악하고 있는 점이며, 동시에 읽는 행위의 결과는 읽는 방법과 태도가 어떤 것인가에 달려 있는 점이다.

일반 역사 기술이든 문학사 기술이든 역사 기술의 모든 단계의 기초가 되는 것은 이론 혹은 방법이라는 점은 명백하다. 역사가들은 이론의 관점에서 사료를 선택하고 비판하며 해석하는 것이다. 따라서 이론은 역사 해석의 기준이 된다.[3] 우리는 이론 혹은 방법이 훌륭하면 할수

---

1 A. Heller, 강성호 역, 『역사의 이론』, 문예출판사, 1988, 190면.

2 이병기 · 백철, 『국문학전사』, 신구문화사, 1970, 7~8면.

3 그러나 기준으로서의 이론이란 말만큼 그렇게 단순치가 않다. 문학사 기술에 있어서

록 과거로부터 보다 넓은 의미를 획득한다고 말할 수 있을 것이다.

모든 역사가는 자신의 독특한 이론이나 방법으로 역사를 기술하여 개별적인 역사상을 구현한다. 이것은 역사 이론이나 방법이 다양하다는 것을 의미한다. 그런데 모든 이론이나 방법은 대상을 구성하기 위한 구성적 이념 혹은 구성적 요소를 갖는다. 문학사 기술방법도 역시 문학적 사료를 구성하기 위한 자체의 구성적 이념(constitutive idea)을 갖는다. 그것은 모든 구체적인 방법은 대상으로부터 유도되기 때문이다.

우리가 2장에서 다루고자 하는 문제는 바로 이 문학사 기술방법의 구성적 이념이다. 기술방법의 구성적 이념이란, 앞에서도 언급한 바와 같이, 어떤 문학사 인식을 지향하든 문학사라면 공통적으로 지닐 수 있는 이념을 의미한다. 이런 작업은 원론적인 수준에서 이루어진다. 그만큼 논의는 추상적일 수밖에 없다. 그러나 '공통적'이라고 한 것은 잠정적인 어사에 불과하다. 왜냐하면, 앞에서도 본 바 있고 이후 다시 구체적으로 살펴보겠지만, 문학사 기술방법들이 각기 기초하는 철학이 어떤 것이냐에 따라 또 다른 양상을 보이기 때문이다. 그러나 서로 다른 양상을 보인다 할지라도 구성적 이념들에 대해 논쟁적으로 관련을 맺고 있다. 그런 의미에서 공통적이다.

제2장은 '문학사 기술방법의 구성적 이념', '문학사 기술방법의 원리' 그리고 '문학사관과 문학사 기술방법의 원리'로 구성된다.

'문학사 기술방법의 구성적 이념'에서는 하나의 문학사가 논리적으

마땅히 선택되어야 할 기준이란 그것을 기술할 사람에게는 '마지막 남겨진 과제'인 것이다.(홍기삼, 『문학사의 기술과 이해』, 평민사, 1979, 59면) 여기서 '마지막 남겨진 과제'라는 표현은 기준 설정이 그만큼 지난하다는 것을 의미한다. 문학사는 아직은 민족문학사이다. 민족문학사를 기술하고자 한다면 원론적인 차원, 즉 일반적인 차원의 기준에 대한 고려와 함께 민족문학사라는 특수한 차원에 대한 고려도 이루어져야 한다. 민족문학사가 예술의 심미적 기능과 사회・역사적 기능을 절충하는 방식이 아니라 통합하는 방식으로 구성되어야 한다고 했을 때, 문학사 기준의 설정 문제는 문학사가로서는 마지막까지 숙고해야 할 과제이다.

로 완결된 형체를 이룩하는 데 있어 필요한 구성적 이념, 즉 구성 요소로 어떤 것을 상정할 수 있는가 하는 문제가 다루어진다. '문학사 기술방법의 원리'에서는 구성적 이념들의 개별적인 기능과 상호관계가 다루어진다. 문학사가 단순한 사실이나 지식의 집적물이 아니듯이 문학사 기술방법도 요소들의 단순한 총합에 의해서라기보다는 요소들의 유기적 상호관계에 의해서 구성된다는 사실을 원론적인 수준에서 논의하고자 한 것이다. 그리고 '문학사관과 문학사 기술방법의 원리'에서는 문학사관과 다른 구성적 이념들과의 상호관계에 대한 논의가 이루어진다. 문학사관도 기술방법의 구성적 이념이기는 하지만 다른 이념들과 동일 차원의 것은 아니다. 문학사관은 실제 문학사 기술에서 직접적으로 드러나지 않고 언제나 다른 구성 원리들을 통해서만 드러난다. 사실은 문학사관이 다른 이념들을 규제하고 있는 것이다. 여기서는 다른 구성적 이념들에 대한 문학사관의 규제적 양상이 주로 검토된다.

문학사 기술방법의 구성적 이념을 설정하는 작업은 원론적인 수준에서 이루어지기 때문에 그만큼 논의는 추상적일 수밖에 없다. 논의가 원론적이기 때문에 어떤 이론이나 방법이 훌륭한가 하는 문제는 다루지는 않는다. 다만 각 이론 진영에서 자신의 이론을 훌륭하다고 함으로써 야기되는 논쟁 양상을 검토할 뿐이다. 이 논의에서는 때로 문학사에 대한 기존 연구가 이론의 사례로써 인용되는 경우가 있는데, 그렇다고 해서 그것들이 각 이론이나 방법을 대표한다는 뜻은 물론 아니다.

1. 문학사 기술방법의 구성적 이념

문학사 기술방법의 구성적 이념은 텍스트로서의 문학사 내에서 범주를 설정하고 이론화하는 데 있어서 필수적으로 요구되는 논리나 가치관이다. 그것은 기술방법의 내적 문제에 관한 것으로 문학사의 구조의 측면이나 기능의 측면에서 혹은 두 측면 모두에서 사료를 구성한다.[4] 다시 말하면 문학사 기술방법의 구성적 이념들은 하나의 문학사가 논리적으로 완결된 형체를 이룩하는 데 기능적으로 작용하는 기본적인 요소들이며, 개별 문학사 방법들이 인식론적으로 각기 어떤 방향성—앞서 이미 살펴본—을 지니든 문학사라면 공통적으로 지녀야 할 요소들이다.

문학사 기술방법의 구성적 이념은 대상의 범주가 무엇이냐에 따라 그 내포가 달라진다. 대상의 범주에서 이론이나 방법이 유도되기 때문에 문학사 기술방법의 구성적 이념은 연구대상의 범주의 문제이면서 동시에 연구방법의 문제로도 인식되어야 한다. 그리고 대상의 범주는 선험적으로 결정되어 있는 것이 아니다. 이것은 연구대상이 인식론적 측면에서 언급되어야 하는 또 다른 이유이다. 연구대상이 인식론적 측면에서 언급됨으로써 그것은 이론화의 규정적 이념, 즉 방법의 구성적 이념으로 인식된다. 여기서 우리는 방법의 구성적 이념은 이론의 범주이고 따라서 이론에 따라 변화한다. 즉, 여러 이론에 의해 재정의 된다.

---

4 A. Heller, 앞의 책, 201면.
지금까지 필자는 '구성 요소'라는 개념과 '구성적 이념'이라는 개념 가운데 후자를 앞세워 써왔다. 그 까닭은 모든 방법이 포함하는 논리는 기본적으로 가치관에 기초한다는 인식을 가지기 때문이다. '구성 요소'라고만 했을 때 방법의 논리는 가치를 매개하지 않은 채 기능적 의미만을 지닌 것으로 이해되기 쉽다.

이런 의미로 위에서 문학사 기술방법의 구성적 이념을 논리나 가치관으로 본 것이다.

그러면 문학사 기술방법의 구성적 이념을 대상의 측면에서 살펴보자.

> 문학적 현상의 역사적 시간의 연쇄를 일정한 방법에 의거해서 연대기적으로 질서를 부여하는 작업을 문학사라고 규정할 수 있다면, 문학사 기술의 제1 조건은 문학적 현상의 범주 문제와 일정한 질서를 부여하기 위한 특징적인 시간 단위를 규정하는 일일 것이다. 다시 말해서 어떤 것들이 문학 안에 포함되는 것이고 포함된 문학적 대상들의 역사적 연쇄를 어떠한 기준에 의해서 단위별로 나누어야 하는가의 문제가 무엇보다 먼저 제기되게 마련이다.[5]

문학사 기술방법의 구성적 이념으로 고려되어야 할 것은 일차적으로 문학적 현상이며 시간 단위이다. 그런데 문학사는 문학적 현상과 시간 단위에 의해 이루어진 문학상의 관계를 기술함으로써 하나의 형체를 이룬다. 따라서 문학사 기술방법의 구성적 이념은 일단 문학상의 관계가 된다고 말할 수 있다.

그러면 문학상의 관계란 구체적으로 어떤 것인가. 그것은 다음 세 가지 측면에서 고려될 수 있다.

첫째, 문학 내적 사실들의 상호관계.

둘째, 문학 내적 사실들과 외적 사실들 간의 상호관계.

셋째, 이들—첫째·둘째의 관계—의 시간적 변화 관계.

이 가운데 문학사의 구성적 이념으로 자명한 것은 그것이 역사라는

---

5 홍기삼, 「한국문학사 시대구분론」, 『한국문학연구』 제12집, 동국대 한국문학연구소, 1989, 151면.

점에서 세 번째 경우의 시간적 변화 관계 하나뿐이다. 나머지 두 경우는 분명치가 않다. 왜냐하면, 무엇이 문학이며 무엇이 문학이 아닌가 하는 점이 분명치 않기 때문이다. 문학사 연구의 어려움 가운데 하나는 바로 이 연구 대상으로서의 주제(the subject matter)가 처음부터 자명하지 않다는 데 있다. (주제 설정 문제는 범주의 문제이다. 문학사 범주는 일반사의 범주와 관련해 곧 살펴보게 된다.)

일반적으로 문학사 기술방법론에서 첫 번째 관계는 영역론・장르론・율격론・미의식론・문체론・소재론・서사론・구성론・사상론 등으로 나타나며, 두 번째의 관계는 주로 배경론 등으로 많이 나타나는 데, 민족문학사의 특수한 관점에서는 전통론이나 민족문학론 등으로 나타나기도 한다. 그리고 세 번째 관계는 시대구분론, 시대명명론 등으로 나타난다. 여기서 첫 번째의 관계나 두 번째의 관계는 설명의 문제와 관련되는 것들이다. 세 번째의 관계는 물론 시간의 문제에 관련되는 것이다. 따라서 모든 문학사 기술방법은 기본적으로 설명의 문제와 시간의 문제를 구성적 이념으로 고려한다고 할 수 있다.

그런데 이론 혹은 방법—포괄적으로 말해서 문학사관—에 따라서는 첫 번째 관계를 설명 대상으로 삼기도 하고, 두 번째 관계를 설명 대상으로 삼기도 한다. 어느 경우나 세 번째 관계를 고려는 하지만 이론에 따라 시간의 양상과 변화에 대한 인식을 달리함은 물론이다.

문제는 문학 외적 사실들에 있다. 문학사는 문학 외적 사실들을 고려해야 하는가, 아니면 고려하지 말아야 하는가. 고려해야 한다면 어느 정도 고려해야 하는가. 이것은 문학사의 내적 사실들이 외적 사실들에 대해 어느 정도의 자율성(혹은 의존성)을 견지하는가 하는 문제와 관련된다. 문학 내적 사실이 외적 사실에 대하여 의존성이 높다고 보는 입장이라면, 문학 외적 사실에 관한 논의에서 일반화된 진술들이 문학 내적 사실을 판단하는 데 많은 지침을 제공하고 판단의 방향을 인도한다고 할 것이다. 이럴 경우 그 일반화된 진술은 작업가설로서 역할을 한다고 할 수 있다. 이와는 반대로 문학 자체의 자율성을 옹호하는 입장이라면 문학 외적 사실에 관한 일반론들을 참조틀로 사용하는데 극도로 경계할 것이다. 필자는 문학사가 문학의 내·외적 현상을 이해하는 데 있어서 일반화된 진술들－문학 외적 사실에 관한 논의에서 이루어진－이 작용하는 정도를 이해하기 위하여 참조틀로서 지향성(指向性 혹은 志向性)이라는 개념을 설정하고자 한다. 그것은 문학 내적 사실을 판단하는 데 있어서 일반화된 진술이 일정한 지침을 제공하여 일정한 방향으로 안내(orientation)한다는 의미로 사용된다.[6] 단순하게 말해서 지향성 정도가 높은 경우는 정신사적 문학사이며, 낮은 경우는 형식사적 문학사라 말할 수 있을 것이다.

지금까지 문학사 기술방법의 구성적 이념으로 상정된 사항들을 정리하면 이렇다. 즉, 설명의 문제, 시간의 문제, 그리고 지향성의 문제 등이다. 이것들은 문학사의 대상의 측면에서 생각해 본 것이다. 이것들의 상호 유기적 관계에 대해서는 이어지는 글 '제2장 2. 문학사 기술방법의 원리'에서 독립적으로 다루어진다.

그런데 위에 든 구성적 이념들은 문학사관에 따라 상당한 편차를 드러낸다. 따라서 문학사 기술방법의 구성적 이념으로 문학사관을 고려하는 것은 당연하다. 그러나 문학사관이 구성적 이념이라 하더라도 다른 구성적 이념들, 즉 설명의 문제·시간의 문제·지향성의 문제 등과는 동일 차원의 것은 아니다. 앞 장에서도 언급한 바와 같이, 문학사관은 실제 문학사 기술에 직접적으로 드러나지 않고 다른 구성적 이념들을 통해서만 드러난다. 실은 문학사관은 다른 구성적 이념들을 규제하

6 지향성 개념에 대해서는 다음 '제2장 2. 문학사 기술방법의 원리'에서 A. Heller의 앞의 책을 참조하여 다시 상세하게 논의한다.

고 이념들의 상호관계를 매개한다. 바꾸어 말하면, 문학사관 없이는 다른 구성적 이념들은 자체로도 기능을 발휘할 수 없을 뿐만 아니라 서로 다른 이념들과 관계를 맺을 수도 없는 것이다. 여기서 우리는 방법의 측면에서 문학사 기술방법의 구성적 이념이 논리나 가치관임을 인식하게 된다. 문학사관과 다른 구성적 이념들의 관계에 대해서는 이어지는 글 '제2장 3. 문학사관과 문학사 기술방법의 원리'에서 독립적으로 다루어진다. 앞에서 언급한 바와 같이, 동일 차원에 놓고 논의할 성질의 것이 아니기 때문이다. 논의는 다른 구성적 이념들에 대한 문학사관의 규제적 양상에 초점이 맞추어진다.

우리는 위에서 문학사의 범주 문제를 뒤로 미루었다. 이제 이것을 다루어보자. 이에 대한 논의는 여러 방향에서 가능하겠지만, 여기서는 문학사가 일반사로부터 유지하는 거리의 측면에서 다루기로 한다. 문학사의 범주 문제를 다루어야 하는 까닭과 그것을 일반사와의 관련 하에서 파악해야 하는 까닭은 이미 설명했다. 요약하면 이렇다. 문학사 기술방법의 구성적 이념은 문학사의 범주가 무엇이냐에 따라 그 내포가 달라지기 때문이다. 무엇이 문학사의 범주에 들고, 무엇이 문학사의 범주에 들지 않는가 하는 문제는 결국 문학사와 일반사와의 관계를 고려해 보는 일이 된다. 그런데 그 관계를 규명하는 데 중요한 이해의 틀은 앞서 설정한 지향성 개념이 된다. 왜냐하면 그 관계를 규명하는 일은 문학의 내적 사실들이 외적 사실들에 대해 어느 정도의 자율성/의존성을 지니는가 하는 점을 알아보는 것이 되기 때문이다.

문학사를 흔히 특수사(special history)라고 한다. 이것은 일반사가 사회 전반을 다루는 데 비해 문학사는 특수한 영역만을 다룬다는 것을 의미한다. 또한 여기에는 역사로서의 문학사를 일반사에 대해 특수한 역사로서 인식한다는 의미도 포함되어 있다. 그러나 동일하게 보는 견해도 상당한데, 이 경우는 대체로 역사철학적 성향이 강하다.

문학사를 특수하게 인식한 것은 문화사—문학사를 포함한—의 개별성을 중시한 데서 나온 것이며, 동일하게 인식한 것은 문화사의 통일성을 중시한 데서 나온 것이다. 시대 구분을 예로 들어서 말한다면, 전자에서는 문화사마다 시대구분이 다르다는 인식이며, 후자에서는 전 문화사의 시대구분이 같다는 인식이다. 연구방법을 예로 들어도 마찬가지다. 전자에서는 개별 문화사 연구방법들이 각기 다르게 인식되며, 후자에서는 일반사의 방법과 동일하게 인식된다.

문학사를 특수하게 인식한 경우, 어느 정도 특수하게 인식하느냐에 따라 문학사가 일반사로부터 유지할 수 있는 거리는 다음 두 경우로 나누어 볼 수 있다.

첫째, 자율성을 지닌다고 하는 경우.

둘째, 어느 정도의 자율성, 즉 반(半)자율성을 지닌다고 하는 경우.

여기에다 자율성을 인정하지 않는 경우, 즉 동일하게 인식된 경우까지를 넣어 생각한다면, 문학사와 일반사 사이에 상정할 수 있는 관계는 세 가지가 된다고 할 수 있다.

그러면 세 경우 문학사 범주는 각기 어떻게 설정되며 그에 따라 문학사 기술방법의 구성적 이념은 또 어떻게 달라지는지 살펴보자. 먼저 자율성을 지녔다고 하는 경우부터 살펴본다.

문학사가 일반사로부터 자율성을 지녔다고 주장하는 이론들에서 문학사의 범주는 개별 문학작품이나 문학 그 자체의 체계가 되며 문학 외적 사실에 대해서는 물론 배타적이다. 따라서 지향성을 방법의 구성적 이념으로 고려하지 않는다. 문학상의 공시적 관계나 통시적 관계의 설정도 단지 문학 그 자체의 체계 내에서만 이루어져야 한다. 말하자면 대상의 기술은 반드시 그 자체로서 이해 가능한, 배타적 체계를 구성하고, 한편 그 대상이나 요소군은 어떤 관점의 관여적 분류원리에 따라 이루어지지 않으면 안 된다.[7] 여기서 문학사 범주로 상정된 문학 그 자체는 대체로 상상으로 해서 된 문학(imaginative literature)로 한정되거나[8] 문학성(littérarité)으로 한정된다.

여기서 문학사의 자율성을 강조한 웰렉의 문학사관을 예로 들어보자.

웰렉은 「문학사(Literary History)」[9]에서 문학사가 해결해야 할 당면과제를 문학상의 관계, 문학사의 시대구분, 그리고 국민문학사(a history of a national literature) 등 세 가지를 들고 있다. 이것들은 웰렉이 상정한 문학사 기술방법의 구성적 이념들이다. 문학상의 관계란 설명문제와 관련된 것인데, 웰렉은 예술 작품들의 계열(line) 문제를 중점적으로 다루고 있다. 시대구분 문제는 말할 것도 없이 문학사 기술의 전체 구성 문제와 관련된 것이다. 국민문학사에서는 현재의 문학사 기술방법의 수준으로는 국민문학사 기술이 불가능하다는 점이 거론되고 있다. 국민문학사를 구성하기 위해서는 문학예술과는 거의 관계가 없는 민족의 윤리와 민족성 등 문학의 배경 문제를 언급하지 않을 수 없는데, 이와 같은 비문학적인 것과 문학적인 것과의 관계를 정식화해 낼 틀이 현재로서는 없다고 본 것이다.[10] 그래서 웰렉은 문학사를 장르사에 한정하고자 한다.

문학사를 장르사에 한정한 것은 그가 문학사 자체의 체계—그는 '관계의 도식'이라는 표현을 쓰기도 한다—를 중시한 것과 관련된다.[11] 그에 따르면, 문학사란 문학상의 관계의 도식으로 설명되기 때문에 문학상의 관계는 작가들 사이에서 그리고 작품들 사이에서 가장 분명하게

---

7 김상일, 「문학사와 그의 대상」, 『한국문학』 68호, 한국문학사 1979, 365면.

8 R. Wellek and A. Warren, *Theory of Literature*, 백철 · 김병철 공역, 『문학의 이론』, 1959, 22~25면.

9 위의 책, 제19장.

10 위의 책, 372면.

11 웰렉은 예술사로서의 문학사가 이루어지고 있지 않는 까닭을 이렇게 설명한다. "예술작품을 순수하게 기호의 일체계로서 기술할 수 있는 방법을 문학이론은 아직껏 발달시키고 있지" 않기 때문이다.(앞의 책, 351면)

수립될 수 있는데, 그 결과는 문학작품들 간의 계열화로 나타난다. 이와 같은 예술작품들의 상호관계에 대한 모든 연구는 궁극적으로 장르의 역사에 대한 연구로 귀착된다.[12] 이로 보면 체계를 세울 수 없는 문학 외적 배경들을 그의 문학사 방법론에서 제외시키는 것은 당연하다. 그의 문학사관은 대상 인식에 있어서는 형식주의적이며 방법 인식에 있어서는 경험론적이다. 역사란 제가치의 다양한 도식들에 관련해서만이 비로소 쓰여질 수 있으며, 이 도식은 역사 그 자체로부터 추상되지 않으면 안 된다[13]고 인식한 데서도 경험론적 인식이 드러난다.

문학 자체의 형식이나 체계 개념을 더욱 극단화시킨 이론가들은, 아는 바와 같이 구조주의자들이다. 그들은 개별적인 작품에서 문학적 체계에로의 방법론적 전진을 강화한 나머지 첫째로 구조와 사건 사이, 즉 공시적 체계와 역사 사이의 간격을 극대화시켜 버리고, 둘째로 구조를 작품 자체의 불변하는 가치처럼 인식하는 결과를 낳는다.[14]

자율성을 강조하는 문학사에서는 문학의 범주를 문학 자체의 형식이나 체계로 한정함으로써 기술방법의 구성적 이념으로 문학 내적 사실에 대한 설명의 문제와 형식이나 체계의 변화와 관련된 시간의 문제만을 상정하게 된다. 여기서 시간의 문제인 시대구분 문제가 그리 크게 중요시될 수도 없으며, 된다 하더라도 일반사의 그것에서 유추해야 할 하등의 이유가 없다. 지향성 관념은 물론 문학사관 또한 배제된다. 이것들은 비관여적 요소들이기 때문이다. 자율성을 강조하는 문학사는 기본적으로 방법으로서의 문학사 인식－제1장 2절에서 검토한 바 있는－에 기초하고 있다.

---

12 위의 책, 257~261면.

13 위의 책, 265~266면.

14 H. R. Jauss, *Literaturgeschichte als Provokation*; 장영태 역, 『도전으로서의 문학사』, 문학과지성사, 1983, 251~254면.

두 번째로 문학사가 일반사로부터 반자율성을 지녔다고 하는 경우를 살펴보자. 역사학자 만델보옴(M. Mandelbaum)은 문학사의 반자율성을 다음과 같이 설명한다.

> 우리는 단순히 저자의 성격과 생활을 관찰함으로 하나의 문학작품을 이해할 수 없으며 그가 수용하거나 혹은 반대한 서술 양식의 전통, 그 이전 작품과 일치하는 수용 상태, 그리고 다른 저자들과 청중(독자) 사이의 상호관계 등을 고려하지 않으면 안 되는 것이다. 그러므로 비록 저자 개인의 일신상의 역사에 관한 것이라 할지라도 그 저자가 만들어 놓은 작품의 특성을 이해하려면 그 나름대로 독특하게 다루어진 작품에 대한 역사를 이해하지 않으면 안 된다. 이와 마찬가지로 한 시대와 과학의 발달이나 건축 양식의 변화를 이해하려면 이들에 관한 특수사가 필요한 것이며 그것들이 만들어진 사회에서의 변화만을 가지고는 그 행동 형태를 관찰할 수 없는 것이다. 이러한 의미에서 문학사나 과학사, 신학사, 언어사 및 관습사 등과 같은 특수사는 문화생활의 여러 가지의 양식들에 대한 반자율적인 역사라고 할 수 있다.[15]

말하자면 특수사로서의 문학사는 문학 외적 사실에 대해 자율성과 의존성을 동시에 공유한다는 것이다. 문학사가 그 자신만의 역사를 갖는다고 했을 때는 형식주의적 자율성이 강조되며, 문학사가 저자들과 청중들 사이의 상호관계, 즉 문학 외적 사실을 고려해야 한다고 했을 때는 의존성이 강조되는 것은 물론이다.

만델보옴은 문학사—반자율성을 지닌 것으로 전제한—를 기술하기

---

15 M. Mandelbaum, *The Anatomy of Historical knowledge*, 임희완 역, 『역사 지식의 해부』, 집문당, 1987, 21~22면.

위해서는 먼저 연구 대상으로서의 제목을 정의한 다음 그에 따라 특수사에 나타나는 연속관계를 파악해야 한다고 한다.

연구대상으로서의 제목을 정의한다는 것은 말할 필요도 없이 자료 선정의 한계와 범위를 결정하는 일이다. 특수사로서의 문학사에서 제목을 결정하는 일이 일반사에 있어서보다 중요시되어야 하는 까닭은 "그[문학사가]가 다루는 자료들은 '한 부류의 대상들'이지 한 가지의 전체와 부분들의 연계체계가 아니기 때문이다."[16] 진정한 의미에서 전체와 부분들의 연계체계는 일반사에서만 가능하다는 인식이 전제되어 있다. 한 부류의 대상, 즉 자료의 범위를 결정하기 위해 문학사가는 '중요성'에 관한 개념을 고려하지 않을 수 없게 된다. "그[문학사가]는 그의 자료들 중에서 '중요하다'고 간주되는 표본들은 모두 포함시키고 중요성이 결여되어 있다고 생각되는 것들은 배제시키게 되는 것이다."[17] 이때 중요성에 대한 판단 기준은 문학사가의 사관이다.

그리고 그는 문학상의 연속관계는 선정된 자료들의 영향 관계에 대한 연구를 통해서 파악되어야 한다고 한다. 그에 따르면, 영향 관계는 자명한 것이 아니기 때문에 작품에서 발견되는 유사성(resemblance)과 영향력의 개연성(probability)에 의해 문학사가가 임의로 만든 일련의 유사성의 패턴인 것이다.[18] 즉, 작품들은 사회의 요소들처럼 지속적이며 조밀하게 연결된 일련의 구조를 가진 것이 아니기 때문에, 문학사의 연속관계는 문학사가가 자기의 편의대로 정돈시켜 놓을 수밖에 없다.[19] 영향관계를 파악하는 데 있어서 문학작품에 미치는 다양한 종류의 문학 외적 영향력들도 중요하게 고려되어야 한다.[20] 문학사는 반자

16 위의 책, 39면.
17 위의 책.
18 위의 책, 40면.
19 위의 책, 37면.

율적이기 때문이다. 따라서 문학사를 반자율적이라고 본 경우에는 문학사 기술방법의 구성적 이념으로 설명의 문제, 지향성의 문제, 문학사관의 문제, 그리고 시간의 문제—연속관계의 측면에서 제기될 수 있는—등이 고려될 수 있다.

그런데 만델보옴의 반자율성 논의는 문학사의 자율성과 의존성 간에 매개항을 설정하지 않음으로써 앞에서 본 자율성의 문학사와 뒤에서 보게 될 비자율성의 문학사를 절충하는 수준에 머물고 말 우려가 많다. 또한 문학 내적 사실과 외적 사실 간의 상호관계에 대한 이론적 전제가 되어 있지 않음으로써 다음에 보게 될 비자율성의 문학사 유형과 거의 같게 인식될 수 있다. 이것은 만델보옴의 문학사에 대한 설명이 분류 이상의 의미를 지니지 못한다는 결과에 이르고 만다. 이 점은 지금까지 살펴본 바대로 문학사 인식이 실재 개념으로 드러나고 있는 데서 더욱 분명해진다.

끝으로 문학사가 일반사로부터 자율성을 지니지 않았다고 하는 경우 즉, 의존성을 지녔다고 하는 경우를 살펴보자. 이것은 문학사 기술방법 가운데 하나인 지향성의 문제를 중점적으로 검토해 보는 작업이 된다.

일반사로부터 문학사의 자율성을 인정하지 않는 철학적 근거는 다음과 같다. 그것은 "어느 사회나 시대에 이르게 되면 반드시 사회생활의 모든 양상들을 포괄하는 가장 중요한 통일성이 존재"[21]한다는 데 있다. 통일성을 전제할 경우 일반사와 특수사는 서로 구분되지 않게 된

---

20 만델보옴은 문학작품에 미치는 영향력을 네 가지로 항목화한다.
(1) 다른 문학작품들로부터 오는 영향력 (2) 다른 예술, 종교, 과학 및 철학으로부터 오는 영향력 (3) 개인의 작품들이나 독창적인 작품들과 관계되는 저자 자신의 개성과 경험의 요인들 (4) 그의 작품에 직접적으로 영향을 줄 수 있는 그 시대의 정치적, 사회적 요인들 등.(위의 책, 41~42면)

21 위의 책, 23면.

다. 역사의 개별성 혹은 다양성이 존재할 수 없는 것이다. 다만 '통일성'을 주도하는 것이 무엇인가에 대해서만 의견을 달리한다. 그렇다고 다양성을 인정하는 것이 아니다. 의견들은 서로 다른 의견들을 배척하기 때문이다. 하나의 의견 속에 다른 의견들은 통일되어야 한다. 마찬가지 논리로 하나의 역사 속에 모든 역사는 통일되어야 하는 것이다. 그래서 일반사의 범주와 마찬가지로 문학사의 범주는 통일성을 주도하는 '그 무엇'에 의해 결정되어야 한다.

여기서 통일성을 주도하는 것이 무엇인가 하는 철학적 논의나 그에 연관해서 역사학이 무엇인가 하는 논의는 불필요하다. 다만 여기서는 전제된 문학사 개념 내에서 일반사와 문학사와의 관계를 개괄적으로 검토함으로써 문학사 기술방법의 구성적 이념으로 어떤 것들이 상정될 수 있는가만을 살펴보는 것으로 충분하다.

만델보옴은 통일성을 주도하는 것으로 사회제도적 구조의 우월성, 시대정신(Zeitgeist), 그리고 지적인 이상과 이념 등을 든다.[22] 이 분류에 따라 일반사에 대한 문학사의 의존성을 살펴보자.

어떤 사회나 시대의 통일성을 사회제도적 구조의 우월성에 기초하는 것으로 생각한 이론가들은 마르크스주의자들이다. 모든 역사 기술은 사회제도적 구조에 맞추어져야만 한다. 문학사의 범주도 문학작품을 사회제도적 구조의 반영물로 인식하는 범위 내에서 설정된다. 우수한 작품 혹은 중요한 작품에 대한 평가 기준 또한 사회 제도적 구조가 됨은 물론이다. 작품은 작품 자체로 설명되는 것이 아니라 문학 외적 사실들에 의해서나 그와 연관되어서 설명된다. 문학사의 외적 의존성, 즉 지향성이 최대한 증폭되는 경우이다. 문학사의 시대구분 또한 일반사의 그것과 구분되지 않는다. 그것은 "한 사회나 문화의 모든 양상들

---

22 위의 책.

에 똑같이 시대구분이 적용되어야 한다는 일원론적 역사관"[23]에 기초하고 있기 때문이다. 문학사의 시대를 구분할 경우, 인류사의 발전단계를 원시공동체, 노예제, 봉건제, 자본주의, 사회주의라는 5개의 사회구성체의 이행과정으로 이론화한 일반사의 시대구분을 준용하는 것이 그 한 예가 된다.[24]

다음 사회나 시대의 통일성이 '시대정신'에 기초한다고 보는 경우를 살펴보자.

이 경우의 철학적 근거는 관념론이다. 헤겔(G. W. Hegel)에 있어서는

---

23 위의 책.

24 우리나라에서 이 시대구분법을 근대문학사 기술에 최초로 적용한 이론가는 김팔봉이며, 통사 기술에 적용한 이론가는 이명선이다. 김팔봉은 「10년간 조선문예 변천과정」(『조선일보』, 1929.1.1~2.2)에서 사회경제적 방법을 구분기준으로 하여 1910년부터 1928년까지 약 20년간을 다음과 같이 세 시기로 구분한다. 신문예 운동의 생성과정(1910~1919) : 근대 문예사조의 세례를 받은 것을 비롯하여 구시대의 유전인 봉건적 제 이데올로기에 반항하여 열렬하고 자유로운 사상 감정을 표현하는 신형식을 추출하고 나아가서 일반에게 이것을 장려하기 시작하던 신문예 운동의 요람기, 신문예 운동의 혼란과정(1919~1923) : 신문예 운동이 사회적 지반을 획득하면서부터 선진 제외국－특히 일본의 문예사조를 수입하기에 급급하여 다종다양의 문예상 주의와 색별이 찬연하던 수입 전성기 무산계급 문예운동의 조직과정(1923~1928) : 문예상 주의와 색별에서 떠나서－바꾸어 말하면 부르조아지의 이데올로기에 반하는 프롤레타리아 이데올로기의 표현 도구로서 문예와 종래의 문예와의 투쟁기. 여기서 「10년간……」이란 1920년대를 가리키는데, 전사적 배경으로 1910년대가 설명되고 있다. 근대문학사만을 대상으로 하였기 때문에 봉건적・부르조아지・프롤레타리아의 이데올로기만이 언급되고 있다. 김팔봉은 문학을 여러 계급의 이데올로기를 표현하는 도구로 인식하고 있으며, 문학사 변화의 동인을 계급 갈등으로 인식하고 있다.
한편 이명선은 『조선문학사』(조선문학사, 1948)에서 우리나라 전체 문학사를 고대의 원시문학(태고－삼국), 중세기의 봉건문학(신라통일－고려－이조), 조선문학의 근대화(갑오경장 이후) 등 세 시기로 구분하고 있는데, 실제로 문학사는 중세기의 봉건문학까지만 기술되어 있다. 형식상 삼분법에 의해 시대를 구분하고 있으나 각 시기의 구체적인 내용은 사회경제적 방법에 의해 설명하고 있다. 그 예로 평민문학에 대한 설명을 들어본다. "임진왜란 병자호란 후에 중앙집권제에 동요가 생기어 양반관료들이 자신을 잃게 되고 상대적이기는 하나 화폐의 유통, 도시의 성장, 해외무역의 활발화로 상업자본가로서의 중인의 세력이 점차로 대두하게 되어, 이러한 사회현실을 토대로 하여 재래의 양반 관료의 문학 시조가 중인 중심의 평민문학으로 일대전환을 시도하였으며, 또 그것이 가능하였다고 생각된다."(위의 책, 103면)

'시대정신'이 절대이념(absolute Idée) 또는 세계정신(Weltgeist)·민족정신(Volkgeist)이라는 개념으로 표현된다. 그는 그와 같은 정신적 원리가 자연 세계와 역사 세계를 관통하며 이러한 정신적 원리는 "스스로를 외화(外化)하여"(sich entäuβeren) 자연과 사회 속에 나타난다고 한다.[25] 헤겔은 예술사·법률사·종교사 등 전문사(전문적 역사, die Spezialgeschichte)들은 외적 질서뿐만 아니라 한 민족사의 전체와 내적 연관이 제시되어 있어야 한다고 한다.[26] 민족사는 세계정신의 구체적인 표현인 민족정신을 담지하는 것인 바, 전문사들이 민족사의 전체와 연관을 드러내지 않은 채 다만 외적인 소재나 비본질적인 외적인 것만을 고집할 경우 전연 우연적인 개별성으로만 나타나기 때문이다. 민족정신에 의해서 형상되는 예술·법률·종교 등 다양한 문화 현상들은 필연적인 것이지 우연적인 것이 아니며,[27] 민족정신으로 통일되어 민족사의 전체를 이루는 것이다. 따라서 민족정신, 즉 시대정신에 모든 문화 현상이 통일된다고 생각할 경우 모든 문화 현상들의 개별성이나 자율성은 배제되어 오직 시대정신이라는 통일적 전체 개념을 반영하는 것으로서 존재해야 한다. 문학사도 시대정신을 충분히 반영함으로써 일반 문화사와 균형을 이루게 된다. 그래서 문학사는 문학 외적 사실을 자신의 영역 안에 충분히 수용할 수 있는 준비가 되어 있어야 한다. 외적 지향성은 두 번째 경우와 마찬가지로 극대화된다. 이때 문학작품의 판단 기준은 반영론적 관점이 되는데, 그것도 시대정신이라는 통일적·전체적 개념을 얼마나 잘 반영하고 있는가 하는 점이다. 루카치(G. Lukács)의 전체성(Totality) 개념도 이에 대응되는 한 예이다. 그리고 문학 내적 사실과 외

---

25 한국철학사상연구회 편, 『철학대사전』, 동녘, 1989, 1418면.

26 G. W. Hegel, *Vorlesung über die Philosophie der Geschichte*; 김종호 역, 『역사철학강의』 Ⅰ·Ⅱ, 삼성출판사, 1976, 36~37면.

27 한단석, 『헤겔 철학사상의 이해』, 한길사, 1981, 137~138면 참조.

적 사실 사이의 관계를 설명하는 데 어떤 매개 개념도 불필요하다. 직접적으로 관련을 맺고 있는 것으로 생각하기 때문이다. 발생론적 구조주의자들은 이와 같은 직접성에 기초한 반영론적 관점을 속류 문학사회학이라 하여 비판한다.[28]

시대정신은 위에서 본 바와 같이 스스로 전개되는 것으로 인식되는데, 단순히 전개되는 것이 아니라 어떤 목적을 향해 일정한 단계로 전개되는 것으로 인식된다. 즉, 목적론적이며 법칙적으로 인식되는 것이다. 문학사의 시대구분 또한 이 관념을 기초로 해서 구성된다.

사회나 시대의 통일성이 '시대정신'에 기초한다고 하는 경우 문학사 기술방법의 구성적 이념으로 상정되는 것들은 설명의 문제, 시간의 문제, 지향성의 문제, 그리고 문학사관 등 전부가 된다. 여기서 문학사 인식은 반영론적 관점을 기초로 하고 있기 때문에 실재 개념이라고 말할 수 있다.

끝으로 사회나 시대의 통일성이 지적인 이상이나 이념에 기초한다고 보는 경우를 살펴보자.

이 경우의 철학적 근거가 관념론이라는 점에서는 위의 경우와 비슷하다. 그러나 이것은 주관적 관념론을 지향한다는 데서, 그리고 인류 보편사보다는 민족사에 관심을 가진다는 데서 위의 경우와 구분된다. 그러나 세계를 인식하고 해석하는 모델은 위의 경우에서 유추된다. 설명단위가 세계정신에서 민족정신으로 전화되었을 뿐이다. 민족사나 민족문화사는 민족의 이상이나 이념상의 통일성에 기초하여 기술되어야 한다. 이때 민족문학사는 민족의 정신적 동질성이나 민족의 행복을 약속하는 경향이 짙어 때로 국수주의적이거나 신비주의적 색채를 띠기 쉽다.[29] 시대구분은 세계사의 보편성보다는 민족사의 전개 과정을 중시하

---

28 김현, 『프랑스 비평사 · 현대편』, 문학과지성사, 1981, 263~264면.

게 되어 두 번째의 대구분 경향보다는 다소 소구분하는 경향이 있다.

통일성이 지적인 이상이나 이념에 기초한다고 보는 경우에 있어서도 문학사 기술방법의 구성적 이념으로 네 가지, 즉 설명의 문제, 시간의 문제, 지향성의 문제 그리고 문학사관 등이 다 고려된다. 이 경우 주관주의적인 성향 때문에 특히 문학사관이 중요하게 고려된다. 문학사 인식은 실재 개념에 한정된다.

문학사가 일반사로부터 자율성을 지니지 않았다고 보는 세 경우는 다 같이 문학사 기술방법의 구성적 이념으로 설명의 문제, 시간의 문제, 지향의 문제, 그리고 문학사관을 두루 상정한다. 이것은 근본적으로 문학사가 사회나 시대의 통일성을 주도하는 '그 무엇', 즉 사회제도적 구조의 우월성, 시대정신, 그리고 지적인 이상과 이념 등을 반영한 데서 비롯된 것이다. 문학상의 설명은 문학사 외적 사실의 고려 없이는 불가능하게 되며 시대구분에 있어서 문학 자체의 변화보다는 일반사의 대구분을 추수하게 되고 그 관념론적 성향 때문에 문학사관이 중요시된다. 또한 외적 지향성은 최대한 증폭된다. 일반사에의 의존성이 강한 문학사는 일반사를 따라 대체로 전체성을 중시하는 결과를 초래한다. "역사가가 넓은 안목이나 긴 안목을 가지게 되면 특정의 시간에 실제로 일어난 사실대로 사회의 성격과 변화를 연구할 수 없고 단지 마지막 결과만을 취급하려는 경향을 가지게 된다."[30] 이것은 전체성을 중시하는 역사에 대한 비판이다.

---

29 김윤식과 김현은 그들의 문학사에서 한국문화의 주변성을 극복하기 위한 방안 몇 가지를 제시하는 가운데 다음과 같은 방안을 내놓고 있다.
"한국문학은 그 나름의 신성한 것을 찾아내야 한다. 모든 문화는 그 문화를 지탱해 주는 성스러운 것을 갖고 있다."(김윤식 · 김현, 앞의 책, 18면) 이 진술은 사회나 시대의 통일성이 민족 이념에 기초하고 있다는 근거에서 나온 것이다. 이때 문학사는 민족 이념을 반영하는 것으로 묘사되며, '민족의 행복'을 약속한다.

30 M. Mandelbaum, 앞의 책. 25면.

우리는 지금까지 문학사와 일반사와의 관계를 통해 문학사 기술방법의 구성적 이념으로 어떤 것을 상정할 수 있는가에 대해 살펴보았다. 문학사와 일반사 사이에 상정할 수 있는 관계를 세 가지로 들었다. 즉, 자율성을 지닌다고 하는 경우, 반자율성을 지닌다고 하는 경우, 그리고 동일하게(혹은 의존적으로) 본 경우 등이 그것이다. 문학사의 자율성 혹은 독자성을 강조하는 이론가들은 구성적 이념으로서 시간의 문제와 설명의 문제를 상정하는 반면, 일반 문화사적 사실을 고려하지 않고서는 문학사 연구가 불가능하다고 주장하는 이론가들은 시간의 문제와 설명의 문제는 물론 문학사관과 문학 외적 배경을 구성적 이념으로 상정한다. 물론 서로 다른 이론들이 다 같이 시간의 문제와 설명의 문제를 구성적 이념으로 상정한다 하더라도 이론들의 철학적 기초가 다르기 때문에 그 내포에도 커다란 차이를 드러내리라는 점은 자명하다. 결국 이론들의 차이는 역사가의 가치 평가와 외적 사실로부터 얻을 수 있는 일반적 지침을 그 구성적 이념으로 인식하느냐, 하지 않느냐에 달렸다고 할 수 있다. 이론들의 결정적인 분기점은 지향성의 문제를 문학사 기술방법의 구성적 이념으로 어느 정도 고려하고 있느냐 하는 데 있다. 이것은 역사와 미학의 차이를 드러내는 것이기도 하다. 지향성을 어느 정도 고려해야 하느냐 하는 문제는 결국 "문학사를 미학화 하고 미학을 문학사화 하는 과제"[31]를 실천하는 데 관련되는 문제들 가운데 하나이다.

각 이론이나 방법이 상정한 문학사 기술방법의 구성적 이념들의 진정한 의미는 이념들의 상호관계 하에서 파악되어야 한다. 이를 위해 일차적으로 개별 이념들의 기능에 대한 검토가 원론적인 수준에서 이루어져야 한다고 본다. 이제 이것을 다루어 보자. (구성적 이념들이 어떻

31 김열규, 「고전문학과 현대문학」, 『국어국문학』 제88호, 국어국문학회, 1982, 412면.

게 상호작용하여 개별 문학사를 이루어내는가 하는 문제는 '제3장 2. 문학사 기술방법의 유형'에서 보게 된다.)

2. 문학사 기술방법의 원리

문학사 기술방법의 구성적 이념들의 개별적인 기능과 그 관계를 구명하기 위해서는 이론화의 작업이 선행되어야 한다. 왜냐하면, 이론이나 방법 자체의 구성 단위, 즉 구성적 이념들의 범주를 설정해야 하기 때문이다. 기술방법의 범주는 방법의 본질적인 성질과 관계를 반영해야 한다. 우리들은 이미 상정한 구성적 이념들을 독립변수들(independent variables)로 다루어 이념들의 개별적인 기능과 그 결합 방식을 통해 그 상관관계를 살펴보고자 한다. 여기서 구성적 이념들을 독립변수들로 다루어야 하는 까닭은 우리들의 분석 목적을 위해 그것들이 일차적으로 상대적인 독립성을 지닌다고 전제해야 하기 때문이다. 물론 구성적 이념들은 서로 상관함으로써 의미를 갖게 되며, 이 관계에 의해 문학사 기술방법이 표현되는 것이다. 기술방법의 범주로 설정된 구성적 이념들은 이어지는 글에서 보게 될 또 하나의 독립변수인 문학사관을 지탱하는 기둥들이다.

이 글에서 시도된 문학사 기술방법의 구성적 이념들에 대한 이론화의 작업에 있어서 다음 두 이론이 특히 많이 참조된다. 하나는 크레인(R. S. Crane)의 이론[32]이며, 다른 하나는 헬러(A. Heller)의 이론[33]이다. 앞

---

32 R. S. Crane, *Critical and Historical Principles of Literary History*, The University of Chicago

질러 말한다면, 전자는 방법론적 일원론의 전통에 서는 이론이고, 다른 하나는 방법론적 이원론의 전통에 서는 이론이다. 따라서 이것들을 선택한 데는 철학을 달리함으로써 구성적 이념들이 어떻게 달라지는지 대비적으로 고찰해 보고자 한 의도도 내포되어 있다.

형식의 서술사(narrative history of forms)를 이상적인 문학사로 생각한 크레인은 문학사의 구성적 이념들로 인식되는 시간의 문제와 설명의 문제를 조직의 원리(principles of organization)와 설명의 원리(principles of explanation)로 이론화한다. 그에 따르면, 조직의 원리에서 핵심적으로 고려되어야 할 점은 시간상의 연속성(succession in time), 공간상의 배열(distribution in space), 그리고 특징상의 유사성과 차이점(likeness and difference in character) 등이다.[34] 그리고 설명원리에서는 인과(causality)와 대비(contrast)의 개념이 중요하게 고려된다. 물론 이 원리들은 작품 자체에서 추론되어야 하는 것들인데, 구체적으로는 문학 형식을 파악하는 데 있어서 독립변수들로 볼 수 있는 작품들의 형식들(forms), 재원들(materials), 기교들(techniques) 등을 통해서 이루어져야 하는 것이다.[35] 여기서 조직의 원리와 설명의 원리는 대등관계에 있다기보다는 설명의 원리가 조직의 원리에 종속된 원리로 설정되어 있다. 조직의 원리에서 제시된 연속성, 배열, 유사성과 차이성이라는 부분적 요소들을 파악하기 위한 구체적인 방법들이 설명의 원리에서 인과와 대비의 원리를 통해 제시되고 있기 때문이다. 설명의 원리는 조직의 원리를 실천하기 위한 수단으로 표현되어 있다.

Press, 1971.

33 A. Heller, 앞의 책.
이 책은 역사 철학 일반에 관한 것이다. 필자는 이 글을 작성함에 있어서 이 책으로부터 많은 시사를 받았다.

34 R. S. Crane, 앞의 책, 23면.

35 위의 책, 37~38면.

크레인은 형식적 연속성과 변화를 파악하는 데 있어서 형식의 새로움(novelty)에 기준을 두어 형식의 유기적 계열(the organizing line of forms)을 작성하는 일이 중요하다고 강조한다. 따라서 그의 문학사 기술방법은 일단 경험주의적이며 객관주의적이라고 말할 수 있다. 그는 형식의 이데올로기적 표현이나 배경론・전통론・역사가의 주관적 인식 등을 문학사 기술방법의 구성적 이념으로 전혀 고려하지 않는다. 그는 그런 것을 고려하는 정신사적 문학사에 대해 비판적이다.[36]

한편 역사 철학자 헬러는 역사 기술방법의 구성적 이념으로 구성 원리, 설명 원리, 지향 원리, 예상(이론적・철학적 예상) 등 네 가지를 들고 있다. 이 가운데 마지막 것은 인식론적 기초와 세계관을 의미하는데, 그것은 보다 높은 위치에서 역사 기술을 지도하는 이념으로서 역사 기술방법에 직접적으로 나타나지 않고 기술방법에 응용되는 것이다.[37] 그러므로 기술방법을 구성하는 데 직접적으로 작용하는 기본원리는 앞의 세 가지가 된다. 헬러는 이것들을 크레인과는 달리 동등관계로 보고 있다.

구성 원리는 시대구분 문제를 이론화한 것이고, 설명 원리는 설명의 구조와 인과관계의 설명 형태들을 이론화한 것이다. 그리고 지향 원리는 역사 서술에 있어서의 일반화 문제를 이론화한 것이다. 지향 원리는 선례의 사건들에 의해 일반화된 진술이 새로운 역사, 즉 새로운 사건의 인식 과정에서 유추적으로 작용되어야 하는가 아니면 작용되지 말아야 하는가 하는 문제를 이론화한 것이다. 이것은 역사인식에 있어서 특수성에 대한 인식의 문제와 관련되는 것이다.[38]

헬러의 연구방법은 이론적・철학적 예상을 구성적 이념으로 인식했다는 의미에서 해석학적이며 주관주의적이다. 그는 역사를 온전하

---

36 위의 책, 93~95면.
37 A. Heller, 앞의 책, 234~235면.
38 위의 책, 190~268면 참조.

게 이해하기 위해서는 형식만을 이해하는 것으로 만족할 수 없고 역사 발전의 동인과 목적을 동시에 이해하여야 한다고 한다. 이분법적으로 말한다면 그는 정신사적 역사를 지향한다고 할 수 있다.

크레인의 이론과 헬러의 이론 간의 차이는 크게 보아 다음 두 가지다.

첫째, 크레인이 설정한 조직의 원리와 설명의 원리는 종속관계에 있다. 설명의 원리는 조직의 원리를 실천하기 위한 수단이다. 이에 반해 헬러가 설정한 구성 원리, 설명 원리, 지향 원리 들은 상관관계에 있으며, 이들 세 원리와 사관과의 관계는 종속관계에 있다. 세 원리가 사관에 종속된다.

둘째, 크레인이 설정한 조직의 원리는 헬러가 설정한 원리를 다 포함하는 광역적 개념이다. 그러나 크레인은 헬러가 설정한 지향 원리나 사관은 인정하지 않는다.

이와 같은 차이는 어느 쪽 이론의 잘못에 있다기보다는 근본적으로 철학적 견해의 차이에서 기인된 것으로 이해하여야 한다. 결정적인 차이는 지향 원리를 구성적 이념으로 인정하느냐 그렇지 않느냐에 있다. 이것은 역사가의 사관을 구성적 이념으로 인정하느냐, 그렇지 않느냐 하는 문제와 동일한 철학적 배경을 지닌다. 따라서 지향 원리를 구성적 이념으로 인식하느냐, 그렇지 않느냐에 따라 구성적 이념들의 논리적 관계(혹은 체계)는 그 성격을 크게 달리 하리라는 점을 쉽게 예상할 수 있다.

필자는 기술방법의 구성적 이념으로 구성 원리, 설명 원리, 그리고 지향 원리 세 가지를 일단 독립변수들로 인정하여 그 상호관계를 검토하고자 한다. 구성 원리는 시대구분 문제를, 설명 원리는 문학사에 대한 인식의 문제를 이론화한 개념들이다. 지향 원리는 다음과 같은 사실을 가늠하기 위해서 이론화한 개념이다. 첫째로 설명 대상의 범주 설정에 관련된다. 즉, 문학사를 설명하기 위해 문학 외적 사실을 어느 정도 수용하며 참조하여야 하는가. 둘째로 대상의 인식에 관련된다. 즉, 문학사를 설명하기 위해 일반사에서 일반화된 진술을 어느 정도 유추적으로 사용하여야 하는가. 또한 새로운 문학적 사실을 설명하기 위해 문학사 자체 내에서 일반화된 기존 진술을 어느 정도 유추적으로 사용하여야 하는가. 어느 경우나 일반성과 특수성과의 관계를 파악하는 개념으로 쓰인다는 데서 일치한다.[39]

앞으로 보게 되겠지만, 우리는 지금까지 원리 간의 범역을 불분명하게 인식한 나머지 지향 원리에서 추론된 일반화를 구성 원리와 설명 원리로 잘못 사용하는 경우가 있다. 막연한 배경론 같은 것이 그런 경우이다. 잘못을 피하는 길은 지향 원리의 개념을 인식하는 데 있다.

여기서 지향 원리를 설정하는 것은 헬러의 이론 체계를 지지해서라기보다 지향 원리를 인정하느냐, 그렇지 않느냐에 따라 이론 체계가 어떻게 달라지는가를 검토하기 위해서이다. 예를 들어, 헬러의 이론에 따르면 크레인의 지향 원리 사용 정도는 0인 것이다. 방법을 이해할 경우, 모든 이론이나 방법은 인식론적 전제가 다르기 때문에 지금부터 우리가 논의하고자 하는 모든 구성적 이념들을 모든 이론이나 방법이 다 포함하지는 않는다는 인식이 필요하다.

---

39 헬러의 지향 원리 개념을 요약하면 다음과 같다.
역사가가 이론 내에서 사실들을 정리하는 것뿐만 아니라 메시지를 해독하려는 역사가의 준비를 일정한 방향으로 이끌어나가는 것은 유추인바, 유추는 일반화된 기존의 진술을 토대로 해서 이루어진다. 따라서 일반화된 진술은 역사 서술의 지향 원리로 작용한다. 다시 말하면 일반화된 진술은 탐구의 출발점, 즉 작업가설로서 역사 서술을 합리적인 방향으로 이끌어가는 기능을 담당한다.(앞의 책, 228~230면) 그런데 헬러는 새로운 역사 사실을 인식할 경우 지향 원리 개념을 지나치게 사용하거나 전혀 사용하지 않는 잘못을 경계한다. 역사인식에 있어서 일반성과 특수성 간의 관계를 동시에 고려하지 않는 것은 잘못된 인식이라는 데 그 이유가 있다. 모든 역사는 그 관계 속에 존재하는 것이다.(앞의 책, 244~268면 참조) 헬러의 지향성 개념은 일반사 인식에 있어서 일반성과 특수성 간의 관계를 정립하는 데 사용되고 있다. 필자는 이를 토대로 하여 문학사 인식 내에서 그리고 일반사 인식과 문학사 인식 사이에서 나타나는 일반성과 특수성 간의 관계를 구명하는 데 사용하고자 한다.

1) 구성 원리로서의 시대구분

우리는 역사를 시간의 흐름으로 인식한다. 그러나 연속적인 흐름을 인식할 경우 그 정반대인 비연속적 범주를 도입하지 않고서는 인식할 수가 없다. 그래서 우리는 그 흐름은 수많은 연결고리의 연쇄로 이루어져 있다고 생각한다. 이때 고리 하나하나는 비연속적 범주가 되는데, 역사가는 자신의 세계관이나 이론에 따라 어떤 고리를 확대하여 다른 고리들로부터 상대적으로 구별하기도 한다.[40] 이처럼 연속성 / 비연속성, 확대 / 축소 등의 개념을 기초로 했을 때만이 역사의 흐름은 인식되며 역사가 구성되기 때문에 역사인식이나 역사 기술방법에 있어서 시대구분은 보편적인 구성 원리가 된다. 또한 시대구분은 "문학사의 실상을 가장 분명하게 요약해서 나타내는 것"[41]이기 때문에 문학사의 보편적인 구성 원리가 된다. 시대구분이 모든 역사기술의 출발이자 결론이라 할 수 있는 것은 이런 의미에서이다.

그런데 역사인식에 있어서 시대구분이 필요치 않다고 하는 이론가들도 있다. 그들은 역사상의 개인들, 사건들 또는 저작들이 판별될 수 있는 절대적이며 보편적인 기준을 갖고 있지 않다고 한다. 역사적 사실들은 패턴에 따라 일반화될 수 없으며 유형화될 수 없다는 것이다.[42]

그러나 앞에서 본 바와 같이 우리는 시대를 구분하지 않고서는 역사를 인식할 수가 없다. 시간관념은 역사 이해에 필수적인 것이다.

> ……역사적 구분은 역사 사고와 해석에 대한 하나의 수단이다. 개념화(conceptualization)가 없는 학문이 없는 것과 같이 일반화(generalization)

---

40 A. Heller, 위의 책, 197면.
41 조동일, 「문학사는 어떻게 이해할 것인가」, 『문학연구방법』, 지식산업사, 1980, 239면.
42 차하순, 『역사의 의미』, 홍성사, 1981, 166면.

> 가 없는 역사서술은 생각하기 어려울 것이다. 시대구분은 개괄적으로 역사 시기의 특징들을 파악하려는 필요한 수단이며 클라크가 말하는 일종의 〈개괄적 진술〉(generic statement)이다. 역사구분에 의해서 역사가는 비로소 잡다한 사실들에게 체계와 논리를 부여할 수 있게 된다.[43]

시대구분은 사실 자체가 아니라 역사가들의 의견이나 사관의 반영물들로서 역사 사실들에 대해 체계와 논리를 부여하는 것이다.

지금까지 우리는 시대구분의 의의에 대해서 살펴보았다. 이제 다음과 같은 문제들을 일련해서 살펴보기로 한다.

첫째, 문학사 시대구분의 특수성은 무엇인가.

둘째, 문학사 시대구분의 기준으로는 어떤 것이 있는가.

셋째, 유기적인 시대구분은 어떻게 이루어지는가.

넷째, 시대에 대해 어떻게 이름을 붙여야 하는가.

다섯째, 문학사 시대구분과 사관은 어떤 관계에 있는가.

시대구분에는 변화의 관념이 전제되어 있으며, 연속성과 계기성이 전제되어 있다. 그러면 문학은 어떻게 변화되며 어떤 연속성을 지니는가? 이에 대한 논의는 불충분한 대로 '제1장 문학사에 대한 인식과 그 변화'에서 행한 바 있다. 다만 여기서는 문학사적 사실의 변화가 일반 역사적 사실의 변화와 어떻게 다른가만 다시 확인하여 문학사 시대구분의 특수성을 알아보기로 하자.

콜링우드는 예술의 변화에 대해서 다음과 같이 말한다.

> 예술에 있어 진보가 있느냐 없느냐를 묻는 것도 무의미한 일이다. 예술가가 예술가인 한, 그의 과제는 그에 앞선 예술가들이 했던 일을 하는 것도 아

43 위의 책, 168면.

니요, 그에 앞선 예술가들이 실패로 끝냈던 일을 계속해서 해 나가는 것도 아니다. 예술에는 발전(development)은 있으나 진보(progress)는 없다.[44]

진보의 척도는 완전성의 척도[Beau absolu]이다.[45] 그러나 예술은 그 자체가 완성이다. 이처럼 진보가 없는 문학사의 시대구분은 일반사의 시대구분처럼 행할 수 없다는 것은 자명하다. 여기서 역사의 대상에 대한 만델보옴의 말을 다시 한번 상기해 보자. 그에 따르면, 일반사의 대상은 전체와 부분들의 연계체로 다룰 수 있는 반면에 문학사의 대상은 그렇게 다룰 수 없는 한 부류일 뿐이다.[46] 그런데 문학사가는 그 부류들이 마치 연속관계를 형성하고 있는 것처럼 계기적으로 정돈시켜 놓는다. 야우스는, 예술작품들의 시간적 순서는 정치적 사건들의 연결보다도 더욱 긴밀한 것으로 나타나고 있다고 비난투로 말하고 있다.[47] 문학사의 연속관계는 물론 문학사가의 자의성이 크게 작용된 것이다. 자의성이라고 했지만 나름대로 근거가 있다. 문학외적 사실을 그때그때 적당하게 끌어들임으로써 문학사의 변화가 마치 연속성을 지닌 채 계기적으로 나타나는 것처럼 묘사한다. 일반사와 특수 문화사를 구별하지 않는 문학사가들에게서 많이 나타나는 경향이다. 야우스는 이와 같은 경향을 띤 문학사들은 작품들 사이에서 그리고 작품들과 역사·사회와의 사이에서 지나칠 수 없는 불확정성(InKonsistenz)을 무시하고

---

44 R. G. Collingwood, *The Idea of History*, Oxford University Press, 1966; 소광희·손동현 공역, 『역사의 인식—역사학은 과학인가 이념인가』, 경문사, 1979, 321면.

45 일반역사에 있어서 완전성의 척도는 흔히 자유를 향한 진보로 표현되는데, 일반 문화사와의 관련성을 중시하는 문학사들은 진보 개념을 유추적으로 사용하는 경향이 많다. 진보 개념을 기준으로 했을 때 발전이론에는 낮은 단계에서 높은 단계로 발전한다는 진보이론, 높은 단계에서 낮은 단계로 진행된다는 퇴보이론, 진보와 퇴보가 영원히 반복한다는 반복이론 등으로 나뉘어진다.(A. Heller, 앞의 책, 282~288면 참조)

46 M. Mandelbaum, 앞의 책, 39면.

47 H. R. Jauss, 앞의 책, 219면.

서 이루어진 것이라 하여 역시 비난하다.[48]

우리가 문학사 시대구분의 유효성을 인정한다면 일차적으로 다음 두 가지 극단적인 견해를 피하는 것으로부터 시대구분을 시도해야 할 것이다. "첫째, 시대란 직관에 의하지 않고서는 파악될 수 없는 본성을 지닌 하나의 실체라고 하는 형이상학적 견해이고, 둘째, 시대란 서술의 목적을 의도하여 구분한 어떤 시간에 대해 붙여 놓은 단순한 언어상의 표호(標號)라고 하는 극단적인 명목론적 견해이다."[49] 전자는 발전 개념을 토대로 하여 인류사 전체를 재정리하는 역사철학적 인식에 기초하기 때문에 구분의 타당성은 객관적 사실의 실증성보다는 반성적 사고에 의존한다. 후자는 객관적 사실을 중시하는 구분이기는 하나 그 기준의 미확립으로 인하여 구분 자체의 내용이 아무런 의미를 지니지 못하는 것이다.

다음 시대구분의 기준에 대해 살펴보자.

시대구분을 해석 행위로 보았던 크로체는 연대기적 시대구분에 대해서 비판적인데, 그것은 그 전제, 즉 기준이 환상적이어서 구분의 가치 또한 영(零)이 되고 만다는 데 있다.[50]

연속성으로부터 비연속성을 구별해내고, 어떤 연결고리를 확대하는 일이 적절하다는 것을 입증하기 위해서는 시대구분 기준이 확실해야 함은 말할 필요도 없다. 기준은 역사가의 세계관이나 이론의 범주에 기초한 것으로서 일종의 가설이다. 따라서 기준은 역사가의 세계관이나 이론에 따라 다르게 나타난다. 서로 다른 세계관은 다른 방식으로 역사를 구분해야 하고 구분이나 확대 그 자체는 역사가의 세계관을 표현해야 한다. 그러나 기준의 존재는 역사적 사실—정확하게는 역사

---

48 위의 책, 220면.

49 R. Wellek and A. Warren, 앞의 책, 262면.

50 B. Croce, 이상신 역, 『역사의 이론과 역사』, 삼영사, 1978, 106~108면.

적 사실들에 대한 증언—에 의해 입증되어야 한다.

차하순은 시대구분의 기준을 설정할 경우에 고려해야 할 점을 다음 네 가지로 제시한다.[51]

첫째로 어떤 분류를 따르는 역사 구분은 입증된 모든 역사 사실에 대응해야 한다.

둘째로 커다란 세 개의 구분[三分法]보다는 좀더 작은 여러 시기로 나누어 미세한 문화적 특성과 사회적 특징이 적절히 표현될 수 있게 해야 한다.

셋째로 구분이 반드시 시간적 차원에서 고려되지 않을 수 없다는 점이 주목되어야 한다. 지배적인 사상이나 운동을 중심으로 시대를 구분할 경우 자의성이 상대적으로 커지기 때문이다.

끝으로 시대구분은 많은 사람들의 공감과 동의를 얻을 수 있는 설득력을 가져야 한다.

이 점들은 문학사의 시대를 구분할 경우에도 참조할 만하다. 여기에 하나 덧붙인다면 특수문화사로서의 문학사의 시대구분은 자체의 변화를 일차적으로 고려해야 한다는 점이다. 문학사의 변화의 성격은 일반 역사적 사실의 변화의 성격과 다르며 그 변화 또한 일반사의 변화와 일치하지 않기 때문이다. 역사의 변화를 불연속성으로 보는 이론가들은 문학사의 변화 연구에 새로운 접근을 요청하고 있는 실정이다.

그러면 문학사 시대구분 방법으로 어떤 것이 있는가를 알아보기로 하자. 한국에서 시도된 시대구분과 동서양의 시대구분을 따로 들어보기로 한다.

홍기삼은 기존 한국문학사를 검토하여 한국에서 그간 시도된 시대구분 방법을 왕조별 시대구분, 삼분법에 의한 시대구분, 시대정신에

---

51 차하순, 앞의 책, 171~173면.

의한 시대구분 등 세 가지로 분류한다.[52] 이로 보면 한국문학사에는 문학의 내적 변화를 기준으로 한 시대구분이 없는 것이 된다.

왕조별 시대구분은 대체로 방법론적 자각 부재 혹은 그 혼란이 문제점으로 지적되고 있다. 다음 삼분법에 의한 시대구분은 세 가지 문제점을 안고 있다고 한다. 첫째, 왕조에 대한 대용 개념으로 삼분법 개념을 차용하고 있다. 둘째, 유럽 사회의 발전 모델을 한국문학사 시대구분에 강제할 뿐만 아니라 사회의 발전 모델을 문학적 현상에 적용함으로써 무리한 결과를 초래하고 있다. 셋째, 삼분법은 근대문학의 성립을 서양문학의 이식의 결과로 보게 함으로써 전통단절론을 심화시켰다. 끝으로 시대정신에 의한 시대구분은, 조윤제의 경우, 정신사의 변화가 문학 내적 변화를 일으키게 한다고 함으로써 사관의 일관성을 견지하고 있음에도 불구하고 문학적 현상의 연쇄가 과연 생물학적 진화론에 따를 수 있느냐는 것이 의문점으로 제기된다.

위와 같은 시대구분들에 나타난 문제점들을 극복하기 위해 논자는 몇 가지 원칙을 제시한다.[53] 즉, 주체적 자각에 의한 전통단절론 극복, 문학사와 역사와의 총체적 관련성 구명, 분단문학사의 극복, 근대성의

---

52 홍기삼, 앞의 글, 153-154면.
시대구분에 의한 문학사 분류는 다음과 같다.
1) 왕조별 시대구분 : 김사엽, 『개고 국문학사』(1954); 김준영, 『한국고전문학사』(1971); 장덕순, 『한국문학사』(1975).
2) 삼분법에 의한 시대구분 : 안자산, 『조선신문학사』(1940); 김석하, 『한국문학사』(1975); 김동욱, 『국문학사』(1976); 이명선, 『조선문학사』(1948); 이병기 · 백철, 『국문학전사』(1976).
3) 시대정신에 의한 시대구분 : 여증동, 『한국문학사』(1973); 조윤제, 『한국문학사』(1963)
한편 조동일은 한국문학사의 시대구분방법을 시간의 원근에 의한 구분, 왕조의 교체에 의한 구분, 문학의 성장 단계에 의한 구분, 문예사조에 의한 구분, 시대의 역사적 성격에 의한 구분 등으로 세분하기도 한다(조동일, 「문학사의 시대구분—한국」, 동서문화연구소 편, 『비교문학총서 1—문학 · 장르 · 문학사』, 계명대 출판부, 1979, 92면).

53 위의 글, 166면.

범세계적 보편성을 위한 비교문학적 연구 등이 그것이다.

김홍규는 동서양 문학사의 시대구분을 비교하는 자리에서 기본적인 시대구분 방법을 다음과 같이 8가지로 들고 있다.[54]

1. 현재를 입각점으로 하여 시간적 원근에 따라 시대를 구분하는 방법.

2. 세기별로 구분하는 방법.

3. 왕조·정권의 교체 등과 같은 정치사적 변화를 그대로 채용하여 문학사의 구분 기준으로 삼는 방법.

4. 사회·경제적 발전의 흐름이 지닌 변모의 양상과 결부시켜서 문학사의 이행 과정을 분할, 이해하는 방법.

5. 서로 유별되는 이념, 감수성, 문학적 특질 등을 가진 일련의 특징적 모형을 추출하고, 이를 중심으로 긴밀하게 연속되는 시대 단위들을 끊어 설정하는 사조사적 방법.

6. 표현·전달 매체의 변화, 문체의 변모 등 언어적 측면을 중시하는 방법.

7. 주요 문학양식(예 : 서사시, 소네트, 소설 등)의 발생·융성·소멸 등의 양식적 전개과정을 중시하여 시대를 구분하는 방법.

8. '민족정신', '자유정신' 등과 같은 어떤 추상적 실체를 설정하고 그 변화, 발전이라는 기준에서 문학사의 시대를 나누는 방법.

김홍규는 이 가운데 1·2·8에 대해서는 부정적이며 3·4·5·6·7에 대해서는 유효하고 적절한 것으로 본다. 1·2는 각 시기를 "문학사적 단위로 삼기 위해서는 그렇게 보아야 할 이유를 어딘가 다른 해석의 방법에서 구해야 하기" 때문에 한계가 있으며, 8은 "문학사의 구체적 양상으로부터 유리된 관념적 도식을 흔히 강제한다는 점"에서 한계

54 김홍규, 「동서양 문학사 시대구분론 비교」, 동서문화연구소 편, 앞의 책, 126면.

가 있다는 것이다. 3에 대해서는 유효성이 인정되나 그 기계적 적용을 삼가야 해야 한다고 한다. 4에 대해서 논자는 비교적 호의적이다. 문학사적 변천과 사회의 변천 사이에 본질적인 일치가 존재한다는 전제를 승인하고 있는 것이다. 5·6·7에 대해서는 문학을 자족적 실체로만 보지 않고 4의 입장을 고려한다면 유용할 것으로 보고 있다. 결론적으로 그는 시대구분을 할 경우 다음과 같은 점에 유의해야 한다고 한다.

> …… 우리는 어떤 방법만이 문학사의 시대구분에 유일하게 타당한 배타적 원칙일 수는 없음을 확인하게 된다. 문학사라는 것이 복합적 요인들의 작용에 따른 문학적 변천의 역사인 만큼 여러 기준의 효용도를 고려하고 폭 넓게 채용하는 것은 언제나 필요한 일이다. 그러나 이러한 방법론적 포용성을 애매한 절충주의나 무질서한 종합주의와 구별되어야 한다. 온당한 포용은 스스로의 안에 제 방법론의 유기적 통합과 질서를 위한 역사관의 중심을 가지지 않을 수 없다.[55]

문학사가가 여러 시대구분의 "유기적 통합과 질서를 위한 역사관"을 지녀야 한다는 것은 지극히 온당하다. 그렇지 않을 경우 논자에 따라 시대구분의 상대적 유효성만을 강조하고 말 것이기 때문이다.

> 시대구분의 상대적 유효성을 인정한다면, 사가의 개성적인 사관을 인정해서 무분별하게 쏟아져 나오는 숱한 방법론을 다 유효하게 여긴다면 문학적 현상의 역사적 전개과정의 의의와 가치는 어떻게 부여할 것인가의 문제가 제기된다. 통일된 질서만이 의의와 가치를 부여할 것이다. 통일된 질서는 가장 보편타당하다고 인정되는 여러 방법론들의 변증법적 산물이다.[56]

---

55 위의 글, 129면.

문학사의 시대구분이 궁극적인 일치를 지향해야 하는 것은 시대구분 행위가 역사에 대한 인식 행위의 일종으로서 그 절차가 과학이어야 하며 그 결과가 진실된 것이어야 하기 때문이다. 우리는 과학적인 문학사관에 기초해서 시대구분에 대한 변증법적 사고를 부단히 지속시켜야 할 것이다.

그러나 궁극적 일치를 지향한다 하더라도 시대구분에 대해 다음과 같은 인식이 기본적으로 전제되어야 한다.

첫째로 시대구분이 아직은 상대적이기 때문에 실재적인 것으로 인식하지 말아야 한다는 점이다. 이것은 시대구분이 현재 방법으로서만 유의미하기 때문이다. 구분된 기존 시대구분들을 따로 떼어 내어 논의해 본들 그것은 어디까지나 절충적일 수밖에 없을 것이며, 또한 논거가 없는 상태로 추상성을 벗어나지 못할 것이다. 구성 원리로서의 시대구분에 대한 논의는 반드시 설명 원리와 동시에 이뤄져야만이 해당 시대구분의 의미가 드러난다. 따라서 시대구분 논의는 하나의 시대구분이 텍스트 내에서 어떻게 궁극적인 일치를 지향해 나가는가를 검토해야 한다.

둘째로 일반사의 시대구분과 특수문화사의 시대구분 또한 궁극적

---

56 홍기삼, 앞의 글, 151-152면.
이 점은 역사 일반에서도 마찬가지다.
"시대구분은 역사발전의 단계를 구획지음으로써 역사발전의 체계적 인식을 갖기 위한 설명기준이다. 이 시대구분이 논자에 따라 차이가 심한 것은 역사를 보는 시각의 차이 때문이다. 그러므로 시대를 구분한다는 것은 역사를 보는 시각을 정립하는 것을 의미한다. 그러나 시대구분의 기준이 다르고 역사를 보는 시각이 다르다 해도 그것은 다름으로써 끝나서는 안 된다. 궁극적인 일치를 전제로 한 차이여야 하며 그 차이는 저마다 궁극적인 일치를 위하여 정확한 논리와 역사사실의 근거를 제시해야 한다. 시대 구분이 궁극적인 일치를 전제하지 않고 논리와 사실(史實)의 근거를 제시하지 않는다면 과학적으로 성립할 수가 없다."(민두기, 「중국사 시대구분론의 사회적 배경과 그 의의 및 전망」, 민두기 편, 『중국사시대구분론』, 창작과비평사, 1984, 7면) 여기서 우리는 문제를 발전시켜 일반사의 시대구분과 특수사의 시대구분과의 일치 여부에 대해서도 묻지 않을 수 없게 된다.

일치를 지향한다고 할 때, 두 시대구분을 연결하는 매개항의 설정이 있어야 한다는 점이다. 일반 역사적 사실과 문학사적 사실은 직접적으로 연결되는 것이 아니라 어떤 우회로를 거쳐서 만나는 것이다. 이 점은 양자의 시대구분 관계를 인식할 경우에도 고려되어야 할 사항이다. 문학사의 시대구분과 직접적으로 연결시켜 보는 것은 문학사의 대상인 문학의 속성을 잘못 파악한 것에 지나지 않는다. 문학의 진정한 가치는 일반 사회・역사적 사실을 반영하는 데 있는 것이 아니라 그것들을 생산하는 데 있는 것이다. 궁극적 일치를 지향한다 하더라도 이 불일치를 고려하지 않고서는 참다운 일치점을 파악할 수는 없다. 여기서 문학사의 시대구분이 일반사의 시대구분을 얼마나 수용해야 하고 참조해야 하는 문제가 대두된다. 이것은 문학사가가 지향 원리의 개념을 얼마나 철저하게 인식하느냐 하는 문제와 관련된다.

세 번째로 유기적인 시대구분의 문제를 살펴보자. 시대구분이 유기적이어야 한다는 것은 일정한 기준에 의한 구분과 확대를 통해 과거-현재-미래의 연쇄가 스스로 설명력을 지녀야 함을 의미한다. 구분과 확대는 보통 이항대립 개념－탄생과 죽음, 번영과 쇠퇴, 강함과 약함, 큼과 작음 등－을 기초로 해서 그 내용을 구성한다. 따라서 유기적으로 구분된 시대들은 일정한 리듬을 갖는다. 연대기에는 끊음만 있고 확대가 없다. 확대가 없는 시대구분에서 어떤 리듬을 볼 수는 없다. 유기적인 시대구분은 그 자체가 어떤 경향을 환기시킨다. 확대와 축소, 성장과 쇠퇴(진보와 퇴보), 정기적인 출현과 소멸 등의 경향에 의해 문학사 기술은 하나의 역사상을 구성하게 된다.

그러면 유기적인 시대구분은 어떻게 이루어질 수 있는가?

시대구분 작업은 통시적인 작업이다. 그러나 시대구분이 유기적이기 위해서는 공시적 작업과 병행되어야 한다. 헬러는 이 작업들을 파악할 수 있는 모형을 각각 통시적인 모형(diachronic pattern)과 공시적 모형

(synchronic pattern)으로 구분한다.[57] 그에 따르면, 공시성의 모형이 결코 시대구분의 임무를 충족시킬 수 없지만 공시성의 모형 없이는 통시성의 모형이 존재할 수 없다고 한다. 왜냐하면 시대구분의 구성 원리에 대한 기준은 공시성의 모형의 사용에 의해 파악되고 이해된 사회현상의 다양한 내용이기 때문이다. 통시성의 모형을 구성하는 원리는 "낡은 것에서 새 것을 분리한다. 그것은 변화의 관점에서 역사를 구성하고, 이음새를 파악하고, 모든 시기와 사건을 개별 속에서 이해한다."[58] 그러나 그것은 불연속을 연속으로 파악한다는 전제에서 행해진다. 한편 공시성의 모형을 구성하는 원리는 "반복적인 것으로서 유사한 현상들과 유사하지 않은 현상들을 분리한다."[59] 이러한 작업은 구조적인 측면이나 기능의 측면에서 혹은 두 측면 모두에서 이루어진다. 그래서 공시성의 모형은 "어떤 규칙성을 갖고서 반복되거나 발생하는 것을 기초로 하여 기능상으로나 구조상으로 유사한 현상들을 포괄하는 덩어리"[60]라고 정의된다. 하나의 덩어리는 다른 덩어리와 대조를 이룬다. 따라서 이 덩어리들을 파악하는 시대구분 작업은 일종의 유형학(typology)이다.

공시성의 모형, 즉 공시적 덩어리를 파악하는 방법도 문학사관에 따라 크게 두 가지로 나누어진다. 하나는 문학사의 자율성을 중시했을 경우에는 문학 그 자체의 체계만을 설명단위로 인식하며, 문학사의 반자율성 혹은 의존성을 중시할 경우에는 문학 외적 사실들까지를 설명단위로 인식하게 된다. 전자의 예로 웰렉의 시대구분론을 들어보고, 후자의 예로는 조동일의 시대구분론을 들어보자.

---

57 A. Heller, 앞의 책, 201면.
58 위의 책, 203면.
59 위의 책.
60 위의 책, 201면.

웰렉은 우리가 말한 공시성 모형을 규범 체계 혹은 규범의 도식으로 이해한다.

> 우리들의 출발점은 문학으로서의 문학의 발달이 아니면 아니 된다. 그러므로 시대란 보편적인 발달의 소구분에 불과한 것이다. 그 역사는 변하기 쉬운 가치의 도식에 관련해서 쓸 수가 있다. 그리고 이 가치의 도식은 역사 그 자체로부터 추상해 오지 않으면 아니 된다. 어떤 시대란 그러므로 문학상의 규범, 표준, 관습—이러한 것들의 도입, 보급, 다양화, 통합 및 소멸을 추구할 수 있는 것이지만—의 체계로 해서 결정되는 시대구분인 것이다.[61]

규범의 도식(또는 체계)은 물론 작품들 사이에서 문학사가가 유사성과 차이성을 기준으로 하여 추상한 것이다. 그런데 이 규범의 도식은 시대를 이해하는 데 처음부터 전적으로 규제적으로 작용하는 것이 아니다. 시대라는 개념 역시 역사적 과정 그 자체로부터 추상해 오지 않으면 안 되기 때문이다. 그렇다고 말뿐의 단순한 이름에 그치는 것이 아니다. 그것은 역으로 규제적 이념으로서 역사적 과정을—새것과 낡은 것의 교체에 의한—설명해야만 한다. 이 논리적 순환과정에 의하여 시대구분에서 제기될 수 있는 극단적인 형이상학적 견해와 극단적인 명목론적 견해를 동시에 극복할 수 있다.

한편 조동일은 문학사의 시대구분이 입체적이기 위해서는 문학의 갈래와 문학 담당층이 동시에 고려되어야 한다고 한다.

> 문학의 갈래는 시대에 따라서 변한다. 문학의 갈래를 큰 갈래와 작은 갈래로 나누면, 이 중에서 큰 갈래는 문학사의 전시기에 걸쳐서 존재하는 추

61 R. Wellek and A. Warren, 앞의 책, 367면.

상적인 개념이지만, 작은 갈래는 시대에 따라 변하면서 생겨나는 실체이다. 그러므로 여기서 문제되는 갈래는 작은 갈래이다. 이제부터는 작은 갈래만 갈래라고 하겠다. 그런데 문학의 갈래는 하나씩 독립해서 존재하는 것이면서도 서로 일정한 관련을 가지고 함께 존재하기도 한다. 공존하는 갈래들의 관계 양상을 〈갈래의 체계〉라는 개념으로 정리한다면, 시대가 바뀌었다는 것은 갈래의 체계가 달라졌다는 말이고, 갈래의 체계가 달라지는데 따라서 시대구분을 하는 것이 타당한 방법이다.

(…중략…)

다음 순서로 문학층이라는 면을 생각해 보기로 하자. 문학층에서 문제가 되는 것은 문학 창작의 주도권을 어느 층이 담당했던가 하는 것을 따지면서 문학 담당층의 교체를 살피는 작업이다. 문학 담당층은 상층에서 하층까지 여러 층이 있었고 각 층은 나름대로의 구실을 했지만, 표면적으로 두드러진 작용을 하면서 문학 창작의 주도권을 장악했던 층은 시대에 따라서 성격이 달라져 왔다.[62]

문학의 갈래와 문학 담당층은 공시적 모형을 구성하는 기본적인 요소가 된다. 차이성과 유사성을 기준으로 해서 문학의 갈래와 문학 담당층을 분류한다면 공시적 유기성이 파악된다. 또한 이것들의 변화를 추적하게 되면—낡은 것에서 새것을 분리한다면—통시적 모형이 구성된다. 그런데 여기서 문학 담당층을 고려할 때 문학 외적 사실이 자연스럽게 언급되지 않을 수 없다. 문학과 사회의 매개를 문학 담당층이 맡고 있는 셈이다. 이와 같은 문학사에는 반영론적 관점이 전제되어 있으며 문학사적 사실은 일회적 사실로만 인식되게 된다. 따라서 시대구분 개념도 실재적 의미를 지니게 된다.

---

62 조동일, 앞의 책, 241~243면.

문학사의 시대구분이 통시적 작업이기는 하지만 그것이 유기적이기 위해서는 어떤 방법을 토대로 하든 일차적으로 공시적 모형을 설정하는 데 성공해야 한다는 점은 거듭 강조되어야 한다.

네 번째로 시대명명에 대해서 살펴보자.

조동일은 시대구분에 대한 논의를 끝내면서 다음과 같은 반성을 하고 있다. "문학의 갈래와 문학 담당층은 둘 다 문학사의 한 면씩이고, 그 자체가 문학사라는 입체를 바로 말해 주는 것은 아니다. 두 면에서의 결과가 일치한다는 데 머물지 않고, 문학의 갈래와 문학 담당층을 아울러 말해 줄 수 있는 개념을 정립해야만 문학사라는 입체의 안쪽을 깊숙이 투시하게 될 것이다."[63] 이것은 시대의 이름이 시대의 본질을 드러내야 한다는 사실을 강조하고 있는 것이다.

시대의 이름은 시대의 순서를 드러내야 할 뿐만 아니라, 동시에 시대의 본질을 드러내야 하기 때문에 그것은 순서 개념(Ordnungsbegriff)이면서 본질 개념(Wesensbegriff)이어야 한다. 여기서 순서 개념이란 문학 외적 기준에 의해 시대를 구분하는 것이며, 본질 개념이란 문학 내적 기준에 의해 시대를 구분하는 것이다. 다시 말하면 전자는 오랜 시간에 걸쳐 그 시대의 내용물을 시제(試製)로서 다음 시대에 전달하는 것이라면, 본질 개념은 특정 시대의 특수한 제도의 본질을 드러내는 것이다.[64] 특수사로서 문학사의 시대 이름이 이 두 개념을 동시에 표현해야 하는 까닭은 문학이란 역사와 불가분의 관련을 맺는 한편 문학 자체의 특수한 자기 동일성을 유지한다는 데 있다. 그러나 우리가 일반적으로 사용하고 있는 시대의 이름들, 이를테면 휴머니즘・문예부흥・계몽주의・신고전주의・낭만주의・자연주의・상징주의 등은 잡다

63 위의 책, 244면.

64 김주연, 「문학사와 문학비평」, 『문학비평론』, 열화당, 1986, 213~214면 참조.

한 역사, 즉 종교사 · 학문사 · 예술사 · 정치사 등으로부터 파생된 나머지 매우 혼란스럽다. 이것은 그만큼 문학사가 다른 제도들과 관련을 맺고 있다는 것을 의미하는 것이지만 문학 자체의 본질과 반드시 관련된 개념들은 아니다. 이러한 혼란을 극복하기 위해서는 시대의 이름은 순수하게 문학적인 것이 기준이 되어야 한다.[65]

시대구분은 앞에서 언급한 바와 같이 일종의 유형학이다. 유형화는 개별적인 역사적 현상을 설명하지 않고 다만 리듬이나 경향만을 보여준다. 시대구분은 역사에 대한 해석—역사가의 세계관이나 이론에 기초한—에 의해 이루어지는 것으로, 구분과 구분 사이의 이음새에 대한 설명 없이는 온전하게 이해될 수 없는 것이다. 이것이 문학사 기술방법의 구성적 이념으로 설명 원리가 중요하게 고려되어야 하는 이유이다. 크레인이 설명 원리를 조직 원리의 종속으로 파악한 이유도 여기에 있다.

그러면 끝으로 문학사 시대구분과 사관은 어떤 관계에 있는가를 살펴보자.

어떤 문학사관을 지니든 문학사의 시대를 구분할 경우 다음 세 가지 점을 우선적으로 고려하여야 한다.

첫째, 문학사의 시대구분은 문학 그 자체의 변화를 근거로 하여야 한다.

둘째, 문학사의 시대구분은 일반사의 시대구분과의 관계를 고려해야 한다.

셋째, 국민문학사의 시대구분은 외국문학사와의 관계를 고려해야 한다.

첫째의 경우는 문학사 내적인 문제인데, 주장은 많되 실천은 잘 안 되고 있는 것이다. 우리나라의 경우 소설을 중심으로 하여 근대문학 기점을 파악한 이재선에게서 내적 구분의 한 사례를 보는 데 불과하다.[66]

---

65 R. Wellek and A. Warren, 앞의 책, 367면.

66 이재선, 『한국현대소설사』, 홍성사, 1979.

둘째, 셋째의 경우는 외적인 문제인데, 지금까지 우리나라 시대구분 논의는 이 두 경우에 더 많은 관심을 가진 것이 사실이다.

> 일반사와 문학사가 완전히 별개의 것이라 하더라도 즉 일반사와 문학사가 언제든 일치된 논리로만 해석되어서는 안 된다 하더라도 일반사의 관련문제는 여전히 문학사 기술에 있어서 숙고의 대상이 되지 않으면 안 되며 민족사가 단독으로 성립될 수 없는 것처럼 문학사 역시 외국문학사와의 관련 속에서 연구되고 기술되지 않으면 안될 것이다.[67]

여러 문화와의 관련 속에서 문학사를 파악하는 일은 매우 중요하다. 왜냐하면 이때 문학이란 말 그대로 자율적인 존재는 아니고 상대적 자율성을 지닌 것이라는 인식이 전제되어야 한다. 상대적 자율성 개념은 일반성과 특수성을 동시에 고려하는 개념이다.

지금까지 이루어진 시대구분론은 첫째 문제보다는 둘째·셋째의 경우에 경도됨으로써 특수문화사로서의 문학사의 특수성을 망각해 버린 논의들을 많이 보게 된다. 특수성이 무시되었을 때 문학사의 시대구분은 일반사나 외국문학사의 시대구분을 추수하는 것으로 나타난다. 이것은 지향 원리가 극대화된 경우이다. 지향 원리의 극대화는 개별적인 문화 현상이 설명되지 않았다는 사실을 의미한다. 말하자면 그것은 잘못된 유추이다.

이와 같은 현상이 나타난 것은 기본적으로 문학사관에 대한 인식이 철저치 못한 데 원인이 있다고 본다. 문학사관이 정립되지 않은 상태에서 이루어진 시대구분은 연대기적이거나 아니면 일반사의 시대구분을 답습하는 정도에 그치고 만다.

---

67 홍기삼, 앞의 글, 165면.

문학사관에 대한 인식을 철저히 한다는 것은 시대구분의 이론을 확실히 한다는 것을 의미한다. 그 구분이 왜 내적이어야 하며, 혹은 외적 지향성을 갖지 않으면 안 되는가 하는 점들을 원론적인 차원에서 정식화하지 않으면 안 된다. 그렇지 않은—근거가 없는—시대구분은 항상 문학사를 진공상태로 남겨 둘 뿐이다.

실제 시대구분에 대한 논의에 있어서도 문학사관에 대한 인식이 중요하다. 다시 말하면 사관, 즉 방법이 대상을 어떻게 만들어 내고 있는지를 검토하는 것이 실제 시대구분론에서 요구된다는 것이다. 기왕의 논의들은 대체로 시대구분 양상을 실증적인 측면에서는 검토들을 하고 있다. 시대구분의 당위는 물론 실제에 의해 보증되어야 한다. 그와 더불어—혹은 그 이전에—문학사가 어떤 관점, 즉 어떤 사관에 의해 시대를 확대하고 축소하였는가 하는 점들이 검토되어야 한다. 시대구분 행위가 일종의 해석 행위이듯이 그에 대한 연구사적 연구 또한 해석적 차원에서 이루어질 필요가 있다고 본다. 결국 시대구분론에 대한 연구는 문학사관에 대한 연구가 된다. 궁극적으로 기존 시대구분에 대한 동의와 비판은 문학사관에 겨냥되어 있어야 한다.

2) 문학사의 인식과 설명 원리

우리가 여기서 하고자 하는 작업 내용과 절차는 다음과 같다.

첫째, 문학사 기술에서 구사되는 설명 형태들로는 어떤 것이 있는가.

둘째, 문학사 기술에서 설명 형태들이 상호작용하여야 한다면 그 이유는 무엇인가.

셋째, 이것들을 토대로 하여, 이 글의 분석 목적을 위해 문학사 기술의 설명 모형의 갈래를 상정해 보기로 한다.

이 작업을 수행하면서 우리는 부차적으로 문학사 기술의 문체는 어떤 것인가 하는 점을 묻게 될 것인데, 이것은 궁극적으로 문학사란 과학인가 예술인가 하는 점을 고찰하는 일에 관련된다. 또한 문학사 기술방법의 구성적 이념으로서 설명 원리가 다른 원리들—특히 지향 원리—과 어떤 관계를 지녀야 하는가도 검토된다.

이 글에서 설명 원리가 지닌 기본적인 성격을 먼저 말하면 이렇다. 헤이든 화이트(Hayden White)는 담론으로서의 역사 기술을 플롯 구성 형식, 논증 형식 그리고 이데올로기적 경향 등 세 형식의 결합체라고 인식한다.[68] 이에 따르면, 역사의 설명은 기본적으로 서사성과 논리성에 의해 이루어진다고 할 수 있다. 이데올로기는 이들을 상위에서 조정하는 일종의 사관이다. 문학사의 설명이 서사성에 주력한다면 예술로서의 역사를 지향할 것이며, 논리성에 주력한다면 과학으로서의 역사를 지향할 것이다. 앞으로 보게 될 설명 원리에 관한 논의는 논리성에 주력한다. 서사성의 문제는 부분적으로 해석에 관한 논의에서 다루어진다. 그러나 그것만으로는 아주 부족하다는 판단에서 '제3부 '문학사의 이론'을 위한 보론—2. 민족주의 문학사의 서사'에서 문학사의 서사성 문제를 자세하게 논의한다. 사회학과 비교하여 말한다면, 역사학은 서사성의 품안에 논리성을 안고 전개되는 데 비해, 사회학은 그 반대라고 할 수 있다. 그러면 문학사의 설명 원리에 대하여 살펴보자.

구성 원리가 통시적 모형을 구성한다면 설명 원리는 공시적 모형을 구성한다. 문학사는 공시적 모형에 의해서 구체적인 상을 얻게 된다. 다시 말하면 문학사는 설명—이때 설명은 넓은 의미로 쓰인다—에 의해서 논리적으로 완결된 하나의 형체를 이룩한다. 그런데 오늘날 일반

---

68 헤이든 화이트, 천형균 옮김, 『19세기 유럽의 역사적 상상력—메타 역사』, 문학과지성사, 1991, 15~47면 참조.

적으로 설명의 기본적 형태에는 두 가지가 존재하는 것으로 받아들여지고 있다. 즉, 그것은 설명(Erklären, explanation)－이때 설명은 좁은 의미로 쓰인다－과 이해(Verstehen, understanding)이다. 일상적 문맥에서는 설명과 이해가 확연히 구분되지는 않으나 논리적으로는 다음과 같이 구별된다.

모든 현상은 원인이나 조건을 지니는 것으로 생각된다. 존재 세계가 일정한 일반법칙(general law)에 따라 움직여 가는 것으로 보고, 그 일반법칙에 따라 변화하는 사건들을 원인과 결과의 관계로써 설명하려고 한다.[69] 이러한 설명은 인과적 설명(causal explanation) 형태로 나타난다.

한편 모든 현상은 의도 혹은 지향성을 지니는 것으로 생각되기도 한다. 특히 인간의 모든 행위 가운데는 의도나 지향성이 내재한다는 것은 명백하다. 행위자의 의도, 기호와 상징의 뜻, 그리고 사회 제도와 관습의 의미 등은 의미론적 차원으로서 우리가 이것들을 해명하고자 한다면 이해의 방법이나 목적론적 설명(teleological explanation) 방법을 구사하게 된다.[70] 우리의 연구 대상인 언어로서의 문학작품 또한 어떤 의도의 표현이며, 그러한 의도는 전달과 이해를 전제로 하고 있느니만큼 그 존재 양식은 자연 현상처럼 인과관계에 의해서 서술되고 설명될 수 있는 성질이 아니라 이해의 대상, 즉 해석의 대상으로 존재한다.[71]

앞에서 우리는 이미 인식 방법으로서의 설명의 논리적 구조를 존재론의 문제와 연결시켜 생각해 본 바 있다. 거기에서 우리는 탐구 대상으로서 인간을 포함한 모든 존재가 동일한 존재의 성격과 구조를 지녔다고 본다면 그 방법은 객관성에 토대를 둔 방법론적 일원론의 전통에 서게 될 것이며, 자연과 인간이 존재론적으로 전연 다른 것이라는 물질과 정

---

69 이명현, 『이성과 언어』, 문학과지성사, 1982, 101면.

70 위의 글, 114면

71 박이문, 「인문과학과 해석학」, 『인식과 실존』, 문학과지성사, 1982, 28면.

신의 이원론을 타당한 것으로 본다면 그 방법은 주관성에 토대를 둔 방법론적 이원론의 전통에 서게 될 것이라고 했다. 전자의 입장에 서게 될 경우 역사적 사실들을 경험적으로 기술하거나 논리적 기호로 분석하여 역사적 사실들 간의 여러 관계를 일반화하고자 할 것이다. 여기에는 진리란 선험적으로 존재한다는 관념이 전제되어 있어 모든 연구 대상들, 즉 역사적 사실들은 대상화되고 객관화된다. 역사가 또한 대상화되고 객관화되기 때문에 역사가의 가치 평가가 개재되어서는 안 된다. 이때 기술방법의 성격은 자연과학처럼 법칙정립적 접근방법(nomological approach)의 성격을 지향하여 설명에 크게 의존하게 된다. 한편 후자의 입장에 서게 될 경우 우리는 역사적 사실들의 개별적 특수성을 이해하고자 하며 또 인간의 정신・가치・심성 등을 직관(intuition)에 의해 이해하고자 한다. 여기에는 진리란 방법에 의해 창조된다는 관념이 내재되어 있다. 방법은 인식 주체인 역사가를 논리적으로 함축하기 때문에 역사가의 가치나 세계관이 중요하게 고려된다. 이때 기술방법의 성격은 이해 중심의 해석학적 접근방법(hermeneutic approach)의 성격을 지향하여 해석(Interpretation)에 크게 의존하게 된다.

그러면 문학사 기술에서 요구되는 설명과 이해는 어떤 것인지를 살펴보기로 하는데, 설명의 문제부터 다루기로 한다.

라일(Ryle)에 따르면 인과관계를 설명하는 데는 두 가지 모형이 있다.[72] 하나는 내적 원인을 사용한 설명 모형과 다른 하나는 외적 원인을 사용한 설명 모형이 그것이다. 헬러는 이론의 특수성이란 외적 요인들의 재정리보다는 내적 원인들의 재정리에 있다고 한다. 그래서 이론의 근본적인 차이는 내적 원인들을 사용하는 설명에서 전면에 나타난다고도 한다.[73] 그런데 설명은 내적 원인만을 사용해야 한다는 이론

---

72 A. Heller, 앞의 책, 219~220면.

가들이 있는가 하면, 내적 원인은 물론 외적 원인도 사용해야 한다는 이론가들이 있다.

먼저 내적 원인만을 사용한 설명 모형의 경우부터 살펴보자.

내적 원인, 즉 형식을 사용한 설명은 사건이나 변화를 행위자들의 동기에 의해 설명하는 것이 아니라 사회 구조나 형태들의 내적 원리로 설명한다. 따라서 이 설명 형태에서 중요시되는 점은 특수한 사건들과 동기들 간의 내적 연관이다. 내적 형식을 사용한 설명은 사회 제도나 구조에 대해서 다음과 같은 전제를 기초로 한다.

> 하나의 제도가 일단 성립되면 오직 상대적이기는 하지만 그 자체의 삶을 영위하는 것은 합리적으로 가정되어질 수도 있다. 제도의 지속적인 발전은 출발 당시부터 그 제도에 내재한 가능성들은 표출하는 것이다. 더 나아가 다른 구조들과의 상호작용이 이같이 내재한 과정을 방해할 수도, 촉진시킬 수도 있다는 것이 가정될지도 모른다. 근본 구조가 자신의 동일성을 유지하는 한 모든 변화는 원래의 확립의 결과로 설명되어질 수 있고 제도나 사회 형태로 설명되어질 수 있다.[74]

사회에 대한 이와 같은 인식은 기능주의적이다. 사회를 구성하는 형식들이 기능적으로 작용함으로써 사회가 형성된다는 인식이다. 따라서 역사는 이와 같은 사회의 형식, 즉 내적 원인을 설명함으로써 파악된다는 논리가 가능하게 된다.

극단적으로 과학주의를 추구하는 논리실증주의자들은 내적 원인을 사용한 설명 모형만을 역사 기술의 설명 모형으로 인식하고자 한다.

---

73 위의 책, 220면.

74 위의 책, 226면.

그들은 역사인식이란 자연과학적 인식과 다를 바 없다는 전제 하에 역사에 있어서의 설명도 자연과학과 같은 인과법칙을 추구해야 한다는 것이다. 즉, 모든 타당한 설명은 특정 사건의 필요·충분조건을 유사 사건과의 규칙적 상호관계에 관한 정확한 일반화를 통해 요약하는 성격을 지녀야 한다는 것이다.[75] 이 입장을 가장 전형적으로 대변하고 있는 사람은 포괄법칙이론(covering law model of explanation)[76]을 주장한 이론가가 헴펠이라는 사실은 앞에서 살펴본 바 있다.

내적 원인을 사용한 설명 모형으로 일반화를 추구함으로써 역사는 이론과학으로서의 역사가 된다. 여기서는 전통적인 실증주의자들처럼 역사 사실의 개별성이나 특수성을 무시해 버리고 역사의 법칙성을 중시한다. 또한 설명 대상(explanandum)으로서 외적 요소가 논의 대상이 될 수 없으며 역사가의 주관이나 해석이 개재되어서도 안 된다. 이론과학으로서의 역사에 나타난 문체는 설화성을 철저히 배제하고 논리성만을 추구한 결과 매우 건조한 인상을 줄 수밖에 없게 된다.

문학사 연구에 있어서도 내적 원인—문학 자체의—만을 설명하는 것이 진정한 문학사 연구라고 보는 사람들은 이른바 형식주의자들이다. 이들은 논리실증주의자들처럼 문학사가 철저하게 일반화만을 추구함으로써 이론과학이 되어야 한다고까지는 주장하지는 않지만 근본적인 철학적 기초는 같다. 이들도 내적 원인, 즉 형식이나 구조를 일반화함으로써 과학으로서의 문학사를 지향한다.

형식주의자들은 문학사를 구성하기 위해 유사성 혹은 차이성을 기

---

75 차하순, 「역사의 문학성」, 차하순·이태동·이근삼, 앞의 책, 10면.

76 포괄법칙이론은 연역적·법칙적 모델(deductive-nomological model)과 귀납적·확률적 모델(inductive-probabilistic model)로 나누어지는데, 포괄법칙이론에 의하면 모든 설명은 (1) 자연과학의 설명과 같은 구조를 갖는다는 것, (2) 인과관계의 연쇄를 밝힌다는 것, (3) 법칙을 전제로 하며 항상 이론 수립(theory-building)을 지향한다는 것, (4) 예측(prediction)의 기능을 갖는다는 것 등이 주장되고 있다.(차하순, 앞의 책, 16면)

준으로 해서 일차적으로 작품들의 유형이나 타이프를 형태화시킨다.

> 장르가 개개의 작품들 속에 예시되어 역사 속에 나타나 있을지라도, 이러한 개개의 작품들의 모든 특성들에 의해 장르는 설명될 수 없을 것이다. 따라서 우리들은 장르라고 하는 것을 '규제적인regulative' 개념, 어떤 기초적인 유형(pattern), 그리고 그것이 구체적인 작품들의 서술을 실제적으로 형성하기 때문에 현실적인 관습, 즉 유효한 관습이라고 생각해야만 한다. 문학사는 어떤 특별한 목적에 도달할 필요는 없지만, 그러나 올바른 역사를 쓰기 위해서 우리들은 일시적인 어떤 목적이나 타이프를 마음 속에 지닐 필요가 있을 것이다.[77]

가정된 목적이나 타이프는 다 같이 웰렉에 따르면 문학상의 관계의 도식을 의미하는데, 이 도식을 발견하기 위해서는 문학사 그 자체를 연구하지 않으면 안 된다. 이것은 논리적 순환이다. 웰렉은 이 모순을 극복하기 위해 문학사는 형태학적(morphological) 설명 방법과 같은 외재적 분류 도식에 의존해야 한다고 한다. 다시 말하면 패턴이나 타이프를 명명하는 개념들은 추상적 · 조작적 정의라는 매개수단을 통하여 만들어진다. 이와 같은 문학사에서는 작품들의 영향력이나 중요성이 전혀 고려되지 않음은 물론이다. 문학사의 설명 방식이 앞에서 본 방법론적 일원론을 지향하고 있기 때문이다.

오늘날 문학성을 기초로 해서 문학과학을 정립하고자 하는 이론들도 같은 전통에 선다. 문학성을 추출하고자 하는 작업은 자연과학자가 개별적인 현상에 관심을 두지 않고 같은 종류의 개별적인 현상을 설명하기 위해서 이른바 법칙(law) 혹은 이론(theory)이란 추상적인 구조를

---

77 R. Wellek and A. Warren, 앞의 책, 261~262면.

발견하려는 일과 논리상 동일하며, 이른바 시학(poétique)이 발견하고자 하는 문학성은 자연과학이 발견하려는 법칙이나 이론과 그 성질이 똑 같다. 다른 점이 있다면, 자연과학이 목적으로 하는 법칙이 사물 자체 속에 내재된다고 전제된 데 반해서 시학이 목적으로 하는 법칙은 약속적(conventional)인 것으로 전제되어 있을 뿐이며, 자연과학이 이미 발견된 법칙에 의해서 개별적인 현상을 인과적으로 설명하는 데 비추어, 시학은 이미 발견한 규율에 의해서 개별적 문학작품을 규범적으로 설명하는 데 있을 뿐이다.[78]

내적 원인을 사용한 설명 모형은 역사적 사실들 간의 인과관계(causality)와 연속성(continuity)을 파악하는 데 있어서는 커다란 장점을 지닌다. 양식사로서의 문학사를 기술하고자 한다면 이 인식에 투철해야 할 것이다. 그러나 이와 같은 인식은 문학적 사실들을 역사적·경험적 사실—과학적 사실까지는 아니라 할지라도—과 동일시하며, 역사인식에서 가치 평가를 제거하여 위대한 작품과 그렇지 못한 작품을 평균화해 버린다.

다음으로 역사 설명에는 내적 원인은 물론 외적 원인이 동시에 사용되어야 한다는 주장을 살펴보자. 여기서는 문학이라는 문화 현상은 고립해서 존재하는 것이 아니라 다른 문화들과의 관계 속에서 의미를 지닌다고 보기 때문에 설명은 내적 원인은 물론 외적 원인을 동시에 사용하여야 한다. 이때는 이해, 즉 해석이 상대적으로 요구된다. 문학사의 반자율성을 강조한 만델보움—앞에서 우리는 그의 이론을 살펴본 바 있다—은 문학사의 한 면은 일반사에 의존하고 있기 때문에 해석이 요구된다 하고, 다른 한 면은 자율성을 지니고 있으므로 형식주의자들이 하는 것처럼 문학 내적 원인을 사용한 인과론적 설명이 요구된다고

78 박이문, 앞의 책, 28면.

한다. 다시 말하면 문학사가는 문학작품에서 발견되는 유사성과 영향력의 개연성에 의해 유사성의 패턴을 만들고 그에 따라 연속적인 체계를 설명해야 하는 한편, 일반 문화들 가운데서 문학이 지니는 의미를 이해하고 해석해야 한다는 것이다.

> …… 문학사가는 그가 찾아내는 변화들을 단순히 기술하는 것이 아니라 그 작품들을 효율적으로 형성시키며 영향을 끼친 관계들을 고려하여 그 변화들을 서술하는 것이다. 이러한 관점에서, 해석적 서술이 문학사가나 다른 종류의 특수사가에게 얼마나 중요한가 하는 것은 너무나 명백한 것이다. 만약 그 시대의 사회적, 정치적, 종교적, 철학적 요인들 사이의 여러 관계가 규명되지 않는다면, 문학사가는 그가 발견한 변화들과 그들에 의해 연달아 이끌리어 온 결과들을 설명할 수 없을 것이다. 그런고로 그는 여러 가지 관점에서 사회나 문화 속에 있는 여러 가지 요소들의 횡적 단면을 묘사하지 않으면 안 되는 것이며, 그의 문학적 스타일이나 테마 및 패턴의 변화를 설명하는 데에 필요한 과정이라는 사실을 명심하여야 할 것이다.[79]

문학사의 내적 체계가 의미를 갖기 위해서는 문학 외적 사실과 어떤 관계를 맺고 있는가 하는 점이 설명되어야 하는데, 이때 설명의 한 형태로서 해석이 부차적으로 요구된다는 것이다. 이것은 일반 역사적 사실과 문학사적 사실을 전체와 부분의 관계 하에서 인식한 것이다. 이 인식에는 문학적 사실에 나타난 의도나 지향성을 상당히 고려는 하고 있지만, 문학적 사실을 일반사의 사건처럼 다룸으로써 내적 원인을 사용하는 설명만을 주장하는 이론과 마찬가지로 방법론적 일원론의 전통을 유지한다.

---

79 M. Mandelbaum, 앞의 책, 42~43면.

지금까지 우리는 문학사 기술에서 요구되는 설명의 문제를 살펴보았다. 다음으로 이해의 문제를 살펴보기로 한다.

문학사 인식에 있어서 이해가 중심이 되어야 한다는 주장은 두 가지로 대별된다. 하나는 단순히 인식론적 측면에서 이해가 요구된다는 이론이며 ― 우리는 이것을 '제1장 2. 문학사에 대한 인식의 두 양상'에서 살펴본 바 있다 ―, 다른 하나는 존재론적 측면, 즉 인식 대상인 문학의 속성 자체가 이해를 요구하고 있다는 이론이 그것이다. 첫 번째의 경우는 비록 주관주의적 관점을 기초로 하고 있지만 문학작품의 과거성을 중시하고 문학작품의 원인으로서 작가나 외적 환경을 중시한다는 점에서는 방법론적 일원론의 입장, 즉 객관주의적 입장과 같다. 두 번째의 경우는 문학작품의 과거성은 물론 현재성까지를 이론화하고자 할 뿐만 아니라 문학작품 자체나 작가는 물론 문학작품을 감상하는 독자의 의도나 지향성까지를 고려하고자 한다는 점에서, 같은 이해를 중시한다 하더라도 첫 번째의 경우와 큰 차이를 드러낸다. 말하자면, 두 번째의 경우는 전통적인 객관주의적 관점과 주관주의적 관점을 변증법적으로 통일시키고자 하는 의도를 내포하고 있다.[80] 이것은 설명을 우위에 두고서 이해나 해석을 부차적으로 요구한 객관주의적 관점 ― 문학사의 반자율성을 강조한 ― 과는 반대로, 이해나 해석을 우위에 두고서 설명을 부차적으로 강조하는 주관주의적 관점이라고 이해할 수 있다.

문학사적 사실의 과거성을 주관주의적 관점에서 인식하는 경우 문학사적 사실을 상징적 기호로서 인식한다는 점에서 특수성을 띠게 된다.

---

80 이것은 수용미학의 야심이다. 야우스는 전통적인 문학(사) 연구방법들은 구조와 사건, 즉 공시적 체계와 역사 가운데 어느 한쪽에 편향됨으로써 그들 사이에 메꿀 수 없는 간격을 벌려 놓았다고 비판하고서 새로운 문학(사) 연구방법은 그 간격을 변증법적으로 극복하는 것이어야 한다고 주장한다. (H. R. Jauβ, 앞의 책, 257~265면 참조)

부분과 부분의 관계를 통해 일종의 의미망이 형성된다. 그 의미망은 물론 부분과 부분에 관계가치를 부여하는 자의 몫이다. 그 의미망을 통해 문학사가와 문학사와 문학적 집적물은 삼위일체를 이룩한다. 과거의 문학적 집적물은 그때 의미망을 이루려는 기호 역할을 맡는다. 그 기호를 이해하려는 문학사가는 그것에 관계가치를 부여하려는 의미인(意味人)이 되며, 그 의미망이 문학사를 이루는 것이다. 그런 의미에서 과거의 문학적 집적물은 문학적 실체(substance littérarie)가 아니라, 관계를 이루려는 기호에 지나지 않는다. 그 기호를 어떻게 이해하느냐는 의미인의 임무이다. 그 의미인을 통해 기호의 유효성과 한계가 주어지며, 단위의 크기가 주어진다. 작품 가치의 판단은 그 의미망의 그물코에 달려 있다.[81]

과거 문학의 부분적 사실들은 그 자체로서 의미가 있는 것이 아니라, 전체 안에서만 유의미하다는 인식이 전제되어 있다. 부분적인 사실들은 전체—이것은 문학사가가 주관적으로 상정한 것이다—의 의미를 축조해 내는 상징적 기호들이다. 이때 사실의 의미는 사실을 설명함으로써 드러나기보다는 해석에 의해서 주어지는 것이다. 문학사 연구는 문학 외적 사실을 문학사 연구에 적극적으로 수용하고자 하지만 문학사가의 주관적인 관점에 의해서 선택된다. 자료에 대한 해석적 근거는 방법론적 이원론, 즉 관념론으로서 해석은 주체·객체의 동일성 위에서 이루어진다. 이 경우 문학적 사실들의 필연성과 보편적 타당성을 강조하기 위해 어떤 법칙을 내세운다 할지라도 그것은 어디까지나 관념론에 기초한 것이기 때문에 사실들에 대한 관계인 인과법칙과는 달리 개념적이거나 논리적인 관계를 나타낼 뿐이다. 따라서 주관주의적 관점을 기초로 해서 구성된 법칙은 실험이나 관찰에 의해 보증

---

81 김윤식·김현, 앞의 책, 11면.

되는 것이 아니라 반성적 사고에 의해서 보증된다.[82]

다음으로 문학적 사실이 역사적이면서 유일하게도 현재적 존재라는 점에서 해석이 요구된다는 주장을 살펴보자.

일반사 연구에 있어서는, 앞에서 본 바와 같이, 방법론적 이원론자들이 인식론적 측면에서 해석을 주장하지만, 문학사 연구에 있어서는 인식론적 측면 이전에 존재론적 측면에서 이미 해석이 요구된다는 점에서 문학의 특수성이 드러난다. 예술의 역사적 전통에서 과거의 작품은 영원한 물음을 통해서, 항상 있는 그대로의 답변을 통해서 존속하는 것이 아니라 새로운 이해를 촉진하며 과거에 대한 현재의 대화의 재개를 포함할 수 있는 물음과 답변, 문제와 해결의 크건 작건 개방된 긴장관계를 통해서 존속하는 것이다.[83] 이처럼 문학예술작품이 현재성을 발휘할 수 있는 것은 자기 설명적 전체라는 속성을 지니고서 초문화적으로 타당성을 갖고 있기 때문이다. 메시지가 자기 설명적이라면 유일하게 적절한 설명은 해석이다.

> 자기 설명적 객관화는 초시간적인 것이 되고, 따라서 해석은 설명의 대상이 초시간적일 경우에 유일하게 적절한 설명이 된다. 해석은 초시간적 객관화를 현세화시키며 모든 해석들이 똑같이 이 기능을 수행한다. 결국 해석은 초시간적 객관화를 해석자의 시공으로 바꾼다. 대상의 본래의 의미를 시간 속에서의 주체를 위한 대상의 의미로 해독하는 반면에 시간 속에 존재하는 주체는 대상의 초시간 속에서 자신을 인식한다. 의미를 해독하는 것은 본래의 의미와 주체를 위한 의미와의 동일성이고 그것을 달성된 주체-객체의 동일성이다.[84]

---

82 이명현, 앞의 책, 103면 참조.
83 H .R. Jauβ, 앞의 책, 255면.
84 A. Heller, 앞의 책, 209~210면.

문학예술작품이 초시간적으로 타당성을 지닌 자기 설명적인 존재라면 문학예술에 대한 해명은 단순한 이해보다는 해석에 의존해야 한다는 것은 명백하다.

우리는 지금까지 이해(understanding)와 해석(interpretation)이 다 같이 방법론적 이원론의 전통에 서기 때문에 거의 구분하지 않고 사용하였지만, 그것들은 문학의 존재론적 기반에 대해서 서로 다른 인식을 보인다는 측면에서는 구분해서 사용해야 한다고 본다. 이해는 대상을 고정적 실체로 인식하여 실천되는 데 반해 해석은, 위에서 언급한 바와 같이, 대상을 개방적 구조로 인식하여 실천되는 것이다. 또한 문학작품을 해명할 경우 이해는 그것을 언어 예술의 심미적 구조물로 전제하는 데 반해 해석은 문헌적 해석학(hermeneutics)의 전통에 따라 그것을 의미의 구조로 전제한다. 그래서 의미의 해석은 해석자의 이데올로기나 가치관에 의해 크게 지배되며 문학사 연구는 문학비평을 포함하게 된다. "…… 인문과학에 있어서의 텍스트 해석이라는 인식 작업은 사실상 그 텍스트를 평가하고 감상하기 위한 준비 작업이 아닌가 생각된다. 달리 말해서 자연과학의 목적이 대상에 대한 인식의 문제라면 인문과학의 근본적 목적은 실상 해석이 아니라 평가의 문제가 될 것이다."[85] 이때 해석의 합리성은 그 실증성보다는 반성적 사고에 의해 보장받게 되며 문학사가는 비평가가 된다.

지금까지 살펴본 이해나 해석의 특징은 외적 지향성이 극대화된다는 데 있다. 또한 이해나 해석이 강조되는 문학사 기술의 문체는 개성적 특성을 지니게 되며, 문학사는 예술로서의 문학사를 지향하게 된다.

그러면 문학사 연구에서 설명과 해석의 상호작용은 어떠한가?

지금까지 살펴본 바대로라면 설명과 이해는 대립적으로 인식될 수

---

85 박이문, 앞의 책, 41면.

도 있을 것이다. 실제로 철학적 관점에서는 앞에서 살펴본 바와 같이 대립적으로 인식되기도 한다.

오늘날 우리가 설명과 이해 혹은 해석을 선명하게 구별하는 것은 근대적 발전의 결과이다.[86] 서로를 구별하여 따로 기능할 수 있다고 생각했을 때 각각의 약점들은 분명히 드러난다. 방법론적 일원론에 토대를 둔 설명의 오류는 주체와 대상 사이에 일대일의 명백한 관계가 성립할 수 있다는 오만스러운 생각에 있다면, 방법론적 이원론에 토대를 둔 이해의 허점은 모든 학문적 진술이 선택된 특정 이론이나 체계를 떠나서는 성립할 수 없다는 인식적 제약을 간과한 데 있다고 할 수 있다.[87] 따라서 어떠한 문학사 기술 작업도, 그것이 이론과학이 아니라 기술과학을 지향하는 한, 오직 이해나 해석의 방법만을 사용하거나 설명의 방법만을 사용하는 것에 의해서는 이루어질 수 없다고 할 수 있다. 어떤 문학사 기술에서 어떤 것이 더욱 우세하게 나타나느냐 하는 정도의 차이만 있을 뿐이지 어느 하나만을 순수한 형태로 고집할 수는 없다.

내적 형식을 사용한 설명만으로는 역사의 이해에 대한 우리들의 욕구를 충족시키지는 못한다. 왜냐하면 역사인식에 대한 우리들의 욕구는 현상의 이해뿐만 아니라 그 의미를 알고자 하기 때문이다. 형식의 의미는 발생 동기와 목적에 대한 설명 없이는 드러나지 않는다.

해석은 역사의 내면성을 이해하는 데 장점을 지님으로 정신사로서의 문학사를 구성하고자 한다면 이 인식에 투철해야 한다. 그러나 해석은 '무엇'(what-fact)보다 '왜'(how-fact)에 더 집중함으로써 과도한 주관의 개입으로 역사가가 지녀야 할 객관성과 과학성에 많은 의문점을 지니게 된다. 그런 의미에서 해석은 이론이 아니다. 해석은 인간 존재

86 A. Heller, 앞의 책, 218면.

87 김여수, 「인문과학의 이념-과학적 설명을 중심으로」, 서울대 인문과학연구소 편, 앞의 책, 27면.

들의 상호 이해의 규범에 의해 구체화된 대화로서 현상이나 증언들을 해독하는 임무를 지닌다. 해석은 이론이 아니기 때문에 항상 설명과 결합되어야만이 신빙성을 얻게 된다. 즉, 설명은 해석들을 연결하는 임무를 맡는다. 설명과 해석의 결합 없이는 어떠한 종류의 역사적 사건에도 어떤 의미도 부여할 수 없다. 더구나 해석은 특수한 변화가 "왜 발생했는가"에 대한 질문에 대답을 하지 못한다. 해석은 오직 신호들과 상징들의 의미와 진술들의 의미들을 재구성하고 그것은 역사의 주체들(개별적 주체 혹은 집단적 주체들), 그 주체들의 욕구들, 욕망들, 이념들, 목표들을 이해할 뿐이다. 문학적 사실이 왜 발생했는가에 대한 대답은 설명에 의존해야만 한다. 모든 현상의 이해 가운데 주체-객체의 동일성을 가장 요구하는 문학의 속성을 전제한다면 해석을 배제하고서 문학사를 인식하기는 어려운 일이다.

이명현은 인간과 사회의 해명에 인과론적 설명방법과 목적론적 설명방법이 서로 보완적으로 사용될 수 있다고 한다.

> 인간은 그 자신과 사회에 관하여 여러 가지 시각에서 인식적 관심을 가지고 있다. 의도·의미·원인의 시각을 주어진 대상의 성질에 따라 바꾸어 가며 다른 인식적 관심을 가진다. 의도를 알고자 할 때는 목적론적 설명방법이 동원되며, 의미를 알고자 할 때는 이해가 동원되며, 원인을 알고자 할 때는 인과적 설명방법이 동원된다. 이것은 무엇을 말해 주는가? 방법론적 일원론과 방법론적 이원론이 모두 결함이 있는 입장이라는 것을 말해준다. 방법론적 일원론은 인과적 설명 방법만을 고집하며, 이원론은 인간과 사회의 해명은 자연의 해명과는 전연 종류가 다른 고유의 인식 방법에 의해서만 성취될 수 있다고 주장하기 때문이다.[88]

---

88 이명현, 앞의 책, 118면.

여기서 목적론적 설명방법이란 이해나 해석을 의미한다. 논자에 따르면, 설명방법들이 상호보완적이어야 하는 근본적인 이유는 그 어느 것 하나로는 인간과 인간의 산물을 해명할 수 없다는 데 있다.

더구나 문학사 연구는 이론과학이 아니라 기술과학이라는 점에서 설명과 이해를 상보적으로 응용하지 않으면 안 된다는 점은 확실하다. 문학사의 대상인 텍스트의 의미는 우선 언어적인 의미에 근거해야 할 것이며, 그러한 언어의 의미는 언어 구조에 의해서 설명되어야 하기 때문이다. 그래서 직관적 이해와 분석적 설명은 단 하나의 통일적인 작업인 해명이라는 과정 속에서 변증법적 관계를 이루는 상보적 양면 혹은 두 단계를 가리킴에 지나지 않게 된다.[89]

설화적 역사(narrative history)를 지향한 휴즈(H.Stuart Hughes)는 분석적 역사—설명적 역사 방법의 전통에 서는—를 기꺼이 수용하고자 한다. "새로운 양식의 분석적 역사는 설화적 역사의 내용을 그 비정통적인 기술과 통찰력으로 풍부하게 하고, 동시에 전통적인 설화체에서도 배울 수 있다. 설화적인 방법은 경제적·사회적 일반 개념으로 인간의 애매함이나 실존성을 부여할 수 있다."[90] 여기에는 설명과 이해를 상보적으로 응용해야 한다는 인식이 전제되어 있다.

차하순은 실증주의적 입장과 관념론적 입장을 포괄하여 역사적 설명 형태를 다음과 같이 다섯 가지로 들고 있다.[91]

(1) 분류법 : 비교나 유형화를 하는 경우 취하게 되는 방법이다.

---

89 P. Ricoeur, *Interpretation Theory*, 박이문, 앞의 책, 40~41면에서 재인용. 현상학자 리쾨르는 텍스트의 의미는 텍스트 밖에 존재하는 것으로 인식한다.

90 H. Stuart Hughes, *History as Art and Science*(1964); 이순영 옮김, 『과학과 예술로서의 역사』, 풀빛, 1981, 98면.

91 차하순, 앞의 책, 21면.

(2) 묘사법 : 산문에 있어서 주로 사용되는 기법이며 호이징하의 말을 빌면 역사가는 이 기법에 따라 〈시대의 그림〉을 그리는 것이다.

(3) 분석법 : 〈역사적〉 의미를 캐어낸다든지 〈개념화〉를 시도하는 경우 분석적 비판을 하게 된다.

(4) 인과관계의 추구 : 주로 사건, 상태, 상황의 선행적 혹은 동시적 조건들을 1차적인 것으로 규정하고 그 후에 계기된 사건들과의 상호 필연성을 규명한다.

(5) 도덕적 판단 : 역사가의 가치관이 서술에서 표출되고 이 판단들을 통해서 역사가는 독자들에게 교훈을 주거나 어떤 정신적 이상을 제시하려는 것이다.

이 분류에는 다음과 같은 몇 가지 특징적인 점이 있다.

첫째로 해석과 설명을 엄격히 구분하지 않고 있다.

둘째로 전통적인 역사 기술 방식인 이야기식 역사(narrative history)를 지향하고 있다. 이것은 묘사법을 역사 서술의 한 방법으로 인정한 점에서 분명히 드러난다.

셋째로, 두 번째와 관련된 사항인데, 역사 서술의 문장을 매우 포괄적으로 인식하고 있다. (2) 묘사법에서의 묘사, (3) 분석법에서의 논증, 그리고 (4) 인과관계의 추구에서의 설명 등이 그것이다. 논자에 따르면, 그처럼 구사된 "언어와 문장은 비전문적이며 대중의 접근을 허용할 수 있는 〈이야기〉의 형태"가 된다고 한다. 이와 같은 역사는 문학과 많이 닮게 된다.

전체적으로 보아 이 분류는 외적 원인을 사용한 설명에 편향되어 있다. 이것은 논자가 역사적 설명을 일상적 설명과 흡사하다고 보고 과학적 설명과는 판이하다는 견해를 지지한 데서도 분명히 드러난다. 이 분류법은 전통적인 문학사 기술을 분석하는 데 유용하게 쓰일 수 있다

고 판단한다.[92]

우리는 지금까지 문학사 기술에서 사용될 수 있는 설명 모형과 그 상호관계를 살펴보았다. 이제 이들을 바탕으로 하여 우리는 앞으로의 연구 목적을 위해 설명 모형의 갈래를 다음과 같이 정리해 두고자 한다. 즉, 발생론적 설명 모형, 목적론적 설명 모형, 형식적 설명 모형, 해석학적 설명 모형 등이 그것이다.

이 가운데 발생론적 설명 모형과 목적론적 설명 모형은 공통점이 많다. 형식적 설명 모형이 내적 원인을 사용한 모형인 데 반해, 두 설명 모형은 다 같이 외적 원인을 사용한 설명 모형이다. 그런데 발생론적 설명 모형은 인과의 설명에 있어서 동인을 사용하고 목적론적 설명 모형은 목적인을 사용한다. 동인이나 목적인을 사용한 설명은 변화를 사건들의 발생에 의해 설명한다는 점에서 공통된다. 방법론적 차이는 철학 그 자체에 있을 뿐이다. 원인들이 발생했기 때문에 어떤 결과가 발생했다는 인식은 동인을 사용한 설명 형태이다. 동인을 사용한 설명 형태는 가장 보편적이다. 일상생활의 이야기들 속에는 대개 동인으로 묘사되는 사건이 존재한다. 목적인은 동인의 형태로 존재한다. 결과를 원인들의 목표로서, 그리고 원인들의 의지 작용의 결과로서 이해하는 것은 목적인을 사용한 설명 형태가 된다.[93]

위에 든 네 가지 설명 모형들의 특징을 차례대로 정리해보면 다음과 같다.

(1) 발생론적 설명 모형 : 발생론적 설명 모형이 토대를 둔 이론의 사

---

92 차하순의 역사적 설명 형태는 이론 자체만을 놓고 볼 때 범주 설정에 상당한 모순점을 안고 있는 것으로 나타난다. (1)~(4)는 대체로 언어 표현, 즉 진술 방식에 토대를 둔 것이며, (5)는 문학사가의 사관에 토대를 둔 것이기 때문에 이른바 '종횡(縱橫)의 오류'를 범하고 있다. 그러나 이것은 기존에 실천된 이야기 식 역사 기술의 한계를 반영한 것으로 이해되어야 한다.

93 A. Heller, 앞의 책, 225면.

물관은 모든 사물이란 발생·성장(혹은 발전)·쇠퇴의 과정을 밟는다는 데 있다. 그 인식론적 근거는 잘 알려진 바대로 경험론인바, 이 사물관은 인간 정신을 설명하는 데 있어서도 유추적으로 사용된다. 따라서 발생론적 설명 모형은 주로 모든 사물—여기서는 문학적 사실—의 발생·성장·쇠퇴의 과정을 설명함으로써 개별 사물을 이해하고 사물들의 상호관계를 이해한다. 이 설명 모형은 인과관계를 다룰 경우 동인을 사용한 설명 모형으로 나타난다. 인과관계에 의해서 역사는 일정한 변화의 패턴을 형성하기 때문에 변화의 패턴을 이해하기 위해서는 발생 동기를 이해해야만 한다. 발생론적 설명 모형을 사용함으로써 역사가들은 역사 변화의 패턴을 발견할 수 있다고 믿는 것이다. 그런데 어떤 역사가들은 역사 변화의 패턴을 일반화하여 과학적 법칙으로 상정하기도 하고 또 어떤 역사가들은 일종의 가설로 상정하기도 한다.[94] 변화의 패턴을 과학적 법칙으로 생각하는 이론가들은 자연과학의 설명 형태와 인문과학의 설명 형태를 같은 것으로 생각하는 일원론자들이다. 19세기에 있어서 이 경향을 대표하는 이론가들은 주지하다시피 실증주의자들이다. 종족(race), 환경(milieu), 시대(moment)라는 배경 설명을 통해 문학사를 이해하고자 한 테느(H.A.Taine)는 발생론적 설명 모형의 전형을 보여 주었다. 이후 스펜서는 사회유기체설과 진화론을 결합시켜 역사를 이해하고자 하였다. 그에 따르면 사회 발전은 무한하고 불변한 동질성에서 유한하고 일정한 이질성으로 진화한다. 유기체적 설명 모형은 발생론적 설명 모형의 한 변종으로서 역사를 이해하고 설명하는 데 있어서 한때 커다란 영향력을 행사하였다. 유기체적 설명 모형은 슈펭글러(O. Spengler)나 토인비(A. J. Toynbee)의 유기체적 문화형태론에서 그 극치를 발견하게 된다. 이들은 다 같이 문화나 문명을 생

---

94 차하순, 「사관이란 무엇인가」, 앞의 책, 16면. 이하의 설명은 이 글을 많이 참조함.

물체에 비유하여 역사를 생물학적으로 해석하려 했던 것이다. 이들과는 달리 마르크스(K. Marx)는 변증법적 설명 모형으로 역사를 설명하고자 한다. "상반하는 원리간의 충돌로서 변증법적으로 전진 운동이 일어난다고 한 헤겔의 역사관에 영향 받은 마르크스는 이러한 전진 운동의 궁극적 원인이 인간의 물질적 생존에 있다"[95]고 보았기 때문이다.

문학사를 설명할 경우 발생론적 설명 모형은 물론 그 변종인 유기체적 설명 모형이나 변증법적 설명 모형들의 한계는 명백하다. 문학이란 생물체처럼 성장하거나 쇠퇴하는 것이 아니라 다만 변화만 있기 때문이다. 또 이 변화의 요인을 전적으로 상반하는 것의 변증법적 투쟁으로만 설명하는 데도 미비한 점이 많이 있다. 또 유기체적 설명 모형은 "실체론적 사고방식에 너무 크게 의존한다. 만약 그 연구 대상들이 자율적인 실체로서 미리 주어지지 않으면, 이 모델은 사회 내지 문화에 대한 여러 가지 유기체론에서처럼 방법론적인 목적을 위해서 허구적 대상을 꾸며내기 쉽다."[96] 그러나 발생론적 설명 모형은 공시적인 것과 통시적인 것을 종합적으로 이해하는 데 커다란 이점을 지닌다. 관찰자의 주의를 공시적 구조로 인도하는 것은 바로 통시적인 것이다.

(2) 목적론적 설명 모형 : 목적론적 설명 모형이 토대를 둔 이론의 사물관은 모든 사물이란 어떤 목적을 위해 제 나름의 존재의 의의를 지닌다는 데 있다. 따라서 "목적론적 역사철학은 간단히 말해서 하나의 전체로서의 인간 역사가 궁극적으로 어떠한 의미를 가지며 어디로 가는가에 초점을 둔다."[97] 잘 알려진 바와 같이, 목적론적 역사철학은 기독교 철학에서 그 극명한 한 형태를 볼 수 있는데, 기독교 철학에서는 역사란 구원이라는 하나의 궁극적 목표를 향해 전개되는 통일된 전체

---

95 위의 글, 19면.

96 Fredric Jameson, 윤지관 옮김, 『언어의 감옥—구조주의와 형식주의 비판』, 까치, 1985, ii면.

97 차하순, 앞의 책, 13면. 이하도 이 책을 참조함.

로 보며, 세속적 관점에서도 역사를 "인간의 완성과 인류 문화의 진보"의 도정으로 이해한다. 인간 이성을 전적으로 신뢰하여 역사를 정신의 계속적 진보로 이해한 뛰르고(Turgot)나 꽁도르세(de Condorcet)의 경우나, 정신(Geist)의 자기 실현 과정으로 이해한 헤겔의 경우에서 목적론적 설명 모형은 그 전범을 보인다.

앞에서 살펴본 발생론적 설명 모형과 목적론적 설명 모형은 기본적으로 같은 구조를 지닌다. 다만 전자가 인간관계에 대한 설명에 있어서 원인에 중심이 가 있으며 후자는 그 최종적인 결과에 주목하는 경향이 있다. 이는 방법론적 차이를 드러내는 것인데, 이 차이는 결국 역사를 이해하는 데 있어서 그것들을 상호 보완적으로 사용되어야 함을 의미한다. 전자는 부분에 집착하게 하고 후자는 전체에 집착하게 함으로써, 전자에 있어서는 개별적인 의미들을 중요시한 반면에 후자에 있어서는 전체 가운데서 부분이 차지하는 위치나 기능을 의미화한다.[98]

목적론적 설명 모형은 대체로 역사를 추상적으로 개념화하는 데 편향되어 있어서 논리적 타당성을 입증하는 경험적 사실의 결여를 낳는 경향이 있다는 비판을 많이 받는다. 문학사를 설명하는 경우에도 목적론적 설명 모형의 한계는, 경험적 사실의 입증 문제는 차지하고서라도 상당히 많은 부분에서 지적될 수 있다. 첫째로 문학예술작품이란, 칸트의 '무목적의 목적성'이라는 말에서도 짐작되는 바와 같이, 어떤 목적을 지니고서 존재하는 것이 아니다. 둘째로 앞의 것과 관련된 사항인데, 문학예술작품이란 일반 역사적 사실과 같이 어떤 목적만을 수행하기 위해 일회적으로만 존재하는 것이 아니다.

그러나 이 목적론적 설명 모형은 근대에 와서 독자적인 방법으로 구사되지 않는다. 다른 설명 모형들에 부차적이거나 잠재된 형태로만 쓰

98 A. Heller, 앞의 책, 223면.

일 뿐이다. 오늘날 일반사 기술이나 문학사 기술의 한 의도 가운데 민족의 장래나 행복을, 명시적으로는 아니지만, 약속하는 일면이 있는데, 어디까지나 부차적이고 잠재적으로만 구사되고 있다. 따라서 앞으로 이 글에서는 목적론적 설명 모형을 다른 설명 모형들과 대등한 것으로 보지는 않을 것이다. 그런데 여기서 하나 기억해 두어야 할 점은 목적론적 설명 모형의 기초인 해석적 전통은 이후에 보게 될 해석학적 설명 모형에 계승된다는 점이다.

(3) 형식적 설명 모형 : 이 모형은 앞의 발생론적 설명 모형이나 목적론적 설명 모형이 실체론적 · 역사적 사물관에 기초한 데 반해 체계적 · 공시적(혹은 관계적 · 상대적) 사물관에 기초한다. 현대에 있어서 형식적 설명 모형이 주목하는 것은 부분들의 고립된 의미가 아니라 전체 체계 내에서의 기능적 의미다. 여기에는 사회나 문화는 구조적 전체로서, 그것도 공시적 전체로서 전제될 때만이 유의미하다는 인식이 전제되어 있다. 따라서 구조 내에서의 부분들의 의미는 상대방 없이는 파악될 수 없는 것이다. 어떤 의미에서 오늘날 형식적 설명 모형의 발달은 역사적으로 전자들에 대한 반작용의 결과라고 볼 수 있다. 형식적 설명 모형만을 진정한 과학적 설명 형태라고 생각하는 이론가들, 그 가운데서도 특히 논리실증주의자들은 발생론적 설명 모형이나 목적론적 설명 모형을 개별적인 변화나 고립된 사실들만을 대상으로 하여 이루어진 일종의 지적 구성물—직접적으로 체험할 수 없는—일 뿐이라고 비판한다.

(4) 해석학적 설명 모형 : 일반사에서라면 이 모형을 독립적으로 설정하는 것은 부당하다. 일반사의 인식은 역사적 사실들을 일회적인 사건들로만 본다. 일회적인 사건들을 이해하고 설명하는 데 있어 해석은 설명을 보조하는 차원에서 구사될 뿐이다. 그러나 이 세상에서 유일하게도 초역사적인 존재는 문학을 포함한 예술들이다. 앞에서 본 바와

같이, 우리가 인식하고자 하는 대상이 초역사적이라면 그 설명 방법은 해석이 우선시될 수밖에 없다. 방법으로서의 해석이 요구된다. 이것이 문학사 인식에 있어서 해석학적 설명 모형이 독립적으로 설정되어야 하는 이유이다. 이것은 또한 특수사로서의 문학사의 특성을 드러내는 면이기도 하다.

오늘날 해석학적 설명 모형은 대상의 과거성과 현재성을 동시에 고려하고자 한다. 그러나 해석학이 문학의 과거성과 현재성을 드러내는 데 있어서 설명의 차원까지 방법론적으로 통합하기에는 문제가 많은 것이 사실이다. "현재와 과거, 역사와 현실에 대한 해석학적 통찰은 선이해에 대한 해석학적 요구가 해석자와 구체적인 사회·역사적 조건에 대한 비평적 분석에 의해서 해결될 때에 학문 방법론적 의미를 지닌다. 현재와 과거의 문학 텍스트에 대한 해석은 변증법적 상호작용의 관계에 놓여 있다."[99] 해석학적 설명 모형이 방법론적으로 더욱 정치해진다면 문학의 독특한 존재 방식과 그 기능을 설명해 내는 데 상당한 역할을 할 수 있으리라고 본다.

이상과 같은 문학사 기술의 설명 모형들에 대한 이해에는 다음 몇 가지 점이 고려되어야 한다.

첫째, 해석과 설명은 논리적으로 구분되어야 한다.

둘째, 모형의 선택은 문학사가의 사관이나 세계관에 의해 이루어진다.

셋째, 어떠한 모형도 문학사 기술에서 순수한 형태로 존재하지 않는다.[100]

---

99 고위공, 『해석학과 문예학』, 서린문화사, 1983, 188면.

100 만델보옴은 오늘날 실천되고 있는 역사서술의 형태를 다음과 같이 세 가지로 나눈다. 사건들의 순서에 따라 기술하는 방식을 취하는 계기적 형태(the sequential form), 현재를 설명하기 위해 과거지향적인 사건으로 소급해 가는 방식을 취하는 설명적 형태(the explanatory form), 그리고 문화적 요소들 사이의 상호 역할과 사회제도들의 상호 관계를 해석하는 방식을 취하는 해석적 형태(the interpretive form) 등이 그것이다. 그에 따르면, 이 세 형태들은 역사연구에 있어서 순수한 형태로 존재하지는 않는다. 다만 하나의 역사 서술의 전체 구조는 한 가지 형태에 더욱 밀착되어 있을 뿐이다.(M.

이와 같은 점들은 개별 문학사 기술방법들이 선택한 설명 모형들에게 일정한 논리적 일관성을 지니도록 할 것이다. 그러나 이것은 특수문화사로서의 문학사적 사실을 판단하고 설명하는 데 있어서 외적 판단 기준—그 가운데서도 특히 일반사의 판단 기준—을 얼마만큼 수용하고 참조해야 하느냐의 문제를 유보하고 있다. 이 문제는 문학사가 일반사에 대해서 얼마만큼 자율성과 독립성을 유지할 수 있느냐 하는 사실에 관련된 것이다. 이것은 설명 원리와는 전혀 다른 범주의 문제이다.

이제 문학사 인식에 있어서 일반사적 판단 기준, 즉 일반사에서 일반화된 진술을 고려해야 하는가 말아야 하는가, 해야 한다면 어느 정도 해야 하는가? 이런 문제를 지향 원리라는 개념을 통해 구체적으로 살펴보자. 여기에는 문학사 자체 내에서 일반화된 기존 진술의 참조 여부에 관한 문제도 함께 다루어진다.

3) 작업가설로서의 지향 원리

우리는 앞에서 지향 원리를 새로운 문학적 사실을 인식하거나 설명할 경우에 참조하는 일반화된 기존 진술이 문학사 기술방법의 구성적 이념으로 작용한다는 의미로 사용했다. 다시 한번 반복한다면, 문학사 안팎에서 일반화된 진술은 탐구의 출발점으로서, 그리고 작업가설의 근거로서 새로운 문학사 인식과 설명을 합리적인 방향으로 지도하는 문학사 기술방법의 이념이며 한 요소가 된다. 이때 일반화된 진술은 유추적으로 기능하게 된다.

문학사의 새로운 사실을 인식하거나 설명할 경우에 기존의 일반화

Mandelbaum, 앞의 책, 26~49면)

된 진술을 참조하여야 한다면, 이것은 문학사 기술방법의 구성적 이념의 차원에서 이미 살펴본 구성 원리나 설명 원리에 대해 변별성을 지닌 또 다른 범주로 정식화되어야 한다는 것은 명백하다. 문학사의 인식이나 설명을 일정한 방향으로 나아가도록 지시하는 기존의 일반화된 진술은 설명 원리나 구성 원리 그 어느 것에도 해당되지 않는다.

새로운 문학사적 사실을 인식하거나 설명할 경우 기존의 일반화된 진술—일반사에서든 문학사에서든—에 지나치게 의존함으로써 새로운 문학사적 사실의 특수성이나 구체성을 전혀 설명하지 못할 것임은 자명하다. 이것은 일반화된 진술을 설명 원리로 잘못 쓰는 경우에 해당된다. 일반화된 진술이 구성 원리로 잘못 쓰이게 됨으로써 나타나는 병폐 역시 명백하다. 그것은 문학사의 시대구분이 일반사의 시대구분을 맹목적으로 추수하여 문학사의 시대를 유형화해 버리는 경우이다. 어떤 경우나 유형화는 동어반복으로서 새로운 문학사 시대의 구체성을 드러내지 못한다. 일반화된 진술을 잘못 사용함으로써 구성 원리와 설명 원리는 서로 괴리되어 구체적인 역사상(또는 논리적 구조물)을 이룩하지 못하게 된다. 이와 같은 잘못을 인식시키는 기능 또한 구성적 이념으로서의 지향 원리가 담당하는 것이다.

새로운 문학사적 사실을 인식하거나 설명할 경우에 기존의 일반화된 진술을 참조하여야 하는가 아니면 참조하지 말아야 하는가. 참조하여야 한다면 어느 정도 참조하여야 하며, 참조해서는 안 된다면 그 이유는 무엇인가. 앞으로 이런 문제들을 중점적으로 검토해 보자.

참조해야 한다는 경우부터 살펴보자.

문학사 인식에서 사용될 수 있는 기존의 일반화된 진술을 두 가지로 나누어 생각할 수 있다. 하나는 문학사 인식 밖에서 일반화된 진술이며, 다른 하나는 문학사 인식 내에서 일반화된 진술이다.

우리는 "한국사의 근대 기점은 1894년 갑오경장이다"라는 일반 역사에서 일반화된 진술을 토대로 하여 문학사의 근대적 성격을 구명하고자 문학사의 증거를 찾는 경우를 상정해 볼 수 있다. 증거가 확보되었다면 1894년은 문학사에 있어서도 근대의 기점으로 확정될 것이며, 증거가 불충분하다면 부정될 것이다. 어떻든 어느 경우에나 일반 역사에서 일반화된 진술은 문학사 인식의 출발점, 즉 지향 원리로 작용한 것이다. 그리고 "한국 시가의 음보율은 3음보이다"라는, 문학사 내에서 일반화된 진술을 토대로 하여 1980년대의 시들의 음보율을 연구하고자 했다면 증거를 확보했건 못했건 이 경우에도 문학사 내에서 기존의 일반적 진술을 지향 원리로 사용한 것이 된다.

이와는 달리 문학사 외적 진술 가운데 비유적 성격을 지닌 유추, 즉 지향 원리도 있다. 누군가가 "사회적 변동기에는 기존 장르가 해체되고 새로운 장르가 발생한다"고 했을 때 이것은 사회적 변동기에 있을 수 있는 사회제도 변화에 대한 진술을 문학의 변화에 유추적으로 사용한 것이다. 문학 장르의 변화를 생물학에서 유추했던 브륀띠에르의 장르 이론은 진화론을 문학이론의 지향 원리로 사용한 한 예에 해당된다.

독자적인 연구 방법을 정립하지 못하고 있는 인문과학의 분과들에서는 그와 같이 인접학문에서 일반화된 기존 진술들을 유추적으로 사용하는 경우가 상상 이상으로 많다. 이 때문에 인문과학의 과학성이 의심을 받기도 한다. 그러나 기술과학으로서의 문학사 연구의 일차적 임무는 이론 창출에 있지 않고 문학사라는 현상을 설명하고 기술해야 하기 때문에 유추적 사용은 불가피하다.

현상을 설명하고 기술해야 한다는 의미에서 문학사의 설명방법은 과학적 설명방법에 가깝다기보다는 일상적 설명방법에 가깝다.[101] 일

---

101 John Passmore는 설명 유형을 일상적 설명, 역사적 설명, 과학적 설명으로 들고 이 3자를 비교한다. 그의 설명에 따르면 일상적 설명과 역사적 설명이 흡사하다고 한다. (차하순, 『역사와 문학』, 17면 참조)

상적 설명은 사건의 개별적 과정이 어떻게 진전해 갔는가를 우리에게 보여 준다. 이것은 우리가 현상을 이해할 경우에 과학적 설명과는 또 다른 인식 수단을 가지고 있다는 것을 의미한다. 그런데 일상적 설명은 선행하는 사건, 선례, 격언 등을 비유적으로 사용하는 경우가 허다하다. 이것들은 일반화된 기존의 진술들로서 일상사에서 경험하는 새로운 사태를 이해하고 설명하기 위한 일종의 참조틀로 작용한 것이다. 다시 말하면, 이전의 경험이 이후의 경험에 대한 지향의 모형으로 작용한 것이 된다. 일반 역사의 설명에 있어서도 마찬가지이다. 역사적 설명은 기존의 모든 일반화된 진술들을 새로운 사태의 이해에 유추적으로 적용하는 것이다. (이와 같은 유추적 사용을 비과학적이라고 비난하는 이론가들에 대해서는 곧 살펴보게 된다.) 이런 의미에서 일반화된 기존 진술은 작업가설의 근거가 된다. "작업가설은 대개 기왕의 연구들이나 관련된 사료들을 뒤져서 읽는 동안에 알게 된 사실을 바탕으로 하여 짜여진다."[102] 말하자면 역사 연구에 있어서 작업가설은 기존 경험들을 유추적으로 사용하여 설정된다는 것이다.

문학사 기술은 인간을 직접적으로 다루지 않고 그 산물, 즉 그 문화의 한 양식을 다루기 때문에 전적으로는 그렇지 않다 하더라도 일상적 경험이나 인접학문의 경험들에서 일반화된 기존 진술들을 작업가설의 근거로 삼는 경우가 많다. 특히 연구방법 면에 있어서 문학사 연구 방법은 철학, 역사학, 심리학, 사회학, 신화학, 언어학 등 인접학문의 경험들을 작업가설, 즉 지향 원리로 삼아 작업을 수행하고 있는 것이 현실이다. 우리는 항용 인접학문에서 개발된 방법들을 사용하면서 우리의 연구 대상인 문학이 그 방법들의 희생물이 되는 것을 경계한다. 이것은 그 방법들이 우리들 연구에 작업가설적 수준, 즉 지향 원리로

102 양병우, 『역사의 방법』, 민음사, 1989, 26면.

만 작용되어야 한다는 것을 의미한다.

기존의 일반화된 진술들을 근거로 해서 구성된 작업가설은 문학사가가 새롭고 특별한 문학사적 사실에 대해 의미 있는 설명을 할 수 있을 경우에 작업가설은 더 이상 필요하지 않게 되고 기존의 일반화된 진술은 지향의 기능을 상실하게 된다. 즉, "[사실에] 마침내 들어맞으면 가설은 사명을 다해 사라지고 그것으로 밝혀진 사실들만 남게 마련인 것이다."[103] 여기서 분명한 것은 어디까지나 새로운 문학사적 사실을 설명하는데 있어서 기존 진술들은 지향 원리로만 쓰여야 한다는 점이다. 다시 말하면 일반화된 진술들은 유추적 수준에서 사용되어 이해나 설명을 합리적인 방향으로 유도해 내는 기능만을 수행해야 한다는 것이다.

지향 원리가 잘못 쓰이는 경우는 명백하다. 일반화된 진술이 직접적으로 구성 원리나 설명 원리로 쓰이는 경우이다. 그것은 기존의 사실과 설명하고자 하는 새로운 사실을 동일시한다. "만약 동일성이 일반론들로 화해버린다면 동일성의 확립이라는 것은 동어반복으로 끝날 것이다."[104] 따라서 새로운 사실의 특수성은 전혀 드러나지 않게 된다.

시대구분에 있어서 지향 원리가 구성 원리로 잘못 쓰이는 대표적인 사례는 왕조 교체와 같은 정치사적 구분법이나 삼분법을 문학사 시대구분에 직접적으로 대응시키는 경우이다. 시대에 이름을 붙이는 경우에도 마찬가지이다. 웰렉은 시대구분에 나타난 표호(標號) 상의 혼란—종교사, 학문사, 예술사, 정치사, 문학사 등으로부터 파생된—을 지적하고 있는데,[105] 이 표호 상의 혼란도 지향 원리가 구성 원리로 잘못 쓰이는 대표적인 사례 가운데 하나이다.

또 하나 시대구분에 있어서 지향 원리가 잘못 구사되고 있는 경우는

---

103 위의 책.

104 A. Heller, 앞의 책, 229면.

105 R. Wellek and A. Warren, 앞의 책, 365~366면.

과도기나 이행기를 설정하는 경우이다. 대체로 과도기나 이행기로 설정된 시기는 앞 시대의 유형과 뒷 시대의 유형의 혼합으로 설명되기 일쑤다. 그런 식의 논법이라면 모든 시대는 과도기이며 이행기이다. 유형화는 구성 원리 수준, 즉 작업가설적 수준이지 설명 원리는 아니다. 다시 말하면 유형화는 이전 사실과 새로운 사실을 동일시하게 할 뿐 새로운 사실의 특수성을 드러내지는 않는다. 그것은 동어반복이다. 과도기나 이행기 설정은 혼합된 유형 관념으로써 시대구분을 대치하고자 하나 그것이 유형인 한 설명일 수는 없다. 유형으로부터의 유추는 지향 원리에 속하는 것이지 구성 원리는 아니기 때문이다.

문학사 기술에서 지향 원리가 설명 원리로 잘못 쓰이는 대표적인 사례는 문학내적 사실들을 설명하고자 할 때 그 자체로 설명하지 않고 외적 사실들을 끌어들여 설명하고자 하는 경우에 나타난다. 우리는 문학작품의 배경을 설명함으로써 문학작품의 설명이 이루어진 것으로 안이하게 생각하는 문학사 연구들을 흔하게 본다. 이것은 독자들에게 배경으로부터 작품의 이해를 유추하도록 하는 수준에 머물고 있을 뿐, 정작 문학사가로서 해야 할 설명의 임무를 포기하고 있는 것이다. 그것이 설명이라고 생각한다면 문학 내적 사실과 외적 사실 간의 매개 개념을 일차적으로 확보해야 할 것이다. 외적 사실은 내적 사실에 대해 직접적으로 대응하지 않고 유추적 수준에 머물고 있을 뿐이다. 외적 사실들에 설명의 기능을 담당하게 하고자 한다면 매개항 설정이 선행되어야 한다. 발생론적 구조주의자들이 매개항 설정에 고심한 이유는 다른 데 있지 않다. 문학 외적 사실이 내적 사실에 대해 지니는 지향 원리의 기능, 즉 유추적 기능을 토대로 하여 설명의 기능을 갖도록 하는 데 있는 것이다.

이와 같은 논리는 국민문학을 설명하는 경우에도 그대로 해당된다. 한국의 근대문학을 설명하는 데 있어서 외국문학들은 한국문학에 대해 지향 원리로 작용할 뿐 그것 자체가 설명 원리로는 작용될 수 없는 것이다. 지향 원리를 설명 원리로 잘못 인식함으로써 한국 근대문학의 실상은 전혀 드러나지 않게 된다. 참조틀에 비추어 항상 그것이 수준 미달로만 나타나는 것은 논리상 당연하다. 따라서 지향 원리가 설명 원리를 대신할 수 없음은 명백하다.

지금까지 우리는 문학사 인식에 있어서 지향 원리가 어떻게 작용하는가 하는 점을 살펴보았다. 그런데 역사인식 나아가서는 인문사회과학에서 지향 원리가 사용되어서는 안 된다는 주장도 강하게 제기되고 있다.[106]

지향 원리의 부당성을 지적하는 사람들은 논리실증주의자들이다. 헴펠은 "일반화된 문장들은 실제 역사 법칙들이 아니며 법칙들의 개요"라고 주장한다. 이러한 이유로 지향 원리들은 과학적 역사 서술에 적용될 수 없다고 한다. 또한 포퍼(K. Popper)는 일반화된 문장들은 진실한 역사적 지식을 연구하는 데 있어서 이데올로기적이며 위험하고도 주요한 장애요인이라고 본다. 역사 기술을 이론과학으로 인식한다면, 즉 역사적 설명 구조와 과학적 설명 구조를 동일하게 인식한다면 옳은 진술들이다. 그러나 역사 서술이나 문학사 기술이 기술인 한 지향 원리의 사용 없이는 그것들이 불가능할 것이다. "지향 원리를 가장 격렬하게 반대하는 자도 그가 역사에 대해 조금이라도 주장하기를 원한다면 지향 원리에서 벗어날 수가 없는 것이다."[107] 문학상의 관계나 체계를 중심으로 한 자율적 문학사를 기술하고자 한다 하더라도 일반화된 문장을 전적으로 배제할 수는 없다. 작품들의 개별성을 무시하지 않은 관계나 체계를 시간의 경과에 따라 기술해야 한다는 점에서 그렇다.

---

106 A. Heller, 232면. 이하는 이 글을 참조함.
107 위의 책.

지향 원리의 기본적 관념은 모든 것이 시간적으로나 공간적으로 관계 속에 존재한다는 것을 가정한다. 또한 그러면서도 모든 것은 관계 속에서 개별적으로 존재한다는 것을 가정한다. 개별성을 토대로 한 관계 개념은 지향 원리의 출발점이다. 그래서 일반화된 기존 진술은 새로운 사실의 이해에 지향 원리로 작용할 수 있는 것이다. 여기에서 지향 원리의 사용 정도의 문제가 제기된다. 지향 원리를 어느 정도 사용해야 하는가. 이상적으로 말해서 적절해야 한다고 해야 할 것이다. 지나치게 사용함으로써 개별성을 희생시켜서도 안 되고, 지나치게 사용하지 않음으로써 관련성을 드러내지 못해서도 안 될 것이다.

그러면 지향 원리의 사용 정도—지향 원리의 사용을 반대하든 찬성하든 간에—는 무엇에 의해 좌우되는가? 바로 그것은 다른 원리들에서도 그렇듯 문학사관이다. 원리들의 사용 정도는 일종의 선택으로서 선택은 문학사관에 의해서 이루어진다. 이것은 문학사관이 문학사 기술방법의 구성적 이념 가운데 하나이지만 다른 원리들과 동일 차원에서 논의되지 않는 까닭이다. 우리는 이어지는 글에서 문학사관과 다른 구성적 이념들, 즉 구성 원리, 설명 원리, 지향 원리 등과의 관계를 살펴보기로 한다.

3. 문학사관과 문학사 기술방법의 원리

여기서는 다음과 같은 점들이 일련해서 논의된다.

첫째, 문학사관이 왜 문학사 기술방법의 구성적 이념으로 인식되어야 하는가.

둘째, 문학사관과 다른 구성적 이념들과의 관계는 어떤 것인가.

셋째, 이들 구성적 이념들은 어떻게 문학사 기술방법을 구성하는가.

문학사관이 무엇인가로부터 논의를 시작한다.

문학사관은 문학사가의 세계관의 반영이다. 세계관이란 우리를 둘러싸고 있는 세계와 그 안에 존재하는 인간의 위치에 관한 통일적이고 포괄적인 견해이며, 세계 전체를 바라보고 경험하는 방식을 의미한다.[108] 다시 말하면, 대상을 관찰하고 해석하는 독특한 사고의 틀이다. 따라서 이론이나 방법 속에는 연구자의 세계관이 반영되어 있기 마련이다. 이 세계관은 역사 연구에 있어서는 사관으로 각인되어 나타나고, 문학사 연구에 있어서는 문학사관으로 각인되어 나타난다. 헬러는 역사서술에 있어서 세계관이 사료—그는 이것을 '메시지'라 표현한다—의 수용보다 선행한다고까지 전제하면서 "세계관이 훌륭하면 훌륭할수록 그것은 우리에게 〈새로운 정보〉를 보다 많이 제공한다"고 강조한다.[109] 따라서 문학사 기술방법에 대한 논의에서 문학사관에 대한 관심은 매우 중요하다.

문학사관이란 상식적인 수준에서 '문학사를 보는 눈' 혹은 '문학사 의식' 등으로 말해질 수 있겠으나, 엄격히 따져보면 그것은 다음 세 가지 측면에서 서로 전혀 다른 내포를 지닌다.[110]

첫째로 그것은 문학사의 의미, 목표, 가치 등을 사변적으로 논하는 역사철학이다. 둘째로 그것은 문학사의 변화, 발전이 일정한 패턴이나 단계를 거치는 법칙성을 설명하려는 체계적인 논리이다. 셋째로 그것

108 이한구, 『역사주의와 역사철학』, 문학과지성사, 1986, 16면.

109 A. Heller, 앞의 책, 190면.

110 차하순, 「역사란 무엇인가」; 차하순 편, 앞의 책, 9~34면 참조. 차하순은 사관을 목적론적 사관, 역사법칙으로서의 사관, 그리고 사학이론으로서의 사관 등 세 가지로 구분하여 설명하면서, 목적론적 사관을 역사철학으로, 역사법칙으로서의 사관은 체계적인 논리로, 그리고 사학 이론으로서의 사관은 철학적 논리로 전제한다.

은 문학사 지식의 객관성과 주관성, 역사 방법론 혹은 문학사 설명의 본질을 분석하는 철학적 사고이다.

문학사관에 대한 이와 같은 세 가지 관점의 준별 기준은 우선 문학사관이란 철학인가 아니면 이론인가의 문제이다. 문학사관을 철학으로 보는 사람은 위에서 본 바와 같이 문학사 속에서 역사의 의미, 목표, 가치 등을 관념화시킬 것이며 또한 역사의 법칙을 체계화할 것이다.[111] 그리고 문학사관을 이론으로 보는 사람은 이론 그 자체를 객관화시켜 문학사 이론을 분석하려 들 것이다.

다음으로 문학사관에 대한 세 가지 관점의 준별 기준은 진리와 지식의 관계이다. 전자의 두 경우에서는 지식 그 자체가 진리로 인식된다. 따라서 진리에 비추어 옳은 지식과 그른 지식의 판정이 있을 수 있다. 셋째의 경우에서는 지식과 진리가 분리되어 인식된다. 지식은 다만 방법의 소산이기 때문에 방법을 달리 함으로써 지식 또한 얼마든지 달라질 수 있다. 지식들은 서로 간에 상대적이다. 따라서 지식과 진리는 같을 수 없으며, 지식 발견의 방법이 논리적으로 온당하면 지식 그 자체에 문제될 것이 없게 된다. 어떤 준별 기준을 가졌건 전자들은 실체론적 문학사관이며 후자들은 방법·발견적 문학사관이라 할 것이다.

문학사가가 어떤 문학사관의 정의를 따르느냐에 따라 문학사관을 구성적 이념으로 인정해야 하느냐 아니면 인정하지 말아야 하는가 하는 문제가 제기된다. 특히 세 번째의 사관을 고수하는 이론가들은 역사가 과학이 되어야 하기 때문에 사관이 배제되어야 한다고 주장한다.

그러나 역사인식 행위는 일종의 선택이요, 해석이다. 선택과 해석의 기반은 궁극적으로 세계관, 즉 문학사관이 될 수밖에 없다. 그러나 문

---

111 첫째와 둘째는 문학사관을 철학으로 본다는 의미에서 근본적으로 같은 패러다임(paradigm)을 지니고 있다고 말할 수 있다. 이때 패러다임이란 세계에 대한 진정으로 상이한 견해들을 의미한다.

학사관은 문학사의 의미를 탐구하지는 않는다. 그것은 문학사 의식 – 가치 지향적인 – 으로서 다만 문학사를 설명하고 해석하기 위한 토대일 뿐이다. 문학의 역사적 의미는 문학사관에 기초를 둔 방법들에 의해 부여되고 해석된다. 다시 말하면 문학사관이 없이는 문학사의 의미에 대한 탐구는 수행될 수 없다. 따라서 문학사관이 훌륭하면 할수록 우리는 보다 많은 정보와 새로운 해석을 얻을 수 있으리라고 기대할 수 있다. 문학사관이 문학사 기술방법의 구성적 이념으로 작용하는 것은 이처럼 본질적이다.[112]

문학사관이 문학사 기술방법의 구성적 이념이라는 사실은 그것과 다른 구성적 이념들과의 관계를 살펴보면 보다 분명해진다. "구성 원리, 설명 원리, 그리고 지향 원리는 보다 고도한 이론들의 틀 내에서 정리된다. 결국 그것들은 가치들을 표현한다. 그것들(구성 원리, 설명 원리 및 지향 원리)의 상호관련됨이 더욱 논리정연하면 할수록 그것들은 이들 가치를 더욱 더 논리적으로 표현한다."[113] 여기서 '보다 고도한 이론'이란 철학이며,[114] 그 핵심은 세계관이다.[115] 세계관이 문학사 인식에 있어서 문학사관으로 각인된다는 사실은 앞에서 말한 바 있다. 따라서 문학사 기술방법들의 구성적 이념들, 즉 구성 원리, 설명 원리, 그리고 지향 원리는 문학사관 내에서 정리되고 상호관련되며 거기에 따르는

---

112 헬러는 역사인식에 있어서 세계관의 중요성을 이렇게 말하고 있다. "세계관이 훌륭하면 훌륭할수록 그것은 우리에게 〈새로운 정보〉를 보다 많이 제공한다. 〈새로운 정보〉는 물론 알려지지 않은 정보일 수도 있으나 반드시 그렇게 될 필요가 있는 것은 아니다. 증언이 이런 것과 매우 다르게 이야기하는 것으로 해독될 때만이 그 증언은 새로운 것이다. 세계관에 내재하고 세계관에 의해 시작된 상상은 창조적인 것이다."(A. Heller, 앞의 책, 190면) 여기에 피력된 세계관의 의미를 필자는 사관을 결정하는 철학으로 이해한다.

113 위의 책, 235-236면.

114 위의 책, 191면.

115 위의 책, 192면.

논리를 갖추게 된다.

그러나 모든 문학사관이 세 원리를 다 포함하지는 않는다. 이미 밝혀진 바와 같이, 방법론적 일원론자들은 특히 지향 원리의 사용을 극력 배제한다. 이 배제의 논리도 문학사관 내에서 정리됨은 물론이다. 어떤 문학사관을 지향하든 문학사관이 문학사 기술방법의 구성적 이념임은 여기서도 드러난다. 포함된 원리라 할지라도 문학사관에 따라 많은 편차를 보이리라는 점은 쉽게 예상할 수 있다. 다만 포함된 원리들은 하나의 이론이나 방법 속에서 논리정연한 질서를 갖추어야 한다.

따라서 문학사 기술방법의 구성적 이념들 가운데 정식화된 세 원리들이 문학사 기술방법을 구성함은 분명하다. 단순하게 구성하는 것이 아니라 문학사관의 틀 내에서 정리되어 구성한다. 그러나 기술방법 속에 문학사관이 직접적으로 나타나지는 않는다. 언제나 다른 구성적 이념들을 통해 드러난다. 바꾸어 말하면, 구성 원리・설명 원리・지향 원리 등은 문학사관을 문학사 기술방법에 전달한다.[116] 전달이 논리정연하게 수행된다면 문학사관의 가치들은 문학사 기술방법 속에 본질적인 가치들로서 재현될 것이며 하나의 문학사는 논리적으로 완결된 형체를 이룩하게 될 것이다. 문학사관의 가치들은 언제나 선택을 전제하기 때문에 그 전달은 선택을 함축한다. 어떤 선택에서나 마찬가지로 이 경우의 선택도 문학사관에 의한 중요도와 관심도가 중심에 놓인다. 문학사 기술에서 중요도와 관심도는 사실의 설명에 의해서 증명되어야 한다. 그렇지 못할 때 방법이나 문학사관은 학문사회에서 인정받지 못한다.

---

116 이것은 헬러의 다음과 같은 말을 전용한 것이다. "역사서술의 구성 원리, 설명 원리, 지향 원리 등은 〈보다 고도한〉 이론을 응용이론에 전달한다."(위의 책, 236면) 〈보다 고도한〉 이론이란 앞에서도 밝힌 바와 같이 철학을 의미하는데 여기서는 문학사관이 철학에 기초하는 것으로 이해했으며, 문맥의 논리에 따라 응용이론은 문학사 기술방법으로 이해했다.

문학사 기술에 있어서 의미를 드러내는 것은 문학사관이 아니라 원리들의 상호작용에 의해서 이루어진 개별 문학사 기술방법이다. 이것이 앞으로 문학사 기술방법에서 원리들이 어떻게 상호작용하여 하나의 문학사를 이루는가를 살펴보아야 하는 까닭이다. 그런데 우리는 이것을 유형적으로 살펴볼 수밖에 없다. 우려한 대로 모든 유형화는 동일시의 결과를 초래한다. 그래서 다음에 우리가 살펴보게 될 문학사 기술방법의 유형들은 우리로 하여금 이 세상에 문학사가 3 종류 혹은 5 종류만 있는 것으로 인식하게 할 수도 있다. 그러나 우리 앞에는 수많은 개별 문학사들이 존재한다. 다만 우리가 앞으로 하고자 하는 것은 유형화가 목적이 아니라 유형들의 이해를 통해 개별 문학사들의 구성 원리를 이해하는 데 하나의 참조틀로서 좌표를 설정하고자 하는 데 있다.

제3장
문학사 기술방법의 유형

1. 문학사 기술방법의 분류 기준과 분류 양상

우리나라에서 문학사 기술방법에 대한 분류를 시도한 글은 그리 많지 않다. 그 가운데 문학사 기술방법의 유형을 본격적으로 논의한 글은 반성완의 「문학사」[1]와 김윤식의 「문학사 기술의 세 유형」 및 「한국문학연구 수준」[2] 등이다.

전자는 일반적으로 논의되는 문학사 기술방법 다섯 가지를 간략하게 소개한 글이다. 여기에서 논자는 문학사 기술방법을 민족사적 문학사, 실증주의적 문학사, 정신사적 문학사, 현상학적 · 실존주의적 문학사, 그리고 사회학적 문학사 등으로 분류하고 있다. 이 분류에는 분류

---

1 반성완, 「문학사」, 계명대 동서문화연구소 편, 『비교문학총서 1－문학 · 장르 · 문학사』, 계명대 출판부, 1979, 133~138면.

2 김윤식, 『한국문학의 근대성과 이데올로기 비판』, 서울대 출판부, 1987, 98~144면.

기준이 뚜렷하게 제시되어 있지는 않다. 다만 기술방법의 역사적 전개가 고려되어 있는 정도이다. 후자는 근대인의 의식을 결정하는 요소를 그 분류 기준으로 삼고 있다. 근대의 인간 의식을 결정하는 요소들로는 인간의 주체성, 토대구조, 그리고 제도적 장치가 있는데, 이에 대응되는 문학사 기술방법에는 유기적 설명 모델, 변증법적 설명 모델, 그리고 제도적 설명 모델 등이 있을 수 있다고 한다. 여기서 제도적 설명 모형을 설정한 것이 특이하다. 근대적 문학 양식은 근대의 다른 모든 제도들—공장, 학교, 군사 제도, 우편 제도, 철도 제도, 의료 제도, 교통 제도 등—처럼 하나의 제도로서 근대인들의 의식을 지배·변혁케 한다는 가설을 근거로 하여 문학사의 제도적 설명 모형을 제시한 것이다. 그러나 뚜렷한 선택의 관점이 없을 때 이 모델 역시 일종의 문화사학으로 떨어질 위험성이 있다는 점이 지적되어야 할 것이다.

전자는 서구문학사의 관점에서, 그리고 후자는 한국문학사의 관점에서 이루어진 분류이다. 서로의 분류 유형을 대응시켜 보기란 관점의 차이로 말미암아 쉽지 않다. 분류 기준을 달리함으로써 위와는 다른 분류들이 얼마든지 있을 수 있을 것이다.

어떤 학문 분야에서도 방법을 분류할 수 있는 확실한 기준은 없다고 한다. 그러나 방법이 출발하는 상황, 즉 방법이 적용되는 대상에 따른 분류는 그 어떤 분류 기준보다도 신뢰성이 높다고 하겠다. 모든 연구는 대상의 확정으로부터 출발하여 정의된 그 내용의 범위 내에서 논의를 전개하여 전체적으로 일정한 체계를 이루는 것을 전제하기 때문이다.

문학사는 그 기술방법을 달리함에 따라 얼마든지 다르게 구성될 수 있다. 이것은 개별 문학사들이 그 대상인 문학이라는 존재를 서로 다르게 파악할 수 있다는 사실을 의미하는 한편, 우리가 문학사를 총체적으로 기술할 수 있는 모형을 가지고 있지 않다는 사실을 의미하기도 한다. 현재로서 우리는 각 문학사들이 주장하는 상대적 진실을 통해 문학사의 절대성을 확보하는 길밖에 없을 듯하다. 그래서 개별 문학사들이 그 나름으로 완전한 체재를 갖춘 이론적 형체를 이루고 있다면 일정한 진실을 드러낸 것으로 인정해야 할 것이다.

문학사가 그 대상인 문학을 이해하고 설명하는 방법에는, 앞 장에서 살펴본 바와 같이, 크게 발생론적 설명 모형, 형식적 설명 모형, 그리고 해석학적 설명 모형 등 세 가지가 있다. 이 설명 방법들은 문학의 다양한 존재 방식에 근거하고 있다. 문학도 실재 사물들처럼 발생・변화하며, 문학은 독자적인 형태를 통해 그 내적 속성(Attribute, property)을 드러내기도 하며, 그리고 또 문학은 유일하게도 초시간적인 존재로서 해석자의 해석에 의해 새로운 의미로 현존하기도 한다. 다시 말하면, 발생론적 설명 모형은 문학의 역사성과 내재성 가운데 역사성에 치중하게 되고, 형식적 설명 모형은 문학의 현재적 내재성에 치중하게 되며, 해석학적 설명 모형은 역동성이라는 이름으로 역사성과 내재성을 동시에 드러내고자 한다.

존재 방식에 따른 설명 모형들을 분류 기준으로 삼는다면, 문학사 기술방법의 유형들은 다음과 같이 분류될 수 있다. 즉, 발생사로서의 문학사 기술방법, 형식사로서의 문학사 기술방법, 그리고 해석학적 문학사 기술방법 등이 그것이다.[3]

필자는 이 유형 개념들을 부분적으로 세분화하고 재조정하고자 한다.

발생사로서의 문학사 기술방법은 다음과 같은 이유로 세분화된다.

---

3 박이문은 문학이론을 발생학적 이론, 구조주의 이론, 그리고 해석학적 이론으로 나눈 다음 각각에 대해 다음과 같이 설명한다.
"문학에 있어 발생학적 이론이라는 것은 한 문학작품의 의미를 그 작품의 기원이라고 볼 수 있는 작가의 의도, 심리 상태, 사회적 혹은 역사적 조건에서 찾으려 하는 입장이며, 구조주의 이론은 한 작품의 의미를 그것의 기원과는 관계없이 작품을 구성하는 언어적 차원에서만 찾아야 한다는 입장이다. 해석학적 이론은 위의 두 가지 이론을 절충해서만 참다운 작품의 의미가 이해될 수 있다는 것이다."(박이문, 「인문과학과 해석학」, 『인식과 실존』, 문학과지성사, 1982, 23면)

발생론적 설명 방법은 가장 전통적이며, 현재에 있어서도 모든 역사 기술에 가장 큰 힘을 발휘하고 있다. 이 방법은 모든 사물의 발생, 즉 기원을 안다면 그 사물의 본질을 이해할 수 있다는 18・9세기의 자연과학적 인식의 소산이다. 그 시기는 모든 사물의 운동의 원천이나 동인을 해당 사물 밖에서 구하는 사고방식을 버리고 안에서 '자기' 운동의 원천을 발견하려는 인식으로 일대 전환을 이룬 시기이다. 그런데 문학의 발생은 다음과 같은 세 가지 방향에서 논의되어 왔다. 첫째, 문학은 실재 사물과 같은 발생・기원을 갖는다. 둘째, 문학은 인간 의식의 산물이다. 셋째, 문학은 인간이 만든 사회에서 발생한다. 이 세 형태의 발생에 대응해서 발생사로서의 문학사 기술방법은 실증주의적 문학사 기술방법, 정신사적 문학사 기술방법, 그리고 사회학적 문학사 기술방법 등으로 세분할 수 있다.

다음으로 해석학적 문학사 기술방법 개념을 수용사로서의 문학사 기술방법 개념으로 재조정하고자 한다. 해석학이라는 개념은 고차적이고 종합적인 인식론적 개념인데, 이것은 문예학에서는 수용미학(Rezeptionsästhetik)으로, 그리고 문학사 방법론에서는 수용사(Rezeptionsgeschichte)로서 구체화되기 때문이다.[4]

세분화되고 재조정된 결과를 정리해 보면 다음과 같다.

1. 발생사로서의 문학사 기술방법
   1) 실증주의적 문학사 기술방법
   2) 정신사적 문학사 기술방법
   3) 사회학적 문학사 기술방법
2. 형식사로서의 문학사 기술방법

---

4 고위공, 『해석학과 문예학』, 133~142면 참조.

3. 수용사로서의 문학사 기술방법

앞으로 이 분류를 토대로 하여 문학사 기술방법의 유형들을 살펴보기로 한다.

유형들에 대한 연구는 공통적으로 다음과 같은 핵심적인 주제들에 초점이 맞추어지게 된다. 즉 (1) 각 방법의 지적 배경과 그 이념, (2) 각 방법의 구성적 이념들의 상호관계, (3) 각 방법의 전망 등.

앞으로 유형들을 검토하면서 앞에서 논의된 내용들과 불가피하게 중복되는 것들도 있을 것이다. 그것은 지금까지 주제별로 논의된 내용들이 전체적으로 문학사 기술방법에 의해 이루어진 문학사라는 형체에 대한 논의와 관련되기 때문이다.

2. 문학사 기술방법의 유형

1) 발생사로서의 문학사 기술방법

(1) 실증주의적 문학사 기술방법

문학의 발생을 실재 사물과 같은 발생·기원으로 설명하는 이론은 오늘날 매우 낡은 것이며, 고려한다 하더라도 주변적인 수준에 머문다. 그러나 모든 학문 연구가 저 자연과학 방법의 압도적인 영향권 안에 있던 19세기에는 문학사 연구에 있어서 문학의 발생 문제는 참으로 중요시되었다.

두루 아는 바와 같이, 자연과학 방법[5] 이란 어떤 현상을 검증된 일반 법칙(verified or confirmed general laws)에 의해 설명하고 예측하는 이론의 체계이다. 이러한 방법론을 역사학 방법론으로 실천해 보려 한 사람들을 우리는 실증주의자라고 부른다. 인간과 사회에 관한 올바른 탐구는 자연에 관한 탐구와 마찬가지로 실증적 증거와 자료를 토대로 하여 세운 일반 법칙에 의해 설명될 때에야 비로소 이룩될 수 있다는 것이 실증주의자들의 입장이었다. 역사학자들이 자연과학 방법론으로부터 배운 것은, 그래서 역사학을 본격적인 학문의 위치로 정립하기 위해서 일차적으로 해야 할 일은 역사 사실에 대한 주관성의 소거, 즉 사실의 객관성을 확보하는 것이었다. 그래서 랑케는, 역사 서술은 감정이나 가치판단, 즉 일체의 주관성이 배제된 '색채 없는' 것이어야 한다고 주장하며 '사실에 대한 순수한 사랑'을 역사가들의 기본적인 자질이라고 거듭 강조한다.[6]

자연과학이나 역사학의 이와 같은 사실 존중의 태도와 실증주의적 태도는 문학연구가들이나 문학사가들에게 많은 영향을 미친다. 그러한 태도는, 문학이라는 현재의 사실은 이전 사실, 즉 현재의 사실의 원인이나 기원을 알게 된다면 설명된다는 믿음을 주기에 충분했다. "내가 의도한 것은 문학의 박물학(博物學)을 확립하려는 것"[7] 이라고 자기의 비평 방법을 천명한 생트 뵈브(C. A. Sainte-Beuve) 이래 많은 연구가들이 문학적 사실에 대한 실증주의적 방법에 경도되었다. 그 가운데서도 테느(H. A. Taine)는 자연과학의 이론 체계를 문학 연구에 도입하여

---

5 이하 방법론에 대한 설명은 이명현, 앞의 책, 109면을 참조한 것임.

6 길현모, 「랑케 사관의 성격과 위치」, 전해종・길현모・차하순, 『역사와 문학』, 서강대 인문과학연구소, 1981, 144면.

7 S. N. Grebstein(ed), *Perspectives in Contemporary Criticism*, State University of New York, 1968, 1면에서 재인용.

원인과 결과의 결정론적인 과정을 발견하고자 한 대표적인 사람이다.

생트-뵈브에서 발원되고 테느에 와서 확립된 문학연구의 인과론적 방법은 이후 유럽 전영역에 지대한 영향을 미치게 된다. 당시의 문학 연구와 비평은 주로 작가의 정신과 전기, 역사적 환경, 그리고 문학적 원천에 관심을 갖는 방향으로 흘러간다. 그런데 실증주의적 문학사연구 성과는 문학 장르에 대한 연구에서 두드러진다. 이것은 당시에 지적 분위기를 압도했던 진보관의 영향 하에서 이루어진 것이다. 다윈(C. R. Darwin)류의 생물학적 진화관은 장르의 문제를 문학사의 전면에 부각시키는 계기를 마련한다. 생물학적 진화관을 문학 장르의 변화에 적극적으로 응용한 브륀띠에르는, 장르란 종의 진화처럼 보다 고차적이며 보다 더 분화된 모습으로 변형해 간다고 본다. 그는 장르를 설명하는 데 있어서 유기체적 설명 모델을 구사한 것이다. 이와 비슷하게 스펜서 또한 문학의 발달이란 "단순한 것으로부터 복잡한 것으로의 진행"에서 이루어지는 것으로 본다.[8]

이상에서 본 바와 같이 실증주의적 사고가 학문사회를 풍미했던 19세기에는 문학사 연구방법의 모든 절차와 내용은 그로부터 유추되었다. 그 결과 실증주의적 문학사 기술방법이 지녔던 이념은 다음과 같은 몇 가지 특징적인 면을 지니게 된다.

첫째, 문학적 사실들을 과거에 일회적으로만 존재했던 것으로 인식한다.

둘째, 부분적인 사실들의 집적을 통해 전체를 알 수 있다는 박물지적(博物誌的) 태도를 확립한다.

셋째, 문학상의 변화를 인과율의 결정론적인 진보의 법칙에 준해서

---

8 R. Wellek, *The Concept of Evolution in Literary History*; Stephen G. Nichols,Jr.(ed), *Concepts of Criticism*, Yale Univ. Press, 1978, 41면.
여기서 웰렉은 문학에는 "진화의 기층을 이루는 생물학적 종에 대비될 수 있는 고정된 장르가 없기 때문에" 그들의 견해는 잘못된 것이라고 비판한다.(51면)

파악한다.

다음으로 실증주의적 문학 기술방법의 구성적 이념들의 상호관계를 살펴보자.

문학사의 전체 구성 원리로 작용하는 시대구분 문제에 있어서 각 시기는 발전과정으로 인식된다. 이 인식 내에서는 한번 발생한 모든 문학작품은 발전 도상의 일점을 차지한다. 따라서 이 경우 우리가 문학사의 시대를 인식한다는 것은 발전 도상에 있는 문학의 점들을 확인하는 일이 된다. "하나의 점이 연구되면 또 다른 점을 연구하여 문학사라는 하나의 선으로 확대"[9] 하면 문학사의 시대는 인식된다. 시대의 연속성은 점들의 인과의 연쇄에 의해 이루어지는 것이다. 이와 같은 문학사의 시대 인식에는 기본적으로 진보 이론이 근거가 되고 있으며, 진보의 비교 척도는 완전성(Perfektion)이라는 개념이다.[10] 실증주의가 경험론을 기초로 하고 있지만, 시대를 진보이론이나 완전성 개념으로부터 유추한 것은 형이상학적인 태도이다.[11]

실증적 문학사 기술방법에서 구사되는 설명원리의 지배적인 관념은 말할 것도 없이 인과 관념이다. 작품이라는 현재의 결과를 알기 위해서는 그 발생 동인-세 요인, 즉 동인, 목적인, 형식인 가운데 하나인-을 추적해야 한다. 직접적인 동인은 작가이다. 원인으로서의 작가가 중요시되기 때문에 문학사는 작가의 생애기를 열전 형식으로 병렬시키는 데 많은 부분을 할애한다. 작가는 또 무수한 사회 역사적 요인들

---

9 김동욱, 「일반문학사」, 『청파문학』 11집, 숙명여대 국어국문학회, 1974, 149면.

10 H. R. Jauβ, 장역태 역, 『도전으로서의 문학사』, 문학과지성사, 1983, 220면.

11 이것은 크로체의 지적이다.
"크로체(B. Croce, 1866-1952)가 지적하였듯이 역사에 있어서 실증주의 운동은 사실상 형이상학적 운동의 다른 면에 불과하였다. 이 때문에 실증주의 사관은 일반 역사가들보다 오히려 사변적 역사철학자들에게 더 매력을 주었다."(김영한, 「실증주의사관」, 차하순 편, 『사관이란 무엇인가』, 청람, 1985, 220면)

의 결과이기 때문에 문학사는 외적 배경들을 많이 묘사하게 된다. 실증주의적 문학사는 그 역사적 조건들의 총합에 의해 하나의 이미지를 만들 수 있다는 신념을 가지고 있다. 이를 실천하기 위해 문학사가는 "기록자의 자세로서 육하원칙에 입각하여 그 원류와 상황과 영향을 추심(推尋)하지 않으면 안 된다."[12] 특히 원류 탐색 가운데 근원설화의 연구는 매우 중요시된다. 그것으로 연속성의 이미지를 형성할 수 있다는 생각 때문이다. 또한 많은 보조학문을 참조해야 하며 증거를 수집해야 한다. "국문학도는 때로는 언어학을 건드려야 하고 때로는 역사가로서 구실을 하여야 하기도 하며 뿐만 아니라 필요에 따라서는 민속학, 고고학, 음악, 무용, 연극, 미술, 서지 등의 분야에까지 파고들지 않으면"[13] 안 되며, 수많은 증거, 예를 들면, 그 집의 가승(家乘), 신문학기 이후라면 호적, 작품의 초고, 문집, 교정과정, 서한, 신문, 잡지의 기사, 본문비평가에 의해 확정된 작품의 본문 등을 수집해야 한다.[14]

실증주의적 문학사는 문학을 역사적 조건들의 총합으로 인식하기 때문에 문학사의 문학 외적 지향성이 크게 확대된다. 다시 말하면 문학 외적 사실들이 내적 사실들에 대해 직접적으로 대응된다는 인식이 전제되어 있기 때문에 일반 역사 사실에서 일반화된 진술이 매개 개념의 도움을 받음이 없이 유추적으로 곧장 사용된다. 여기에 역사가의 선택이 개제되어서는 안 된다. 문학사는 '있는 그대로의 사실'을 충분히 밝히는 것으로 그 소임을 삼아야 한다. 그래서 역사가들은 미세한 문제에 대해서도 정확성을 추구하려는 엄격한 자세를 취해야 하며 그들의 주제를 자신의 감정이나 정서적인 반응으로 물들이지 않으려는 훈련을 쌓아야 한다.[15] 따라서 문학사 기술방법의 구성적 이념들의 상

---

12 김동욱, 앞의 글, 149면.

13 백철, 「국문학사 서술방법론」, 『사상계』 44호, 사상계사, 1957, 316면.

14 김동욱, 앞의 글, 149면.

호관계를 매개하는 것은 다만 역사가의 실증 정신에 있다.

그러나 문학사 방법으로서 실증주의 방법은 많은 한계를 드러낸다. 실증주의 방법의 한계는 실증주의자들 자체 내에서 인식된다. 실증주의적 학문 분위기 속에서 자기의 학문의 방법을 연마했던 랑송(G. Lanson)은―그래서 실증주의적 색채가 아직도 강한―역사의 대상과 문학의 대상을 다음과 같이 구별하면서 전통적인 실증주의 방법으로부터 벗어나고자 한다.

> 역사가의 대상은 과거이다. 즉 그 과거는 오직 몇 가지의 표적들이나 부서져 버린 자취만을 남길 뿐이며 다만 그것의 도움을 입어서 사람들은 그 과거에 대한 생각을 재구성해야 한다. 우리들의 대상 역시 과거임에는 틀림없지만 그 과거는 존속하는 과거이다. 즉 문학이란 동시에 과거이며 동시에 현재라는 말이다.
>
> (…중략…)
>
> 역사가는 자료들을 앞에 놓고 그것이 내포한 개인적인 요소를 측정하여 제거하려고 노력한다. 그런데 작품의 감동적이고 미적인 힘은 바로 그 개인적인 요소들에 결부되어 있다. 역사가는 예컨대 생 시몽의 증언을 사용하기 위해서는 그 증언을 수정하려고, 즉 그 증언에서 생 시몽을 제거하려고 노력한다. 반면 우리는 거기에서 바로 생 시몽이 아닌 것을 제거하려고 애쓴다. 역사가는 보편적인 사실들을 추구하며 개인에 대해서는 그것이 집단을 대표하거나 제반 운동을 수정하는 경우에만 관심을 가지는 반면, 우리들은 우선 개인에 관심을 쏟는 데 그친다. 왜냐하면 감각·정열·취미·미 등은 개인적인 사실들이기 때문이다.[16]

---

15 김영한, 앞의 글, 75면.

16 G. Lanson, 「문학사의 방법론」, 김화영 역, 김현·김주연 편, 『문학이란 무엇인가』, 문학과지성사, 1976, 119면.

문학의 현재성에 대한 인식은 이른바 발생론적 오류(genetic fallacy)에 대한 인식의 발로이다. 발생이나 원천에 대한 관심이 증대된다고 해서 작품이 잘 이해되는 것이 아니다. 야우스는 이점을 이렇게 적시하고 있다. "원천의 원천에로 어쩔 수 없이 연장되는 이 원천에 대한 물음은 삶과 작품의 연관에 대한 물음 못지않게 〈발전 과정으로서의 역사〉 속으로 잠겨 버린다."[17] 문학의 현재성에 대한 인식은 전통적인 실증주의 방법에 대한 회의를 불러일으키기에 충분했다. 한편 문학의 개인적 요소에 대한 인식은 일반화의 오류에 대한 인식의 발로이다. 일반화는 문학의 "공통소(共通素)를 추상한 추상주의"[18]에 의해서만 가능하다. 문학의 개성적이고 독자적인 측면은 전연 무시되기 마련이다. 문학의 개인적 요소에 대한 인식은 문학사의 인식에 있어서 특수성과 일반성의 문제에 대한 새로운 인식을 촉구하였다.

실증주의 방법의 한계는 대상에 대한 인식방법의 면에서도 제기된다. 대상의 특수성은 방법의 특수성을 요구한다는 사실을 인식하지 못했다는 것으로 요약될 수 있다. 다시 한번 랑송의 말을 들어보자.

> 어느 학문도 다른 학문의 기반 위에서 구축되지는 않는다. 왜냐하면 제반 학문의 진보는 그들이 상호 독립성을 유지하는 데서 오는 것이며, 그 독립성이 개개의 학문을 그것의 대상에 순응하여 이루어지도록 만들어 주는 것이다. 문학사가 과학적인 그 무엇을 지니려면 무엇보다 먼저 다른 과학—그것이 어떤 과학이든지 간에—의 우스꽝스런 모방이 되지 않도록 하는 일부터 해야 한다.[19]

---

17 H. R. Jauβ, 앞의 책, 221면.
18 김열규, 「문학의 소재와 그 정신사적 배경」, 『문학사상』, 1974. 2, 235면.
19 G. Lanson, 앞의 글, 119면.

문학사 연구가 다른 학문 분야와 연관을 맺고 있는 것은 사실이지만 결코 다른 것으로 환원될 수 없는 자율적이며 독자적인 학문 영역임을 인식하지 못한 것에 대한 비판이다.

인문사회과학이 당시에 한결같이 과학주의, 즉 객관주의로 치닫는 현상은 후일 다음과 같은 비판을 받기에 이른다.

> 객관적 방법으로 진리를 획득할 수 있다는 신념을 지닌 "과학적 세계관"이 비과학적인 전 학문 영역에 그렇게 급속도로 확산된 것은 알다가도 모를 일이다. 그 당시는 양자 이론과 상대성 이론이 그와 같은 가설이란 과학 그 자체 내에서도 불가능하다는 것을 논의하고 있는 중이었다. 20세기 초엽 물리학자들은 전체적으로 편견 없는 과학적 관찰자의 심상(心象)을 고양시키는 것을 그만 두어 버렸다. 왜냐하면 경험자의 경험상의 관여성을 고려해야 하는 것이 필요하게 되었기 때문이다.[20]

심지어 자연과학에서조차 극단적으로는 사실의 객관성이 문제시되며, 경험자의 관여성, 즉 주관성이 문제시된다는 각성이고 보면, 문학사 연구에 실증주의적 방법론만을 계속 견지한다는 것은 시세에 뒤진 안목이었음에 분명하다.

오늘날 실증주의 방법은 이후의 문학사 방법들에 커다란 방법론적 반성을 하는 계기를 마련해 주었다는 데 그 역사적 의의를 인정받고 있다. 실증주의 방법이 그 유산으로 남겨준 실증 정신, 즉 사료 수집 및 그에 대한 엄격한 비판 정신은 다른 방법들의 예비적 수단으로 활용되고 있다.

---

20 W. Morris, "Literary History and Literary Criticism: Literature's Dual Mode of Existence", *Toward a New Historicism*, New Jersey, Princeton Univ. Press, 1972, 24면.

(2) 정신사적 문학사 기술방법

19세기 말엽 자연과학 방법이 보다 정치해지고 그 성과 또한 다대해진 것과는 반대로 역사학자나 문학연구자들은 지금까지 자신들이 원용했던 자연과학 방법에 대해 회의를 품게 된다. 역사학계의 반성은 반복되는 자연과학적 사실은 관찰할 수 있으며 동시에 실험할 수 있는 데 반해, 계속되는 역사적 사실은 관찰할 수는 있으나 실험할 수 없다는 사실로부터 시작된다. 학문의 대상의 차이는 그 설명 방법의 차이를 필연케 한다는 자각인바, 이것이 세기말의 방법론적 이원론(methodological dualism)이 서게 되는 자리다. 드로이젠(Droysen)은 방법론적 이원론을 옹호하고 나선다.[21] 그는 설명(Erklären, explanation)과 이해(Verstehen, understanding)라는 전문 용어를 처음으로 만들어 낸다. 그는 주장하기를 자연과학의 목적은 설명하는 데 있고, 역사학의 목적은 역사의 현상을 이해하는 데 있다고 한다. 이러한 방법론적 제안은 이후 딜타이(Dilthey), 빈델반트(Windelband), 크로체(B. Croce), 콜링우드(R. G. Collingwood) 등에 의해 계승 발전된다.[22]

이 시기의 역사연구는 역사가의 소거 내지 있었던 사실에 대한 객관적 중립이 불가능하며, 설령 가능하다 하더라도 역사서술에서는 무의미한 일이라고까지 생각하게 된다. 역사연구는 이제 연구자의 주관성을 보다 적극적으로 평가하는 방향으로 전개된다. 그래서 역사가는 단순한 기록자가 아니며 의미의 탐구자로 전환한다. 역사가는 많은 사실 가운데서 문제가 되는 것을 선택하기 위해 사실 선택의 기준, 즉 사관을 가지고서 일반화의 통칙을 세운다. 일단 선택된 사실은 가장 의미 있는 관련도를 중심으로 설명되어야 한다. 즉 역사가는 무엇이 일어났

---

21 이명현, 『이성과 언어』, 문학과지성사, 1982, 134~135면 참조.

22 위의 책.

는가를 정확하게 묘사할 뿐만 아니라 그것을 사실에 대한 '단순한 서술'이 아니라 '의미 있는 서술'로 만들어야 한다.[23]

역사적 사실에 대한 이와 같은 주관주의적 태도는 문학사가 정신사가 되도록 한다. 이때의 문학관에서는 문학이란 실재 사물과 같은 발생 방식을 갖는 것이 아니라 인간의 의식의 산물이라는 인식이 지배적이다. 다시 말하면, 문학이란 정신의 실체인 것이다. 실증주의적 문학사가 객관적인 역사적 사실을 중요시한 데 반해 정신사적 문학사는 주관적인 체험, 즉 '삶의 현실'에서 개별 인간들이 심리적·정신적으로 어떻게 체험·행동하는가 하는 내면적 문제에 보다 큰 비중을 둔다. 따라서 이 방법에서는 객관적 사실의 오성적 분석이나 판단보다 주관적 체험의 감성적 직관을 더 중요시한다.[24] 이 정신사적 문학사의 주류적 태도인 주관주의는 18세기 말부터 19세기 초엽 독일에서 유행했던 민족사적 문학사에서부터 두드러진다. 이 문학사의 공적은, 정치사적 기술방법을 답습하고 있었음에도 불구하고, 무엇보다 민족과 민족문학의 독자성을 일깨워 주었다는 데 있다. 이 정신사적 전통은 문학작품에 나타난 종교·사랑·죽음 등의 모티브나 시대의 이념 등과 같은 내용을 바탕으로 하여 문학사를 해석한 웅거(Roudolf Unger)의 문제사(問題史), 코르프(H. A. Korff)의 이념사 등으로 이어진다.[25] 그런데 정신사의 특징은 사가의 주관주의적 태도로 말미암아 관념론적 성향을 띠기도 하고, 또 그 의도에 따라서는 목적론적 성향(예를 들면, 국수주의에 흐른다든가 민족의 행복을 약속하는 것 등)을 띠기도 하여 그 실증성·보편성에 많은 문제점을 안고 있다. 이런 이유로 정신사적 문학사는 배척되기도 했지만, 기본적으로 이해 중심의 해석학을 기초로 하고 있기 때문에

---

23 차하순, 「객관과 주관의 대립」, 전해종·길현모·차하순, 앞의 책, 96면.
24 반성완, 앞의 글, 136면.
25 이유영, 『독일문예학개론 : 원리와 방법』, 삼영사, 1979, 150~151면.

정신사적 문학사의 주관주의는 후일 수용사로서의 문학사 기술방법론에서 부분적으로 부활한다.

이상에서 본 바와 같이 정신사적 문학사 기술방법은 반역사적 · 반실증적 입장에서 자신의 방법을 정초한다. 정신사적 방법이 지녔던 몇 가지 특징적인 점을 들면 다음과 같다.

첫째, 문학을 정신의 실체로 인식한다.

둘째, 문학작품을 직관(intuition)에 의해서 이해하고자 한다.

셋째, 문학상의 변화를 창조적 진화(creative evolution)로 이해한다.

그러면 정신사적 기술방법의 구성적 이념들의 상호관계를 살펴보자.

정신사적 문학사를 지향하는 사가들은 질서의 총체적 이념을 거부해 버리고 시대구분 행위 자체를 창조적 해석 행위로 인식하기[26] 때문에 시대구분은 문학사가의 역사적 판단이나 선택에 의해 크게 좌우된다. 그들은 시대명명에 있어서 순서 개념과 함께 본질 개념을 적극적으로 드러내고자 한다. '감성주의 운문시대', '지성개발의 18세기', '암흑의 19세기 초중기' 등[27]이 그 한 예가 되겠는데, 이것은 지배적인 이념이나 운동 등을 중시하는 것으로 여기에는 역사가의 주관적 견해가 크게 작용하고 있다. 물론 여기에 제시된 '감성'이니 '지성'이니 하는 것이 반드시 문학의 본질이라고 말할 수는 없다. 그리고 정신사적 문학사 방법은 문학의 역사를 실증주의적 방법이 완전성의 척도에 비추어 기술한 데 반해 미의 역사적 상대성에 비추어 기술한다. 여기에는 모든 시대의 문학은 그 자체의 고유한 습속과 고유한 취향, 따라서 미에 대한 고유한 개념을 지니고 있다는 점이 전제되어 있다.[28]

정신사적 문학사 기술방법에서 구사되는 설명 원리의 지배적인 관

---

26 차하순, 『역사의 의미』, 홍성사, 1981, 169면 참조.

27 여증동, 『한국문학역사』, 형설출판사, 1983.

28 H. R. Jauβ, 앞의 책, 221면.

념 역시 창조 관념이다. 실증주의적 문학사가 개인을 일반화하고 객관하는 데 반해 정신사적 문학사는 인간 개개인이 심리적·정신적으로 어떻게 체험, 행동하는가 하는 내면적 문제를 중시한다. 극단적인 경우, 개별 예술작품의 지배적 정조(leading sentiment)를 강조했던 크로체는 장르 개념 자체를 부정해 버린다.[29] 문학사를 구성할 경우에도 문학의 역사는 시대와 민중들의 커다란 흐름 안에서 인간 정신의 역사적 개성화의 연속을 표출하기 위한 매체로 인식한다.[30] 이 개성화의 연속을 설명하는 것은 역사적 사실이라기보다는 문학사가의 사관이다. 정신의 실체로서의 문학은 실재적인 역사 속에는 아무 데도 없다. 오직 문학사가의 사관이 재구성하는 것이다. 이때 부분적인 문학적 사실들은 의미망을 형성하기 위한 기능을 담당하는 것으로 이해되며, 문학사는 이 의미망에 의해 드러나는 관계가치의 연속물로 인식되며, 문학사가는 관계가치에 의미를 부여하는 의미인(意味人)으로 이해된다.[31]

정신사적 문학사는 문학사를 통해 정신사의 본질을 이해하고자 하기 때문에 많은 문화 양상을 고려한다. 따라서 외적 지향성이 실증주의적 문학사의 경우처럼 크지만, 여기에는 주관적 선택이 강하게 작용한다.

정신사적 문학사 기술방법의 한계는 무엇보다 그 주관성에서 비롯된다. 정신사로서의 문학사는 실재적이고도 객관적인 삶과 어떤 연관을 갖는가 하는 점을 충분히 드러내지 못한다. 정신사적 문학사가 개별적인 문학작품을 중시한다고는 하지만 반영론적 관점－여기에서는 정신을 반영한－에서는 앞선 시대의 실증주의적 방법과 같다. 이 점을 두고 비에톨(K. Vietor)은 정신사적 문학사를 비판하는데, 문학작품이란

29 P. Hernadi, *Beyond Genre*, Cornell Univ.Press, 1972; 김준오 역, 『장르론 : 문학분류의 새 방법』, 문장사, 1983, 23면.

30 H. R. Jauβ, 앞의 책, 225면.

31 김윤식·김현, 『한국문학사』, 민음사, 1973, 11면.

"다른 범역(範域)의 힘이나 운동을 반영한 거울이나 표현"이 아니기 때문에 부당하다[32]는 것이다.

정신사적 방법은 다음 사회학적 방법으로부터 많은 도전을 받는 반면에 앞에서 언급한 바와 같이, 그 해석적 전통의 일면은 후일 수용사로서의 문학사 방법에 계승된다.

(3) 사회학적 문학사 기술방법

문학의 사회 발생설은 문학을 인간의 사회 문화적 행위의 소산으로 간주한 데서 비롯된다. 이와 같은 문학관이 문학사 해석의 한 방법으로 성숙하게 된 것은 19세기 중엽에 정식화된 근대 사회학의 영향하에서이다. 이 방법은 문학 연구에서 주관적·작품 내재적 요소보다는 객관적·작품 외적 요소를 더 중요시한다. 따라서 정신사나 문학사의 절대적인 자율성을 인정하지 않고, 문학 외적 요소, 예컨대 역사 발전의 보편적인 법칙성이나 작가와 독자 간의 관계, 예술 수단 상호간의 관계를 밝힘으로써 문학사의 특수성을 밝히고자 한다.[33]

이에는 두 가지 태도가 있다. 하나는 역사적 사실을 중시하는 방법이고, 다른 하나는 문학의 사회·역사적 가치를 중시하는 방법이다. 그러나 문학사 해석시 두 방법이 다 같이 정도의 차이는 있지만 근본적으로 법칙을 중시하고 유물론적인 데는 공통된다.

전자에서는 테느류의 실증주의적 전통 내에서 사회·역사의 객관성을 중시한다. 따라서 이 방법은 역사주의적 문학사 방법이 그렇듯 작가의 전기적 사실, 작품의 연대기적 사실, 그리고 그 수요와 공급 등

---

32 김주연, 「문학사와 문학비평」, 김현·김주연 편, 『문학이란 무엇인가』, 문학과지성사, 1976, 150면.

33 반성완, 앞의 글, 138면.

일련의 있는 사실들을 조사하고 모은다. 따라서 이 방법은 문학 현상을 관찰로 일관하는 자연주의적 · 문화사적 태도에 편향성을 보인다. 그리고 이 방법은 문학사의 변화를 순차적이고 연속적인 것으로 이해한다. 이 방법이 실증주의적 문학사 방법과 차이를 보이는 점은 역사적 과거보다는 역사적 현재를 중시한다는 점이다. 그리고 이 방법 내에서는 역사주의가 앞선 시기에 누렸던 절대적 세계관으로서 지위를 상실하고 여러 가지 학문 방법 가운데 하나의 방법으로 상대화되어 있기도 하다.[34]

역사적 가치를 역시 중시하는 사회학적 문학사 기술방법은 문학사 해석시 기본적으로는 문학 현상에 대한 관찰을 소홀히 하지 않지만, 관찰된 현상을 모두 모으기보다는 일정한 관점에 의해 취사선택한다. 여기에는 역사나 문학사는 나타나는 것이라기보다는 해석자의 주관성, 즉 역사관에 의해 이해되는 것이라는 관념론적 전통이 살아 있다. 이 방법은 주로 마르크스주의 미학의 변증법적 설명 모델을 사용하여 현상을 설명한다. 여기서 예술이란 문화의 다른 부분과 마찬가지로 여러 생산 관계 위에 세워진 사회의식의 상부구조에 해당되는 것으로 이해된다. 그러므로 문학사를 설명하기 위해서는 그 토대인 경제적 생산 관계를 일차적으로 관찰 · 이해하여야 하고, 그것을 기초로 해서 문학과 사회와의 내적 연관을 파악해야 한다. 이 방법은 문학을 역사적 변증법에 의한 혁명적 변화로 이해한다. 마르크스주의 미학은 위에서 언급한 바와 같이 역사의 이해를 기본적으로 유물론적이고 법칙적인 관점에서 시도하는 측면에서는 실증주의적 전통 내에 서지만, 해석자의 주관성, 즉 역사관을 중시한다는 점에서는 관념론적 · 역사철학적 전통 내에 서기도 한다.[35] 또 이 마르크스주의 방법의 관념론적 측면은

34 이민호, 『역사주의』, 민음사, 1988, 11~14면 참조.

민족주의적 문학사가 민족의 행복을 낙관적으로 설명하고 있는 바와 같이 인류의 행복을 낙관적으로 설명하는 목적론적 태도에서도 발견된다. 이 방법에서 가장 중요한 것은 역사적 당위이며 그 실천이다. 따라서 문학사 기술도 이 역사적 당위에 복무해야 하는 것으로 인식된다.

이상에서 본 바와 같이 사회학적 문학사 기술방법에는 역사적 사실을 중시하는 경향과 역사적 가치를 중시하는 경향이 있다. 공통적으로 드러나는 특징적인 점 몇 가지를 들면 다음과 같다.

첫째, 문학을 사회적 사실로 인식한다.

둘째, 문학작품의 이해에 사회성을 중시한다.

셋째, 문학상의 변화를 법칙적으로 이해하고자 한다.

이로 보면 사회학적 문학사 기술방법은 실증주의적 문학사 기술방법을 계승한 일면이 있다.

그러면 사회학적 문학사 기술방법의 구성적 이념들의 상호관계를 살펴보자. 사회학적 문학사 기술방법에서 무엇보다 중시되는 원리는 구성 원리이다. 구성 원리의 기본적인 관념은 실증주의 방법에서처럼 역사적 진보 관념이다. 그 진보는 법칙적이다. 따라서 역사 발전의 보편적인 법칙성에 따라 문학사의 시대구분은 구성된다. 원래 이 발전 개념은 사회사 혹은 경제사에서 정식화된 것이지만 역사의 복수성을 인정하지 않는 사람들의 견해에 따르면 모든 특수문화사의 시대구분도 이에 준해야 한다. 왜냐하면 현재의 모든 문화는 미래의 전체적인 통일을 지향해가는 과정에 있다는 인식 때문이다. 문화사들 간에 차이가 있다면 통일성에 비추어 얼마나 일탈·결손·한계가 있느냐 하는 점일 뿐이다. 사회학적 방법에 있어서 시대구분의 비교 척도(또는 선택 기준)는 통일성에 있다. 한편 어떤 한 시대의 동력은 두 힘의 모순·갈등으

---

35 이명현, 앞의 책, 103면.

로 묘사되며, 구분의 마디는 두 힘의 대표적인 교체에 의해서 파악되는데, 사회 정의의 진보라는 측면에서 연속성의 이미지를 형성한다.

이 방법에서 구사되는 설명 원리는 지배적 관념인 진보에 의해서 운용된다. 문학상의 관계를 설정하기 위해 이 방법은 그 단위로 특히 문학 장르와 문학을 담당한 계층(혹은 계급)을 중시한다. 문학 장르들이나 담당 계층들의 상호 모순 · 갈등하는 양상을 묘사함으로써 문학상의 관계나 시대의 연속성 이미지를 구성한다. 이것은 마르크스의 계급투쟁이론을 미적 용어로 번역한 루카치(G. Lukács)의 이론에서 전형적으로 볼 수 있다. 전통적인 역사주의자들처럼 그도 또한 장르를 시대적 산물, 즉 가변적인 것으로 보기는 하지만 고정적이고 체계적인 분류는 거부한다. 장르란 계급적 실존이기 때문에 계급의 변화에 따라 장르도 변하여 한 때는 주류를 형성했던 장르가 다음 시대에는 주변 장르가 되기도 한다는 것이 그의 견해이다. 서사시가 귀족계층의 산물이며 소설이 시민계급의 산물이라는 사실로 그것을 예증한다. 말하자면 루카치의 장르론에서 장르는 계급과 운명을 같이하는 계급적 산물이라고 정의된다.[36] "문학의 갈래를 나타내는 면과 문학층을 나타내는 면은 둘 다 문학사의 시대구분에 있어서 중요한 의의를"[37] 가진다는 것도 같은 인식이다. 설명상 구사되는 개념들은 실재와 대응되는 것으로 인식되고 있으며 문학사 또한 실재 개념으로서 인식되고 있다.

사회학적 방법은 문학 내적 사실들을 설명하기 위해 많은 외적 사실들을 동원함으로써 그 지향성은 실증주의적 방법과 큰 차이가 없다. 그러나 실증주의적 방법이 단순한 역사적 사실의 반영으로 본 데 반해 이 방법은 문학의 사회적 생산력을 드러냈다는 데 학문사에서 한 공로

---

36 P. Hernadi, 김준오 역, 『장르론 : 문학분류의 새 방법』, 문장사, 1983, 139~158면.

37 조동일, 『문학연구방법』, 지식산업사, 1980, 241면.

로 인정된다. 그러나 이 방법은 역사의 보편적인 법칙만을 일방적으로 강조함으로써 역사와 문학, 사회와 문학, 그리고 내용과 형식 사이의 변증법적 관계가 기계적 · 단일적으로 해석되는 이른바 "통속적 사회학적 방법"이 될 가능성이 많고, 때로는 현실 정치와 너무 밀착되어 전개되기 때문에 획일화 · 도그마화할 가능성이 많은 것이 사실이다.[38]

2) 형식사로서의 문학사 기술방법

금세기에 들어서 지금까지 우리가 살펴본 발생론적 문학사 설명 방법은 많은 회의에 부딪치게 된다. 이것은 문학의 발생을 안다고 해서 문학 그 자체가 설명되는 것이 아니라는 자각에서 비롯된 것이다. 작품의 원전연구는 작품의 현재적 가치의 설명으로 잘못 보는 과오, 즉 발생론적 오류를 끊임없이 되풀이할 뿐이라는 것이다. 그와 같은 유기체적 설명 모델은 방법론적인 목적을 위해서 사회 내지 문화에 대해서 지나치게 허구적인 대상을 꾸며내는 실체론적 사고방식에 너무 크게 의존하며, 변증법적 설명 모델은 기계론적인 방법 절차로만 되어 있다고 하는 이유로 비판되기도 한다. 또 발생론적 문학사 방법들은 문학사의 변화를 기술하는 데 있어서 일반사의 역사적 '발전' 개념에 지나치게 의존한다는 비난을 받기도 한다. 발전은 특수한 시간과 공간에서 발생한 것이 다음에 발생한 것을 어떻게 유도했는가에 의해 유추된다. 따라서 '발전' 개념을 토대로 한 역사적 계기성은 새로운 사건－그 가운데서도 중요하고도 가치 있는－에 의해 파악이 가능하다. 그러나 과거의 문학작품은 역사 속으로 사라지지 않고 새로운 작품들과 새로운

38 반성완, 앞의 글, 148면.

관계를 형성하면서 새로운 시대에 역동적으로 참여한다. 즉, 새로운 시대에 축적된다. 이와 같이 존재하는 문학의 역사에서 '발전' 개념을 토대로 한 역사적 계기성을 인정하기란 어려운 일이다.

여기에서 문학사가들은 자기들이 다루는 대상, 즉 문학작품이란 유일 단독의 개인적인 체험, 그래서 관찰할 수도 없는, 역사학의 정신과는 또 다른 그 무엇이라고 새삼 깨달으면서 자연과학의 방법은 물론 일반 역사학이나 사회과학의 방법과도 서서히 결별을 시도하면서 문학사 자체의 기술방법을 모색하고자 한다. 그러나 방법상의 방황 때문에 금세기에 들어서면서부터 문학사 기술은 전시대에 비해 급격히 줄어들거나, 심지어 문학사 기술의 불가능성을 주장하는 사람도 나타난다.[39] 문학사 기술이 이루어진다 해도 전통적인 실증주의적 방법에서 크게 벗어나지 않은 수준 정도에서였다.

그런 가운데서도 문학이라는 대상 자체를 실존적인 측면에서 검토함으로써 문학사 연구가 독립성을 갖는 학문이 되도록 하려는 노력이 한편에서 시도된다. 논의의 출발점은 문학이란 언어예술이란 점이다. 새로운 문학사 기술방법은 일체의 외적·객관적 사실을 부정하고 문학의 형식만을 독립된 세계로 인정한다. 여기에는, 유의미한 것은 역사적·발생적인 것이 아니라 현재의 형식뿐이라는 전제가 깃들어 있다. 다시 말하면 통시적인 것은 일종의 지적 구성물로서 사람의 직접적인 체험과는 무관한 것[40]으로 끝나 역사라는 형식만 있고 실질적인 내용이 없는 것이다. 현상학, 실존주의, 언어철학과 밀접하게 관련된 이 문

---

39 R. Wellek and A. Warren, Theory of Literature, 백철·김병철 공역, 『문학의 이론』, 신구문화사, 1959, 352면. "W. P. 케어(Ker) 같은 사람은 문학사의 대상이 언제나 실재하고 있으며, '영구적'이기 때문에, 우리들은 문학사를 필요로 하지 않는다. 그러므로 문학사는 전연 존재하지 않는다고 주장하였다."

40 Fredric Jameson, 윤지관 옮김, 『언어의 감옥—구조주의와 형식주의 비판』, 까치, 1985, 3~4면 참조.

학사관은 인간의 실존적 · 존재론적 문제를 문학의 핵심적 요소로 간주해서 일체의 문학 외적 요소, 예컨대 역사나 이데올로기 등을 배격하고 원전(Text)의 언어 구조와 형식을 중요시하는 원전비평(Textkritik)과 "작품의 내재적 해석(Werkimmanente Interpretation)"을 시도한다.[41] 여기서 주로 사용되는 문학사 설명 방법은 언어적 설명 모형인데, 언어의 역사성보다는 체계로서의 언어의 현재성을 중시한다.

그렇다고 이들이 문학의 통시적인 변화에 대해 소홀하지는 않는다. 형식주의자들에게 철학적 토대를 마련해 준 소쉬르는 체계 개념을 사용하여 역사성을 드러내고자 한다. 그에게 있어서 시간 모델은 시간적으로 서로 뒤따르는 일련의 완전한 체계들의 모델이다.[42] 한편 문학성(Littérarité)을 규명하여 문학과학을 정식화하고자 했던 러시아 형식주의자들은 문학의 변화를 "새로움이 가치의 한 기준이 된다"는 측면에서 설명한다. 문학 자체 내에서 문학의 변화 요인을 찾아보려는 시도는 무카로프스키(Jan Mukárovsky)에게도 그대로 받아들여진다. 그에게도 '새로움의 정도(the degree of novelty)'가 관심이 초점이 된다.[43] 그러나 '새로움'에 의한 변화 기준은 문학의 변화의 원인과 방향에 대해서는 설명하지 못하고 현상 기술적인 것으로 끝나버린다. 구조시학자 토도로프(Tzevetan Todorov)는 형식사로서 문학사 방법의 절차를 다음과 같이 천명한다. 문학사 첫 번째 작업이 문학적 진술의 각 범주들의 변화를 연구하는 것이라면, 그 다음 작업은 장르들을 공식적으로, 통시적으로 연구하는 것이며, 세 번째 작업은 한 문학적 '시기'에서 다른 시기로의 이행에 관계되는 변화성의 법칙들을 알아내는 것이다.[44]

---

41 반성완, 앞의 글, 137면.

42 Fredric Jameson, 앞의 책, 3면.

43 R. Wellek, 앞의 글, 48면.

44 Tzvetan Todorov, 곽광수 역, 『구조시학』, 문학과지성사, 1977, 122~123면.

한편 영미 형식주의자들은 이미지, 모티브, 상징, 알레고리 등의 문학형식을 통시적으로 고찰하여 양식사(또는 소재사)가 가능하도록 하였다. 그러나 이런 문학사는 역사적 구체성을 상실해 버리는 본질주의적 오류를 피할 수 없다는 지적을 받기도 한다. 다음으로 형식, 관계, 회귀(回歸) 등의 개념을 토대로 하여 문학 현상을 구명하는 구조주의자들은 변화를 불연속적인 것으로—유기체론자들이 연속적인 것으로, 그리고 변증법자들이 혁명적인 것으로 파악하는 것과는 달리—파악한다. 이들 역시 현상의 이면에 구조라는 추상적인 본질을 상정함으로써 구체적인 역사상을 구성하는 데 실패했다는 비난을 받는다. 이러한 비난은 오히려 당연한지도 모른다. 위에서도 말한 바와 같이 형식사로서 문학사 방법을 추구하는 사람들에게 있어서 일차적으로 유의미한 것은 현재의 형식이지 역사적・발생적인 것이 아니기 때문이다.

앞에서 살펴본 세 형태의 발생사로서의 문학사 방법이 문학의 과거성에 주목한 반면에 형식으로서의 문학사 기술방법은 그 현재성에 주목한다. 그 근거는, 위에서 본 바와 같이, 우리가 체험할 수 있는 것은 문학의 현재성이라는 점이다. 이 방법에 드러난 특징적인 점 몇 가지를 들면 다음과 같다.

첫째, 문학은 언어예술이다.

둘째, 문학작품은 그 자체로서 이해되어야 한다.

셋째, 문학상의 변화는 그 형식 자체에서 유추되어야 한다.

그러면 형식으로서의 문학사 방법의 구성적 이념들의 상호관계를 살펴보자.

이 방법에서 시대구분의 의의는 별로 강조되지는 않는다. 비평방법으로서의 형식주의 발달은 문화사로부터 등을 돌리게 하였음은 물론 문학사 그 자체로부터도 등을 돌리게 하였다. 문학상의 변화를 찾는 경우가 있다 할지라도 이 방법은 문학 그 자체에서 찾고자 한다. 변화에 대한 인식의 근거는 문학작품의 형식의 '새로움'이다. 형식사는 문학사를 설명할 경우 조작적인 많은 설명 개념틀들을 만들어내는 것이 특징이다. 설명적이기보다는 분석적이다. 문학사는 오직 관여적인 요소들로만 공시적 관계와 통시적 체계를 확립해야 한다는 인식 때문이다. 그 결과 형식사는 과학으로서 문학사를 지향하게 된다. 여기에서는 전통적인 역사 기술의 이야기나 줄거리가 배척되고 포기된다. 또한 사건으로서의 문학적 사실과 문학적 구조 간의 간격은 매우 크게 벌어지고 만다. 다시 말하면 형식사로서의 문학사는 이론과학을 지향함으로써 역사적 해석학을 도외시하게 된다.[45]

이와 같은 형식사는 처음부터 외적 지향성을 차단하고 있다. 일반 문화사에서 일반화된 진술을 유추적으로 사용한다는 것은 과학에서는 있을 수 없는 일이라는 점이 전제되어 있다.

형식주의나 구조주의가 이전의 문학사 방법들을 비판한 것은 문학 그 자체의 공질성, 즉 체계를 무시하고 개별적 차이만을 가지고 문학사를 구성한다는 점에 있다.[46] 그러나 형식주의나 구조주의는 문학의 현재성에 주목하기는 했지만 문학을 정태적으로 인식한 결과 기능주의적 인식 수준에 머물고 만다. 문학의 역동성이나 그 이데올로기에 대해서는 거의 아무런 말도 못한다는 것이 그 한계로 지적된다.

3) 수용사로서의 문학사 기술방법

지금까지 우리는 문학사 설명 방법 가운데 발생적인 것과 형식적인

---

45 H. R. Jauβ, 앞의 글, 249~257면 참조.

46 김열규, 앞의 글, 235면.

것을 살펴보았다. 전자는 문학의 역사성 이해에 편향되어 있으며, 후자는 문학의 내재성 이해에 편향되어 있다. 이제 마지막으로 이들 방식에 대해 도전적인 설명 방법을 살펴볼 차례다. 이 방법은 문학을 동적 구조로 파악한다. 그래서 전통적인 두 방법들은 문학작품을 실체론적 정적 구조(stable structure)로 잘못 보고 있다고 비판한다. 문학예술 작품이란 원래 대상(object)이나 기념물(monument)이 아니라 독자와 작품, 그리고 청중과 공연물 사이에 성립된 관계로서 사건(event)이요 행위(action)이다.[47] 문학을 정적 구조로 본다면 문학은 역사적으로 일회적인 것으로 밖에 인식되지 않는다. 문학은 세월이 흐름에 따라 첨가가 이루어지는데, 이 첨가는 발전이라기보다는 축적이다.[48] 그래서 "문학은 작품으로 해서 이루어지는 완전한 하나의 체계이며, 그 체계는 새로운 작품이 부가될 때마다 항상 서로의 관계를 바꾸며, 그리고 변화해 가는 전체로서 자라가고 있는 것으로 우리들은 문학을 오히려 인식하지 않으면 아니 된다."[49]

그러나 축적적인 문학의 존재 방식을 염두에 두고서 문학사를 구성한다는 것은 현재로서 지난한 일처럼 보인다. 왜냐하면 어떤 역사를 구성하든 공통된 유일한 관념은 '변화'일 터인데, 축적을 강조하는 문학사가 한 작품에서 동시에 드러나는 문학의 과거성과 현재성을 어떻게 파악하여 체계화할 수 있느냐의 문제가 가로 놓여 있기 때문이다. 이 문제를 수용미학자들은 해석의 영향사라는 측면에서 해결하고자 한다. 이들은 문학의 과거성과 현재성을 역동성으로 파악하면서, 이

---

47 Ralph Cohen, Introduction; Ralph Cohen (ed.), *New Directions in Literary History*, Routledge & Kegan Paul, 1974, 1면.

48 John M. Ellis, *Theory of Literary Criticism : A Logical Analysis*, 이승훈 역, 『문학의 이론』, 대방출판사, 1982, 204~205면.

49 R. Wellek and A. Warren, 앞의 책, 353면.

역동성은 문학작품의 사회적 존재의 측면과 문학작품의 이해의 측면에서 규정한다.

보디치카(F. Vodička)는 상황의 변화가 작품의 구체화를 결정한다고 본다. 그는 시간과 장소의 사회적 조건을 포함하는 상황이 변할 때에는 전체 작품의 구조가 새로운 성격을 띠게 된다고 한다.[50] 엘리스(J. M. Ellis)도 문학작품이 역사의 과정을 통해 변화하면서 존재할 수 있는 것은 "텍스트들과 상관되는 지속적인 사회적 결정"[51]이라고 한다. 한편 야우스는 이해의 측면에서 문학의 역동성을 이해한다. "문학의 역사는 수용하는 독자, 심사숙고하는 비평가 그리고 지속적으로 창조되는 작가에 의한 문학적 텍스트의 활성화를 통해 수행되는 심미적 수용과 생산의 한 과정이다."[52]

그렇다면 문학의 역동성을 어떻게 체계화할 것인가. 야우스는 세 가지 측면을 고려한다. 그에 따르면, 문학의 역사성은 첫째로 문학작품의 수용의 문맥에서 통시적으로, 둘째 현대문학의 관계의 체계와 이 체계의 결과에 있어 공시적으로, 셋째 내재적 문학 발전과 역사의 일반적 과정에 대해 갖는 관계에 의해 체계화되어야 한다.[53] 이 체계화의 철학적 근거는 가다머(H. G. Gadamer)의 해석학이다. 그는, 이해에는 본디 역사의 영향성이 개재된다는 인식하에 해석의 영향사를 주장한다. 해석의 영향사는 최초의 독서에 대한 부정·대립의 변증법적 과정으로 형성된다.[54] 야우스는 영향사 개념을 기초로 하여 수용사로서의 문

---

50 R. C. Holub, *Reception Theory*; 최상규 역, 『수용이론』, 삼지원, 1985, 62면.

51 J. M. Ellis. 앞의 책, 205면.

52 H. R. Jauβ, "Literary History as a Challenge to Literary Theory"; Ralph Cohen(ed.), 앞의 책, 14면.

53 H. R. Jauβ, "Literaturgeschichte als Provokation"; David C. Hoy, *The Critical Circle: Literature and History in Contempoary Hermeneutics*, University of California Press, 1978; 이경순 역, 『해석학과 문학비평—비판적 순환의 고찰』, 문학과지성사, 1988, 194~195면에서 재인용.

학사의 규범적 원칙을 다음과 같이 제시한다.

> 수용미학에 기초한 문학사의 위치는 문학사가 미적 경험을 통해 과거의 연속적인 전체화에 능동적으로 참여할 수 있을 정도에 의존할 것이다. 한편으로 그것은—실증주의적 문학사의 객관주의와 대조적으로—의식적으로 추구되는 표준의 형성을 요구하며, 또 한편으로는—전통에 대한 고전주의적 연구와 대조적으로—전수되고 전제된 문학의 표준을 파괴적일 정도까지는 아닐망정 비판적으로 수정하는 것이다.[55]

이처럼 수용사로서 문학사 기술방법은 문학의 표준, 즉 정전(正典)의 조절과 재편성을 기하려는 도전적인 뜻도 지니고 있다. 이 방법은 "옛날부터 정전으로 선발되지 못했던 그 작품들이 제외되었던 이유"[56]도 분석한다. 그런 의미에서 수용사로서의 문학사 기술방법은 '실체론적 전통의 개념'을 배격하고 '기능적인 역사의 개념'을 채택한다[57]는 것을 의미한다.

그러나 문학의 내재성과 역사성을 동시에 드러내고자 하는 수용사로서 문학사 기술방법은 이해와 실천과의 관계는 물론 문학적 진리 개념을 철학적인 측면에서 해결하지 않고서는 상대주의에 함몰되고 말 것이라는 비난을 면치 못할 것이다. 그리고 문학사 기술을 위한 범주적 개념틀을 더욱 가다듬어야 할 것이고, 모델로서 지녀야 할 변화의 법칙에 대한 대안도 뚜렷하게 제시해야 할 것이다.

수용사로서의 문학사 기술방법은 전혀 새로운 방법이라기보다는

---

54 R. C. Holub, 앞의 책, 27면.

55 David C. Hoy, 앞의 책, 195면에서 재인용.

56 R. C. Holub, 앞의 책, 27면.

57 위의 책, 238면.

오히려 이전의 방법들에서 개발된 장점들을 변증법적으로 통합시키고자 한 데서 출발한다. 장점들이란 역사적 해석학과 구조적 방법이 그것이다. 다시 말하면 문학의 내재성과 역사성을 동시에 드러내고자 한다. 여기에는 문학사 기술 대상에 대한 객관적 설명과 주관적 해석을 종합하고자 한 의도가 내재되어 있다.

수용사로서의 문학사 기술방법은 실천으로서보다는 아직은 이론적인 수준에 머물러 있다고 보아야 할 것이다. 이 방법은 "언어의 이데올로기적 특성도 역사의 사실성도 인식하지 못하고 있다"[58]는 비판에 귀 기울이면서 실천적 작업을 본격적으로 시도해나가야 할 것이다.

우리는 지금까지 문학사 기술방법을 유형별로 살펴보았다. 방법에 대한 유형적 접근은 공시적인 것이다. 방법의 역사성도 부분적으로 언급되기는 했지만 온전하지는 않았다. 다음 장에서 방법의 변화의 본질, 즉 변화 요인과 그 성격에 대해서 논의해 봄으로써 문학사 기술방법에 대해 또 다른 이해를 기해 보기로 한다.

---

58 고위공, 앞의 책, 188면.

제4장
문학사 기술방법들의 상호관계

우리는 앞 장에서 문학사 기술방법을 유형화하여 그 개별적인 특성들을 파악하는 가운데 방법들의 실제적인 관련 양상을 언급하였다. 여기서 다루고자 하는 방법들의 상호관계란 이론 내적 수준에서의 관계이다. 다시 말하면 방법들의 관계가 지니는 본질적인 특성에 관한 것이다. 이것을 공시적 측면과 역사적인 측면에서 각각 살펴보기로 한다.

1. 공시적 관계

하나의 인문과학 방법으로서 문학사 기술방법은 자연과학 방법이나 사회과학 방법에 비해 그 종류에 있어 상대적으로 다양하다는 점과 정치적으로 이데올로기적 성향이 강하다는 점을 그 특성으로 들 수 있다. 이 두 가지 특징은 문학(사) 연구가 방법론적으로 통일성을 결여하고 있다는 사실을 나타내는 것으로, 과학적 입장에서 볼 때 전과학적(前科學的) 또는 비과학적(非科學的)이라는 말을 듣는 이유가 된다. 방법의 다양성은 사실의 문제로 인식될 경우와 가치의 문제로 인식될 경우 커다란 차이를 보인다. 전자의 인식 근거는 모든 방법들이 각기 얼마간의 진리를 포함한다는 점에 있기 때문에 모든 방법들은 병립하는 것으로 받아들여진다. 이에 반해 후자의 인식 근거는 가치 측면에서 보아 옳은 방법이 있고 그른 방법이 있다는 데 있기 때문에 방법들은 선택적으로 받아들여진다. 한편 방법의 이데올로기적 특성은 가치의 문제를 다루는 문학(사) 연구에 있어서 그것은 거의 숙명적이다. 사회과학에서도 가치의 문제가 다루어지지 않는 바 아니지만, 문학(사) 연구에 있어서의 가치는 개인 또는 집단으로서의 인간의 행위를 인도하고 규제하고 판단할 수 있는, 하나의 규범으로서의 가치이기 때문이다.[1] 이 가치는 주관성에 기초하므로 그것은 이데올로기 특성을 벗어나기 어렵게 된다.

이와 같은 문학사 기술방법의 다양성과 이데올로기성은 그 이론적 좌표를 설정하는 것을 쉽게 허락하지 않는다. 이글튼(T. Eagleton)은 문

1 김여수, 「인문과학의 이념—과학적 설명을 중심으로」, 서울대 인문과학연구소 편, 『인문과학의 새로운 방향』, 7면 참조.

학연구를 그 방법이나 대상의 관점에서 정의하고자 하는 전통적인 시도는 실패하게 마련이라고 주장하면서 다른 방안을 제시한다. 전략적인 방법이 그것인데, 그에 따르면 전략적인 방법이란 대상이 무엇이고 대상에 접근하는 방식이 어떤 것인가를 묻기 전에 사람들이 처음에 대상과 접촉하는 이유를 따져보는 것을 뜻한다. 다시 말하면 이론적이거나 방법론적인 문제에서부터 출발하는 것이 아니라, 오히려 하고자 하는 바를 먼저 정한 다음에 이 목적을 달성하는 데 어느 방법과 이론이 최적일 것인가 하는 문제를 따지는 것이다.[2] 이것은 효용론적 관점에서 문학(사) 방법의 다양성과 이데올로기성 양면을 적극적으로 결합시켜 보려는 의도로 보인다. 이글튼에 따르면, 문학 연구에 대한 정의는, 옳고 그름을 떠나서, 대상·방법·전략의 세 측면에서 가능하게 되며, 그 좌표 설정 또한 마찬가지이다.

그러면 대상·방법·전략의 세 측면에서 문학사 방법들의 공시적 관계를 살펴보자. 이것은, 앞에서 말한 바와 같이, 이론 내적 수준에서의 관계로 한정된다.

문학사 방법이 문학의 환경을 구성하는 요소들, 즉 세계·작가·독자·작품 가운데 어느 하나를 주된 대상으로 삼아 구성되었느냐에 따라 이론의 개별적인 특성이 드러나게 된다. 그러나 모든 이론은 순수하게 어느 하나만을 대상으로 삼지는 않는다. 우리는 이 두 가지 사실에 따라 이론이 점하는 공간적 좌표와 그 상호관계를 상정할 수 있게 된다. 에이브람즈(M. H. Abrams)가 『거울과 등불(The Mirror and The Lamp)』에서 이론의 주된 관심이 세계·작가·독자·작품 가운데 어느 것에 놓여 있는가에 따라 모방론(mimetic theories), 표현론(expressive theories),

---

2 T. Eagleton, *Literary Theory : An Introduction*, Basil Blackwell, 1983; 김명환 외역, 『문학이론입문』, 창작사, 1986, 258~259면.

효용론(pragmatic theories), 객관론(objective theories) 등 넷으로 유형화한[3] 것도 그 한 예이다. 이 유형화의 관점에 의해서 문학사 기술방법의 상호관계를 살펴보자.

세계를 재현한 것으로 작품을 인식하는 모방론적 관점은 문학사 방법에서도 가장 오랜 전통을 지닌 것인데, 이를 실천한 문학사 방법들로는 발생론적 문학사 기술방법이다. 문학이란 사물・의식・사회 등의 세계를 반영하는 것으로 인식되어 실증주의적・정신사적・사회학적 방법 등으로 다양화된다. 이 전통적인 방법은 이후에 대안으로 등장하는 다른 방법들의 극복의 대상이 되거나 다른 방법들에 정신적 재원을 공급하면서 오늘날까지도 가장 강력한 방법으로 살아남아 있다. 다음 작가에 중심이 가 있는 표현론적 관점 또한 전통적이다. 인과관계를 설명할 경우 작품이라는 결과의 원인으로서 작가가 반드시 설명대상이 되게 마련이다. 물론 작가를 사물적 관점, 즉 자연과학적 관점에서 인식하느냐, 개인적 의식의 관점에서 인식하느냐, 아니면 집단사회의 한 성원으로 인식하느냐에 따라 커다란 편차를 보인다는 사실은 앞의 글들에서 살펴본 바대로이다. 세 번째로 독자를 중심에 둔 효용론적 관점은 동・서양 비평사를 통해 오랜 전통을 가지고는 있었지만 그것이 문학사 방법론에서 운위된 것은 금세기 중반을 넘어서부터이며 실제 문학사에서 본격적으로 실천되고 있지는 않는 터이다. 다만 독자의 반응이나 수용의 문제는 전통적인 문학사에서 부차적으로만 언급되고 있을 뿐이다. 이것은 문학사 방법이 문학의 과거성과 현재성을 동시에 포괄하는 이론틀을 모색함으로써만이 가능할 것으로 보인다. 끝으로 언어 매체로서 작품 자체에 중심을 둔 객관적 관점은 전통

---

3 M. H. Abrams, *The Mirror and The Lamp*; 박철희・김시태, 『문학의 이론과 방법』, 이우출판사, 1984, 38면.

적인 문학연구방법에 도전적으로 등장하여 형식주의나 구조주의에서 정치하게 실천된 바 있는데, 이 관점은 문학작품의 현재성만을 중시한 나머지 문학사를 부정하는 결과를 초래하고 만다.

두 번째로 방법의 측면에서 방법들의 공시적 관계를 살펴보자. 방법들의 공시적 관계를 살피는 데 있어서 이론적 전제에 대한 이해도 중요하지만, 방법론에 내재해 있는 이론과 인식론은 항상 일치하지 않는다는 점을 놓쳐서는 안 된다. "어떤 이론이든 표면적으로는 비슷할지 몰라도 실상 그것들은 각기 다른 인식론에 속할 수 있고 그 역도 성립할 수 있다. 다시 말해서 동일한 인식론적 틀이라도 그 아래 수준에서는 서로 다른 이론적 명제가 양립될 수도 있는 것이다."[4] 다양한 문학사 기술방법들은 문학사관들이 표현하는 가치의 유사성에 따라 분류되기는 하겠지만, 같은 유형으로 분류된 방법들 사이에 항상 이론과 인식론 상의 불일치의 개연성이 있으리라는 점을 예상하고 있어야 한다. 또한, 그와는 반대로, 다른 유형으로 분류된 방법들 간에도 이론과 인식론 양자 가운데 어느 한 가지 측면에서는 서로 일치하는 경우도 있을 수 있으리라는 점도 충분히 예상해 두어야 한다.

마지막으로 전략적 측면에서 방법들의 공시적 관계를 살펴보자. 학문사회에서 개방주의나 다원주의는 인정하지만 논리적 체계가 없는 절충적 방식은 용납하지 않는다. 그러나 인문과학 방법에서 절충적 방식의 퇴치라는 이름 아래 방법의 순결성을 고집한다면 끝에 남는 것은 방법 그 자체의 해체밖에 아무 것도 없을 것이다. 그렇다고 이런저런 방법을 원용한다고 해서 연구라고 할 수 없다는 데 문학(사) 방법의 어려움이 있다. 이글튼은 비평가들이란 이론과 방법의 문제에 대해서 개

4 M. Glucksmann, "Structuralist Analysis in Contemporary Thought: A Comparison of the Theories of Claude Lévi-Strauss and Louis Althusser"; 정수복 역, 『구조주의와 현대마르크시즘』, 한울, 1983, 27면.

방적인데, 이들은 이 점에 있어서 다원주의자가 되는 경향이 있다고 하면서, 무목적의 다원주의자들에 대해서 비판적이다.[5] 그는 방법상의 다원주의를 용인하는데, 이에는 전략적 목표가 전제되어야 한다고 한다. "인간해방이라는 전략적 목표, 즉 사회를 사회주의식으로 변화시켜서 '더 나은 사람'을 만드는 데 기여할 수 있는 모든 방법이나 이론이 받아들여진다. 구조주의 · 기호학 · 정신분석학 · 해체주의 · 수용이론 등의 접근법과 다른 모든 방법들은 이용될 수 있는 귀중한 통찰을 지니고 있다."[6] 여기에서 방법은 발견의 수단으로서 그리고 실천의 수단으로 인식되고 있다. 그러나 이글튼은 모든 방법들이 전략적 목표에 다 들어맞지는 않는다고 한다. 말하자면 목표에 맞는 방법들을 원용할 경우에만 하나의 연구는 그 나름의 체계를 갖추게 되며 생산적인 상호관계를 형성한다고 본 것이다.

지금까지 대상 · 방법 · 전략의 세 측면에서 문학(사) 연구방법의 공시적 관계를 살펴보았다. 다음으로 그것을 역사상의 변화의 측면에서 살펴보도록 하자.

---

5 T. Eagleton, 앞의 책, 259면.

6 위의 책.

2. 통시적 관계

1) 변화 요인

고전주의 시대라면 방법의 변화를 그렇게 크게 문제 삼지 않았을 것이다. 그러나 오늘날 모든 방법은 변화하며 변화해야 한다는 생각이 지배적이 되었다. 문학사 기술방법도 변화한다.

여기서는 방법적 변화의 양상보다는 하나의 인문과학 방법으로서 문학사 기술방법의 변화 요인과 변화의 성격만을 검토하기로 한다.

문학사 방법의 변화에 관해서는 문학사 인식의 문제-1장에서 다룬 바 있는-와 직접적으로 관련된다. 방법의 변화 요인은 방법 자체를 어떻게 인식하느냐에 따라 다르게 설명되기 때문이다. 방법의 내용은 인식 방법과 인식 대상 가운데 어느 쪽을 우위에 두느냐에 따라 달라진다. 대상을 우위에 놓는다면 방법은 대상으로부터 유도되는 것으로 이해되며, 방법을 우위에 놓는다면 방법으로부터 대상이 창조되는 것으로 이해된다. 방법을 대상으로부터 유도되는 것으로 인식하는 이론에서는 방법의 변화 요인을 대상에 대한 설명 능력의 한계에서 찾는다. 학문사회에서 인정된 방법들은 일정기간 동안 활용되다가도 설명 능력의 한계를 드러냈을 때 다른 방법으로 전환된다.

> 주어진 어떤 모델이든 그 생존 기간에는 상당히 예측 가능한 리듬이 있는 법이다. 새 개념은 초기에는 상당량의 새 에너지를 방출하고, 많은 새로운 인식들과 발견들을 내놓으며, 새로운 문제의 모든 차원이 드러나게 하고, 여기서 결과적으로 한 권의 새 작품과 연구가 나온다. 이 초기 단계에서 모델 그 자체는 움직이지 않으며, 대체로 세계에 대한 새로운 관점이 획

득되고 분류될 수 있도록 하는 하나의 매개체 구실을 한다.[7]

그러나 모델이 대상을 설명하는 데 있어서 부적당하다고 판정되면 방법에 대한 재조정이 시도된다. 결국 모델은 교체되거나 변환된다.

> 이런 대체는 단 한 번의 혁명적 실험이나 한 권의 결정적 저서가 출판되는 경우처럼 날짜가 항상 분명한 것은 아니라 해도, 하나의 절대적인 단절, 즉 절대적인 종말과 지금까지 볼 수 없었던 어떤 것의 시작이 된다. 그렇다고 새로운 모델이 의식적으로 준비되는 것은 아닐 것이다. 이것은 기존 패러다임에 불만인 사람들이 사고작용에 의하여 통째로 어떤 새로운 패러다임을 고안해 보려고 하는 것이 불가능한 것과 마찬가지이다.[8]

방법의 교체가 있을 수 있으되, 그것은 결코 혁명적이지는 않다는 것이다.

이에 반해 방법으로부터 대상이 창조된다고 보는 이론에서는 방법의 변화요인을 설명 전략의 변화의 필요성에서 찾는다. 다시 말하면 과학 외적인 심리학적 요인에서 방법의 변화 요인을 찾는 것이다.

> 패러다임의 변화는 젊은 층이나 특정 패러다임에 얽매이지 않은 사람들이 언제나 손쉽게 이룰 수 있는 형태변화(gestalt switch)에 해당한다. 옛 패러다임의 옹호자들은 후퇴하면서 투쟁하지만 결국 퇴각하거나 사라진다. 패러다임 변경을 형태변환이라 부르는 경우 그 요점은 두 개의 패러다임 안에서 작업하는 것의 가능성을 부인하는 점이다. 패러다임은 서로 통약

---

7 F. Jameson, 윤지관 옮김, 『언어의 감옥 : 구조주의와 형식주의 비판』, 까치, 1985, i면.
8 위의 책, i~ii면.

불가능(通約不可能)하다.[9]

이것은 쿤(T. S. Kuhn)의 과학철학의 설명 모델을 두고 한 말이다. 이와 같이 방법의 변화 요인을 심리학적 요인으로 설명한 것은 반방법(反方法)을 주창한 파이어아벤트(P. Feyerabend)에서 극명히 드러난다. 그는 합리주의적 기준에서 행하는 모든 호소가 자기정당화가 되기 마련이라고 한다.[10]

야우스는 과학철학에서 유추하여 문학연구방법의 변화를 설명한다. 한 시대에 "……문학 연구를 주도하던 패러다임은 문학연구가 제기하는 요구사항을 만족시켜 줄 수 없게 되면 버려진다. 그러면 문학연구를 위하여 보다 더 적합하고, 낡은 모델과는 무관한 새로운 패러다임이, 폐기된 접근법에 대체된다."[11] 여기서 '요구사항'이 심리적인지는 야우스가 분명하게 밝히고 있지는 않다.

그런데 방법의 변화 요인을 설명능력의 한계에 두고 있는 이론에서는 그 변화를 점진적인 전환, 즉 축적적으로 보는데 반해 변화 요인을 심리학적으로 설명하고 있는 이론에서는 혁명적인 전환, 즉 대체적으로 보고 있다. 이어지는 글에서 문학(사) 연구방법이 어떤 변화의 성격을 지니는가 하는 점을 살펴보기로 한다.

---

9 R. J. Anderson · J. A. Hughes · W. W. Sharrock, *Philosophy and the Human Sciences*, 양성만 역, 『철학과 인문과학』, 문예출판사, 1988, 345면.

10 위의 글, 353면.

11 R. C. Holub, 최상규 역, 『수용이론』, 감지원, 1985, 13면.

2) 대체적인 변화 또는 축적적인 변화

과학철학에서는 새로운 방법은 이전 방법을 대체하는 형식으로 출현한다고 인식한다.[12] 과학철학자 쿤에 따르면 과학의 발전은 축적적이라기보다는 혁명적 양상을 띤다. 그가 과학의 발전을 혁명으로 본 것은 하나의 패러다임(paradigm)이 그것과는 양립할 수 없는 새로운 패러다임으로 대체된다고 이해했기 때문이다. 말하자면 패러다임은 과학 공동체 구성원들의 실천 공약으로 일정 기간 기능하다가 쇠퇴하는 것이다.[13] 패러다임이란 과학 공동체 구성원 전체가 공유하는 이론·법칙·방법·지식·가치·전통 등을 통틀어 이르는 말이다. 따라서 패러다임은 방법론적 이원론자들에게 있어서는 형이상학적 틀, 즉 세계관으로 이해될 수 있는 개념이다.

이와 같은 방법의 변화관을 문학연구방법에 전용한 대표적인 이론가는 앞에서 본 바와 같이 야우스이다.

> 현재를 위하여 과거의 문학작품을 설명해준다고 하는 그 기능을 감당할 수가 없게 되면 또 다시 새로운 패러다임이 대체된다. 이 개개의 패러다임은 비평가가 문학에의 접근에 사용하는 공인된 방법론적 절차—학문사회 내에서의 '정상적'(normal) 문학 연구방법—를 한정할 뿐만 아니라 공인된 문학의 정전(canon)까지도 한정한다. 다른 말로 한다면 하나의 주어진 패러다임은 해석의 기법은 물론 해석의 대상까지도 만들어 낸다는 이야기다.[14]

'정상적'이란 개념은 쿤의 과학철학 이론에서 전용된 개념이다. 쿤

---

12 R. J. Anderson 외, 앞의 책, 342~348면 참조.

13 이정민, 『언어이론과 현대 과학사상』, 서울대 출판부, 1986, 109면.

14 R. C. Holub, 앞의 책, 13면.

에 따르면, 과학자들이 제도화된 방법에 따라 어느 정도 틀에 박힌 연구 활동을 계속하는 장기간의 '정상과학(正常科學, normal science)'의 기간들이 있으며, 이 정상과학의 기간 동안에는 경쟁적인 패러다임이 거의 존재하지 않는다.[15] 이러한 과학철학 이론을 그대로 문학연구에 적용한다면 문학사 기술방법의 변화 또한 혁명적이며 대체적으로 이해될 수밖에 없다.

그런데 인문과학의 한 분과인 문학사 기술방법들 가운데 어떤 것이 훌륭한 방법이냐를 측정할 기준이란 따로 없다. 방법들을 구체화한 각 방법들의 '설명'과 '이해'가 합리적이라면 학문 공동체에서는 각 방법들을 동등하게 훌륭한 것으로 간주해야 할 것이다. 그리고 아무리 훌륭한 방법이라 할지라도 모든 문학적 사실을 두루 설명할 수 없다는 전제하에 훌륭한 방법들은 상호보완적이라고 이해해야 할 것이다.

그러나 실제에 있어서 모든 역사가들은 다른 역사가의 방법을 신뢰하지 않고 자기의 설명이 보다 합리적인 것임을 입증하려 한다. 역사가들은 끝내 이론이나 방법 그 자체에 대해서가 아니라 주어진 방법이 기초하는 가치, 즉 세계관에 대해 계속 논쟁하며 어떤 가치가 진실한 것인가를 밝히려 든다.[16] 문학사 기술방법들은 근본적으로 각기 다른 문학사관에 기초하기 때문에 방법들은 서로 모순되고 그래서 경쟁적일 수밖에 없다. 우리는 여기서 방법들이 서로 모순되고 경쟁적인 것은 방법 그 자체에 기인하는 것이 아니라 방법들이 기초하는 문학사관에 기인한다는 점을 기억해 두어야 한다. 방법의 변환 측면에서도 새로운 방법들은 전시대의 방법들과 상호 대립되거나 모순된다. 흔히 새로운 방법들은 전시대의 방법들을 낡은 방법들이라고 비판한다. 그래서 방법

---

15 위의 책, 19면.

16 A. Heller, 강성호 역, 『역사의 이론』, 문예출판사, 1988, 243면.

의 변화를 대체적인 성격을 지닌 것으로 이해할 수도 있을 것이다.

헬러는 다음과 같은 역사서술 이론의 특징으로 해서 역사기술의 축적성을 전적으로 배제할 수 없다고 한다.

> 이론은 새로운 것이어야 하지만 그렇다고 해서 적어도 동일한 문제 혹은 유사한 문제에 관한 기존의 역사서술 이론에 대한 역사가의 지식이 없이는 형성될 수 없다. 사실들은 〈순수한〉 형태로 축적되지 않고 항상 제 이론에 의해 각인된다. 만약 역사가가 새로운 이론을 세우고 제 사실을 이론의 제 사실로 변형한다면 역사가는 기존의 이론에 대한 일정한 정도의 지식을 가져야 하고, 다소간 낡은 이론적 해명을 반박해야 한다. 만약 이전에 해명된 문제가 완전히 역사가에게 부적절한 것이면 역사가는 그것을 낡은 이론에 기인된 역사의식 단계의 표현으로서 이해하여야 한다. 그리하여 기존의 이론은 현재의 이론의 주제로 변형될 수 있다. 더욱이 이론이 경쟁적이고 동시에 개별적이라 하더라도 그것은 그 이상이다. 상호보완적인 이론도 있고 유사한 입장을 취하는 이론도 있다. 역사서술에는 학파, 경향, 풍조가 있다. 역사의식이 전가된 세계관의 가능한 수는 전가된 의식의 변화가 무한하지 않기 때문에 한정적이다. …… 비록 엄밀한 의미에서 역사서술 이론의 지식군에 대해 말할 수 없지만 이론적 재구성의 축적성이 전적으로 배제될 수는 없다.[17]

역사서술 이론은, 요약하면, 다음과 같은 두 가지 측면에서 축적이 이루어진다.

첫째로, 이론들은 새로운 것이어야 하지만, 기존의 역사서술 이론에 대한 역사가의 지식이 없이는 형성될 수 없다. 이때 이론들은 각 시대

---

17 위의 책, 193~194면.

의 역사의식의 표현인바, 새로운 이론은 낡은 이론의 역사의식을 비판하고, 낡은 이론에 각인된 사실들을 새로운 이론의 사실들로 변형시켜야 한다는 절차를 거치기 때문에 이론은 축적된다. 둘째로, 이론이 경쟁적이고 개별적이라 하더라도 상호보완적인 이론도 있고 유사한 입장을 취하는 이론도 있다. 따라서 역사서술에는 학파, 경향, 풍조가 형성된다. 학파, 경향, 풍조는 역사의식이 전가된 세계관에 의해 형성된다. 그래서 역사서술 이론은 축적된다. 이 두 가지 사실은 역사서술의 축적성을 통시적 측면과 공시적 측면에서 언급한 것들이다. 어느 경우에나 역사서술 이론들은 세계관, 즉 사관에 기초한다는 사실을 전제하고 있다.

지금까지 살펴본 방법의 두 가지 변화관에 대해서 우리가 취할 수 있는 입장은 무엇일까? 문학사연구에 있어서 방법들은 앞 장에서도 확인한 바와 같이 서로 경쟁적이다. 따라서 문학연구에는 공인된 절차나 제도화된 방법들을 상정하기란 어려운 일이며, 무엇이 '정상적'인지를 말하기도 불가능하다. 더구나 인문과학이 현재로서 자연과학 이론가들이 주장하는 포괄법칙이론(covering law model)의 이상에 동의할 수도 없는 입장이고 보면 문학사 기술방법의 변화를 대체적으로 이해하기는 어렵다고 해야 할 것이다. 물론 이론으로서의 문학사 기술방법은 예술처럼 축적되지는 않는다. 그러나 방법에서의 축적은 반성이나 논쟁을 통해서 이루어진다. 다시 말하면, 문학사 기술방법은 상호경쟁하면서 축적적으로 변화한다.

문학사 기술방법이 상호 경쟁적이고 축적적이라면 방법들은 다음과 같이 이해되어야 할 것이다.

첫째, 만약 여러 이론들이 동일한 수준으로 동일한 역사적 여러 사건에 대해 다른 설명을 하고 그들 모두 다 진실한 이론의 요구조건을 충족한다면 그들은 동등하게 진실한 것으로서 고려되어야 한다.[18]

둘째, 역사기술은 한 이론을 적용하고 여러 이론을 함축한다고 이해되어야 한다. 이때 좋은 문학사 기술은 여러 이론들을 체계적으로 적용할 것이며, 나쁜 문학사 기술은 적당히 절충해 버릴 것이다.

---

18 위의 책, 187면.

제5장
문학사의 수사학

1. 문학사와 수사학

기존에 서술된 문학사 저작에 대한 메타적 성격의 문학사론들은 대부분 해당 문학사에 구현된 민족정신이나 공동체의식에 초점을 맞추어 논의를 진행한다. 말하자면 정신사적 연구가 주류를 이루었다고 할 수 있는데, 이는 기존의 문학사론들이 소통의 측면에는 거의 관심을 보이지 않았다는 점을 드러낸다 하겠다. 이 점이라면 일반사론의 경우에도 사정은 크게 다르지 않은 것으로 알고 있다. 여기에는 과학으로서의 역사라는 인식이 크게 작용했다고 본다. 문학사에 구현된 정신이나 의식은 서술에 의해서 독자에게 전달된다. 전달의 측면에서 보았을 때 문학사의 사실이나 정신에 대한 서술은 전략적이며 수사적이다. 수사의 효과는 독자가 자연스러움과 그럴듯함의 환영을 갖게 하는 데 있다. 문학사가 수사적이라는 사실은 문학사가 실증주의에 기초하건 민족주의에 기초하건 어느 경우에나 해당된다.

문학사가 '있는 그대로의' 사실 제시나 과학의 논리적 절차에 의하여서만 문학사적 진실과 정보가 제공되는 것은 아니다. 그것들은 작가와 작품에 대한 논리적 설명과 함께 줄거리와 인물 그리고 배경, 즉 이야기에 실려 제시된다. 이때 제시 방법으로는 논증적 수사와 비유적 수사가 구사된다. 따라서 문학사는 문학작품의 수준은 아니지만 어느 정도는 나름의 문체적 특성을 지닌다. 이는 헴펠과 같은 논리실증주의자의 입장에서 보면 그것은 비논리적이어서 급기야 허위가 된다. 반대로 역사의 수사성을 옹호하는 쪽은 역사란 과학이라기보다는 예술이기 때문에 역사 서술에서 수사는 필수적으로 인정되고 장려된다.[1] 어떻든 역사에서 수사는 전달의 능력을 지닌 것이 명백하다. 따라서 그것은 역사의 내적이며 본질적인 특성이라고 인식하지 않을 수 없다.[2]

수사학은 기본적으로 각 학문 영역의 고유한 수사학적 장치와 체계를 인정한다. 이 입장에서 본다면 이상적인 문학사 서술방법이란 존재하지 않고, 오직 문학의 역사적 사실을 효과적으로 형상하고 전달할 수만 있다면 하나의 가능한 방법으로 받아들여야 한다. 문학사의 고유한 수사학적 장치와 체계는 궁극적으로 문학사에서 구사되는 인식의 특수성에서 비롯된다. 이 글은 따라서 먼저 문학사의 인식을 살펴본 다음, 그와 관련하여 문학사의 수사적 성격을 살펴보기로 한다.

---

1 H. 휴즈, 『과학과 예술로서의 역사』, 이순영 역, 풀빛, 1981, 81~100면 참조.

2 존 S. 넬슨 · 앨런 메길 · 도널드 N. 맥클로스키, 『인문과학의 수사학』, 박우수 · 양태종 외 역, 고려대 출판부, 2003, 307면.

2. 문학사의 인식

역사가 과학인가 예술인가 하는 오랜 논쟁[3]은 실은 역사인식의 이중성에서 비롯된다. 역사는 과거를 논리와 서사(혹은 형상)에 의하여 질서화하고 형식화한다. 전자는 추상적이며, 후자는 구체적이다. 역사학에 구체적인 경험이 여전히 개입한다는 것은 일반화를 추구하는 과학의 입장에서 보았을 때 역사가 비과학으로 비칠 수밖에 없다. 역사인식의 이중성은 특수문화사로서의 문학사의 경우에도 예외는 아니다.

문학사의 서술은 그것이 서술인 한 하나의 문장으로부터 출발한다. 이론상으로 보았을 때 개별 문장은 시간의 추이를 따라 축자적으로 쌓여 문학사 전체를 구성한다. 그러나 문학사는 대체로 시대구분에 의하여 구획되고 분절된 장과 장, 절과 절에 의하여 구조화된다. 그렇다면 문학사의 장과 장, 그리고 절과 절은 상호 구조적이고 연속적인 감각을 어떻게 만들어내는가? 이 점을 장의 구성과 절의 구성으로 나누어 살펴보자.[4]

문학사의 각 장들은 시대구분의 지표이다. 흔히 역사 서술은 시대구분 작업으로부터 시작되어 그것으로 끝난다고 할 만큼 핵심적인 것이다. 역사학은 일차적으로 인간의 행위나 사물들이 시간의 흐름에 따라 변화하는 양상을 연구하여야 하기 때문이다. 특수문화사로서의 문학사 또한 문학을 시간의 흐름 선상에 놓고 이해해 보고자 하는 분과학이다. 이런 까닭에 대부분의 문학사 저작들은 역사 서술 작업에 들어가기 전에 시대구분에 대하여 원론적인 이야기는 물론 실제 시대구분을

---

3 H. 휴즈, 앞의 책 참조.

4 문학사의 구조에 대한 관심은 김윤식의「국문학사의 방법론 · 문제점 및 업적비판의 연구」(『국어교육』 제4호, 한국언어교육연구회, 1962)에 처음 나타난다.

제시한다.[5] 시대를 구분하는 것은 물론 인식의 필요에 의해서이다. 끊임없이 흐르는 시간을 마디짓는다는 것은 시간을 일단 정지시켜 놓는 행위이다. 정지해 있다고 가정하지 않고는 인식할 수가 없는 것이다. 따라서 시대구분은 역사의 구성 원리로 작용한다고 할 수 있다.[6] 시대구분의 마디들은 변화 관념에 의해 전체적으로 연속감각을 불러일으키지만, 시대구분의 각 마디는 다른 마디와 일단 구별된다. 시대구분의 한 마디는 크게 보아 어떤 사건이 어떻게 시작해서 어떻게 진행되다가 어떻게 끝나는가를 보여준다. 즉, 한 시대에 대한 설명은, 아리스토텔레스식으로 표현한다면, 시작·중간·끝을 갖는 이야기 형식을 취한다. 이야기는 우리 인간이 사물을 이해하는 중요한 방식이다. 따라서 문학사에서 크게 구사되는 인식은 서사적 인식이라고 할 수 있다.[7]

문학사에서 시대구분에 의하여 마디지어진 각 장들은 이름을 갖는다. 그것은 다름 아닌 시대 이름이다. 시대 이름이란 사가에 의해 문학의 핵심적, 혹은 본질적 시대성으로 해석된 것이다. 시대를 구분하고 이름을 붙이는 것은 전적으로 문학사가의 사관에 기초한다. 시대 이름은 문학사의 시간적 순서만을 알려주거나 본질을 알려주거나 아니면 둘을 동시에 보여주는 방식을 취한다.

시간적 순서는 역사 삼분법이나 세기별, 왕조 중심의 시대구분이 주가 된다.[8] '상고문학, 중고문학, 근고문학, 근세문학, 최근문학'이라는 안자산의 구분은 역사 삼분법을 따른 것이며 전통적인 명명법을 따른 것이다. 왕조 중심은 흔히 '상고문학, 삼국시대 문학, 고려문학, 이조문

---

5 문학사 이론이 정식화되어 있지 않아 문학사들이 서론 부분에서 다루는 세목들은 상당히 다르다. 그런 가운데 다 같이 빠뜨리지 않고 다루는 항목은 시대구분이다.

6 임성운, 「문학사 기술방법 연구」, 동국대 박사논문, 1990, 72~86면 참조.

7 조너선 컬러, 이은경·임옥희 역, 『문학이론』, 동문선, 1999, 135~137면 참조.

8 시대 순서에 따른 문학사를 일별해 보면, 남한 문학사의 경우 왕조 중심이 우세하고, 북한 문학사의 경우에는 세기별 구분이 우세한 경향을 보인다.

학, 현대문학'(김사엽, 『개고 국문학사』, 정음사, 1953)[9]이라는 방식을 취하는데, 대체로는 이런 시대구분 이름을 취하는 문학사는 이른바 실증적 경향을 보이는 문학사이다. 세기별이나 왕조 중심의 순서 개념을 따르는 문학사의 시대 이름은 매우 전통이 강한 반면 비교적 단순하고 상투적이다. 이에 반해 본질을 드러내는 시대 이름을 따르는 역사 서술은 사가의 역사관에 따라 다양하게 붙여진다. 그 극단적인 한 예가 조윤제 박사의 시대명명법이다. '태동시대, 형성시대, 위축시대, 소생시대, 육성시대, 발전시대, 반성시대, 운동시대, 복귀시대'(조윤제, 『국문학사』, 동방문화사, 1949)라는 시대명명은 역사철학적이어서 본질 개념의 극단을 보인다고 할 수 있다.

마지막으로 순서와 본질을 동시에 보여주는 방식은 대체로 두 가지 방식을 취한다. 두 개념을 병렬하거나 어느 하나를 괄호로 처리하는 방식이다. 전자의 한 예로는 '기원전, 개척의 7세기, 감성주의 운문시대, 지성개발의 18세기, 암흑의 19세기, 서러움의 20세기 전반기'(여증동, 『한국문학사』, 형설출판사, 1973)를 들 수 있다. 후자의 한 예로는 '근대의식의 성장(1780~1880년에 이르는 영·정조시대), 계몽주의와 민족주의 시대(1880~1919년에 이르는, 개항에서 3·1운동에 이르는 시대), 개인과 민족의 발견(1919~1945년에 이르는 3·1운동 후에서부터 해방까지의 시대), 민족의 재편성과 국가의 발견(1945~1960년에 이르는 해방 후에서 4·19에 이르는 시대)'(김윤식·김현, 『한국문학사』, 민음사, 1973)[10]을 들 수 있다.

순서 개념을 취한 실증주의적 역사서술은 서술자의 관점을 배제하고 마치 시대 순서가 스스로 자신을 말하고 있는 것과 같은 방식을 취

---

9 김사엽 교수가 1948년에 출간한 『조선문학사』(정음사)에서는 '상고문학사, 중고문학사, 근세문학사'라 구분한 바 있다.

10 서론에서 시대구분론을 전개하면서는 예로 든 방식을 취하고 있으나, 목차와 본문에서는 본질개념만을 제시하고 있다.

하여 매우 전통적이고 객관적이라는 인상을 갖게 된다. 이에 비하여 본질을 드러내는 이름들을 따르는 문학사들은 역사가가 역사에 직접 개입하므로 독자는 역사가의 주관적인 해석의 목소리를 듣게 된다. 순서와 본질을 동시에 보여주는 방식은 아직은 절충적 수준에 머물고 있다.

그런데 각 장의 이름들은, 이론적인 수준에서 보면 가설에 해당한다. 실제 서술 작업은 가설에 대한 증명이라는 형태를 취하게 된다. 여기에는 여러 가지 서술과 수사의 전략이 구사된다. 문학사의 장들이 어떤 식의 이름을 붙이든 장을 구성하는 절들에 의해 이름의 타당성이 논증되어야 한다. 따라서 장들에 붙여진 시대구분의 이름과 각 절은 논증적 관계를 형성한다고 할 수 있다. 다시 말하면 문학사는 논리적 인식을 구사하는 것이다. 논증의 책무는 본질 개념을 따르는 문학사들의 경우가 더욱 막중하다 할 것이다. 왜 '위축의 시대'이고 '소생의 시대'인가?, 왜 '암흑의 19세기'이고 '서러움의 시대'인가?를 설명하려면 역사철학적이어야 하기 때문이다. 설명이 그럴듯할 때 독자(청중)는 동의하게 된다.

우리는 지금까지 시대구분에 의하여 마디지어진 문학사의 장 수준에서 구사되는 두 인식, 즉 서사적 인식과 논리적 인식을 살펴보았다. 그 양상은 서사적 인식이 논리적 인식을 감싸 안는 형태를 취한다.

그러면 장을 구성하는 절들은 또 어떻게 구성되는지 살펴보기로 한다. 역시 예를 먼저 들어보자. 다음은 김윤식 · 김현이 쓴 『한국문학사』의 「제2장 근대 의식의 성장」의 목차[11]이다.

제1절 가족 제도의 혼란
제2절 이념과 현실의 대결

---

11 김윤식 · 김현, 『한국문학사』, 민음사, 1973, 4면.

제3절 서민 계급의 대두

제4절 배반된 이상국가와 종교적 민족주의

제5절 「한중록」과 가족제도의 붕괴

제6절 『열하일기』와 닫힌 사회의 지식인

제7절 시의 기능과 형태의 파괴 과정

제8절 완결의 양식과 형성의 양식

제9절 자생적 예술과 그 양식

아홉 개의 각 절은 외견상 병렬되어 있는데, 다음 두 가지 점에서 전체적으로 연관되고 구조화된다. 하나는 각 절이 시대 이름으로 내세워진 '근대 의식의 성장'에 논의의 초점을 맞춤으로써 다른 절과 내적으로 연관된다는 점이다. 이때 모든 문학적 현상들은 '근대 의식의 성장'에 전적으로 수렴되어야 하므로 이에 미달되거나 관련성이 없는 문학적 현상들은 배제되고 은폐된다. 다른 하나는 전체의 절이 인과의 논리에 의해 배치됨으로써 하나의 장으로 구조화된다는 점이다. 아홉 개의 절은 문학 내적 사실과 외적 사실을 기준으로 하여 크게 두 부분으로 나뉘어진다. 1절~4절은 외적 사실을 논의한 것이며, 5절~9절은 내적 사실을 논의한 것이다. 이때 외적 사실, 즉 사회역사적 사실들이 원인으로, 내적 사실, 즉 문학적 현상이 결과로 제시되어 있다. 절들의 배치방식이 인과의 논리를 따르고 있는 것이다. 이 인과론은 각 절의 설명 논리로도 구사되고 있는데, 이 점은 각 절의 제목에 어느 정도 반영되어 있다. 예를 들면, '『열하일기』와 닫힌 사회의 지식인'이 그렇다. 인과론에 의한 문학사적 사실의 배치는 대부분의 문학사들이 서술방법으로 취하는 지배적인 서술방법이다.[12]

---

12 권영민의 『한국문학사』(민음사, 2002) 「제1장 한국 근대문학의 성립」은 세 절로 구성되

다음으로 문학사 기술의 실제 한 부분을 통하여 문학사의 인식을 살펴보자. 다음은 조윤제 박사가 기술한 『국문학사』의 일절이다.

① 정과정곡은 정과정 내시랑중 정서의 작인데, 정서가 인종에 총애를 받다가 의종이 즉위하자 그 고향 동래에 추방되었다. 그때 의종이 정서에게 말하기를 오늘은 조의(朝議)에 어떠케도 할 수 없어 이러케 되었으나 오래지 않어 마땅히 소환될 것이니 돌아가 있으라 하였는데도 불구하고 오래 기다렸으나 소명(召命)이 오지 않음으로 이 노래를 불렀다 하는데, 그 원작을 인용하면

② 내님믈 그리사*와 우니다니
산(山)졉동새난 이슷하요이다
아니시며 거츠르신달* 아으
잔월효성(殘月曉星)이 아라*시리이다
넉시라도 님은 한*데* 녀저라 아으
벼기더시니 뉘러시니잇가
과(過)도 허믈도 천만(千萬)업소이다
말*힛 마러신뎌 살*읏브뎌 아으
니미 나랄* 하*마 니저*시니잇가
아소 님하 도람드르샤 괴오쇼셔

③ 이와 같이 그 형식이 전체 십구체가로 되어 있다.

이것을 향가의 십구체와 비교하여 보면 향가의 십구체에 있어서는 전팔

어 있다. 1절에서 '국어국문운동과 근대문학의 성립'을, 2절은 '서사 양식의 확대와 분화'를, 그리고 3절에서는 '개화계몽 시대의 시가 문학'을 서술하는 것으로 짜여져 있는데, 구성 논리는 역시 인과론이다. 1절이 원인으로, 그리고 2·3절이 결과로 제시된다.

구(前八句) 후이구(後二句)로 분절되어 전절에 있어 대체로 의미의 일단락을 짓고, 후절에서 다시 총괄적으로 혹은 결론적으로 재창(再唱)하는 형식인데, 정과정곡의 후이구는 불분명하나마 곧 그 후절에 소당(所當)하는 듯이 보인다. 원래 향가의 후절이라는 것은 독립하야 자존할 수 있는 것이 아니고, 전절에 부속하여서만 의존할 수 있기 때문에, 전후 양절의 관계가 긴밀하여지면 하여질수록 그 지위가 위태하게 되어 잘못하면 전절에 병합되어 버리고 전후 양절에 분단되지 않은 단순한 십구체가의 시가가 성립될 수 있는 듯이 생각된다. 정과정곡은 곧 그러한 발달의 단계에 처한 시가라고 생각된다. 그러타면 신라계통의 시가는 후세에 많이 전하지는 않었지마는 역시 고려시대에까지 계승하여 얼마큼 발달한 듯이 보인다.[13]

①, ②, ③은 논의를 위하여 필자가 붙인 것이다. ①은 정서가 「정과정곡」을 지은 내력을 소개한 것이고, ②는 작품 원문을 제시한 것이며, ③은 작품의 형식과 구조, 그리고 그 영향관계를 설명한 것이다. 대부분의 문학사는 이처럼 작품의 창작동기와 작품 원문과 작품에 대한 해석을 제시하는 순서를 밟는다.

정서가 「정과정곡」을 지은 내력을 소개한 ①은 일정한 이야기 형태를 취하고 있다. 그 곡진한 사연의 진술은 사건에 관련된 인물들이 서로 대립 갈등하면서 사건을 만들어 내는 것으로 묘사하고 있다. 이처럼 누가, 언제, 어떻게 행위를 했다는 식의 진술은 서사적 인식에 기반한 것이다. 서사는 산만한 문학적 경험들을 총체적인 이해 가능한 형식으로 변형시킨 것이다. 그것은 일련의 사건에 형식과 질서를 부여함으로써 가능하게 된다.[14] 한편 「정과정곡」에 대한 설명이 발생론적이

13 조윤제, 『국문학사』, 동방문화사, 1949, 51~53면.

14 인간의 경험을 시간적 존재로서 이해하고자 할 때 서사적 인식은 필수적이다. 문학사에서 구사되는 서사는 어떤 특징을 지니는가? 서사(이야기)를 구성하는 핵심요소는 인

며 목적론적이기 때문에 인과론에 의한 논리적 인식 또한 동시에 구사되고 있다. 자료로 제시된 ②, 즉 「정과정곡」은 시문학이기 때문에 그 자체로는 형상적 인식에 기반한다. ②를 설명한 ③은 분석적 성격을 띠고 있다. 향가와 「정과정곡」의 형식 관계를 분석적으로 설명한 점, 그 영향관계에 대하여 인과론적으로 혹은 추론적으로 설명한 점 등은 기본적으로 과학적 논리에 기초한 것이다. 문학사 서술에서 시간의 연속성을 수립하기 위해서는 작가들이나 작품들의 영향관계에 대한 설명은 필수적이다. 이때 구사되는 인식은 인과의 논리를 따른다.[15]

물과 환경, 그리고 플롯 등이다. 인물과 환경이 존재적 요소라면, 플롯은 통시적 요소로서 작용한다.(나병철, 『소설의 이해』, 문예출판사, 1998, 197~201면 참조) 서사에 있어서 인물의 문제는 주체의 문제이다. 일반사의 주체가 의심 없이 인간인 데 반하여, 특수문화사로서의 문학사의 주체는 문학사관에 따라 달라진다. 정신사로서의 문학사를 지향한다면 사람이 주체가 될 것이지만, 양식사로서의 문학사를 지향할 경우에는 양식이 구현된 문학이 주체가 된다. 정신사로서의 문학사는 문학현상을 사회적 사건으로 인식하여 사건의 계기적 구조를 파악하고자 한다. 이러한 정신사는 어떤 특정의 사회나 사회제도에서 일어나는 일련의 사건을 다루는 일반사의 경우와 마찬가지로 실재적 역사의 환상을 불러일으킨다. 한편 양식사로서의 문학사는 문화양상을 통하여 연속성을 파악하고자 한다. 이때의 연속성은 실재로 존재하는 것이 아니라 문학사가가 정돈하고 질서화한 것이다.(모리스 만델보옴, 임희완 역, 『역사지식의 해부』, 집문당, 1987, 37면 참조) 즉 서사를 통한 형식화인 것이다. 물론 이 형식화에 의해서만이 문학사의 인식이 가능하게 된다.

15 논리적 인식(혹은 분석적 인식)은 연구 대상에 관한 정보를 이해하고자 할 때 구사한다. 연구 대상에 관한 정보를 구성하는 요인들로 관찰, 경험적 일반화, 이론, 가설 등이 있다. 그러나 과학이 지녀야 하는 이론적 규범에 비추어 볼 때 문학사 연구의 학문적 성격은 준이론(準理論 quasi-theories)적 수준에 머문다.

인문학의 일종인 문학사 연구의 이론에서는 일반성과 예측성을 분명하게 표현할 수 없다는 데 있다. 학문연구에 있어서 이론이 지니는 의의는 현실적 적합성을 가지고 어떤 현상을 체계적으로 설명해 주는 한편, 시간적 일반성을 가지고 미래를 예측하기까지 한다는 데 있다.(김광웅, 『방법론강의』, 박영사, 1997, 223면 참조) 이론은 체계적으로 정리된 명제(propositions)나 문장의 집합으로 표현된다. 그런데 문학사 연구의 이론에서는 연구 대상의 속성상 경험 내용을 과학에서처럼 이론적 수준으로 명쾌하게 일반화할 수 없다. 말하자면 이론이 경험적 일반화의 수준을 넘지 못하는 것이다. 따라서 문학사의 이론에는 일반성과 예측성을 명확하게 지닌 명제나 문장이 있을 수 없게 된다.

문학사를 서술할 경우 위에서 본 ①, ②, ③의 전개 방식은 한 작품에 대한 문학사의 설명의 기본 단위라고 할 수 있다. 이 기본 단위는, 확인한 바와 같이, 서사적 인식과 논리적 인식의 교차에 의해 이루어진다. 물론 교차 양상은 문학사가의 사관에 따라 다르게 나타난다.

그렇다면 문학사 서술은 왜 두 인식을 구사할 수밖에 없는가? 이 점을 과학의 이론적 규범 가운데 핵심을 이루는 개념과 가설의 수준에서 생각해보자.

학문연구에 있어서 개념의 기능 가운데 가장 중요한 점은 비가시적이고, 비감각적인 현상에 대한 이해가 가능하도록 해준다는 데 있다. 바꾸어 말하면 개념화는 현상에 가까이 가기 위한 과정인 것이다. 따라서 연구를 시작할 때 무엇이 문제인가를 알고, 그것을 풀어나가기 위해서는 문제를 구성하고 있는 기초 개념을 바르게 규정해야 한다. 또한 개념은 언어나 기호로 표시될 수 있기 때문에 지식의 축적 및 확장이 가능하도록 한다. 이때 개념은 확실한 이론적 준거에 입각할 때 과학성을 확보하게 된다. 따라서 훌륭한 이론을 형성하기 위해서는 적합한 개념이 필요하고, 반대로 적합한 개념에 이르기 위해서도 훌륭한 이론이 필요한 것이다.[16] 그런데 문학사 연구에 있어서 개념과 이론과의 관계는 과학의 그것에 비추어보았을 때 훨씬 느슨하다. 그 결과 개념들의 관계가 고립분산적이다. 반복하자면 개념들의 관계들을 규정하고 통제하는 이론이나 법칙이 분명하지 않기 때문이다. 따라서 문학사연구에서 구사되는 개념들이 그 나름의 의의를 지니고 있다면 이론적 수준에서가 아니라 상당히는 경험적 수준에서 가능하다고 할 수 있다. 이것이 과학으로서의 역사학이 어느 정도는 서사적 인식에 의존할 수밖에 없는 이유이다.

---

16 김광웅, 위의 책, 199~202면 참조.

다음 가설의 수준에서 문학사의 인식 문제를 살펴보자.

대부분의 역사학 개론서들은 역사연구를 위한 조사방법을 말하면서 학문 연구의 정보 구성요인들, 즉 관찰, 경험적 일반화, 이론, 가설 등의 문제들에 대하여 거의 논의하지 않는다. 그 가운데 특히 가설 문제는 다루지 않는다. 가설 문제가 논의되지 않으니 경험적 일반화의 문제 또한 다루어질 수 없게 된다. 관찰의 문제와 이론에 관한 문제는 역사연구방법에 관한 논의에서 뒤섞여 다루어지는 경향이 있다.[17] 가설이란 설명 변수들 간의 관계를 나타내거나 이론과 경험적 사실들과의 관계를 나타내 주는 것으로서 모든 지식을 상호연관시키는 역할을 하여 지식을 체계화하고 지식의 발전을 촉진시킨다.[18] 물론 가설은 추론에 기초한다. 그런데 이와 같은 추론적 절차가 역사연구에 있어서 전혀 쓰이지 않는 것은 아니다. 역사이론에서는 정식화하고 있지 않지만 실은 실제연구에 있어서는 암묵적으로 널리 사용되고 있는 실정이다. 이는 기본적으로 경험적 방법론에 기초한 역사학이 규범적 방법론을 항상 의식하고 있다는 사실을 의미한다.

지금까지 개념과 가설의 수준에서 문학사에서 논리적 인식과 서사적 인식이 동시에 구사되는 이유를 살펴보았다. 그러면 문학사에서 두 인식의 상호관계는 어떠한가? 그 상호관계의 양상을 단순화하면 다음 세 경우로 상정해 볼 수 있을 것이다. 서사적 인식이 우세한 문학사, 논리적 인식이 우세한 문학사, 그리고 두 인식이 균형을 이루는 문학사 등이다. 어느 경우에 있어서나 어느 하나가 우세할 뿐, 나머지 하나를 전적으로 배제하지는 않는다. 그런데 역사 서술에서 대체로는 서사적

---

17 관찰의 문제는 조사하고 설명하는 경험적 방법론(empirical methodology) 수준에서 논의되고, 이론의 문제는 표준을 설정해 주는 규범적 수준(normative methodology)에서 논의된다.

18 김광웅, 앞의 책, 208면.

인식이 우세할 수밖에 없다.[19] 이 점을 존 루이스 개디스는 설명과 일반화의 관계로 설명한다.

> 역사가가 이론의 효용성을 부정한다는 주장은 틀린 것이다. 이론은 궁극적으로 일반화이고, 일반화를 뺀다면 역사가는 아무 할 말이 없기 때문이다. 역사가가 쓰는 단어 자체가 복잡한 사실을 일반화하는 것이고—이를테면 과거, 현재, 미래—그런 단어 없이는 역사학을 하기 어려울 것이다. 그러나 역사가는 보통 자신들의 이야기 안에 자신들의 일반화를 묻어둔다. 과거의 과정이 어떻게 현재의 구조를 낳았는가를 보여주기 위한 노력의 발로로서, 역사가는 목적을 이루는 데 도움이 되는 그 어떤 이론이라도 수용하자는 입장이다. 과거는 무한대로 분할 가능하기 때문에, 설명을 시도하는 그 어떤 부분에서든 의미를 도출해내려면 이렇게 하는 수밖에 없다. 그러나 역사가에게 가장 중요한 과제는 설명이므로 그것에 일반화를 종속시킨다.[20]

---

19 그 구사 정도는 문학사와 일반사가 서로 다르다. 사람이 주체인 일반사는 서사성이 강한 반면, 문학이라는 특수문화를 대상으로는 하는 문학사는 상대적으로 논리성이 두드러진다. 그런데 문학사는 자주 의인법을 활용하여 문학적 사실을 서사화하고자 한다. 다음의 한 예를 보자.
"국문학이 바야흐로 형성하려 할 때에 대륙으로부터 大漢文化가 엄습하여 왔다. 벋어 날라던 국문학은 여기에 그만 힘을 쓰지 못하고 우그러 옴켜들고 말었으니 신라의 향가문학이 고려에 들어 와서 그 흔적을 감추게 되고, 정형시에까지 발달하였던 시가는 다시 유동하기 시작하였다. 이것은 우리들이 고려문학에서 맛본 쓰라린 경험이었다. 그러나 또 그러한 중압을 받어 가면서 경기체가가 성립되고 시조문학이 발생하고 설화문학이 어느 정도 진보한 것은 조선문학사의 그 끈기성을 말하는 듯도 하여 얼마끔 낙담할 것도 아니라는 교훈을 받은 것도 사실이다."(조윤제, 『국문학사』, 동국문화사, 1956, 186면)
윗글은 국문학과 한문학을 의인화하여 국문학의 역사적 경험을 이야기한다. 그것들이 서로 대립 갈등하면서 역사적 사건을 만들어 내는 것으로 묘사되고 있다. 이처럼 누가, 언제, 어떻게 행위를 했다는 식의 진술은 서사적 인식에 기반한 것이다. 서사를 통함으로써 산만한 문학적 경험들을 총체적인 안목에서 이해 가능한 형식으로 변형시킨다.

20 존 루이스 개디스, 강규형 옮김, 『역사의 풍경—역사가는 과거를 어떻게 그리는가』,

위에 언급된 '설명' 개념은 서사적 인식과 관련되며, '일반화' 개념은 논리적 인식에 관련됨은 물론이다. 개디스는, 역사학자가 보통 자신들의 이야기들 안에 일반화를 묻어두는 데 반해 사회과학자는 일반화 내에 이야기를 묻어두려 한다는 사실을 지적함으로써[21] 역사인식의 특수성을 강조한다. 조동일 교수가 『한국문학통사』(제4판)의 「문학사 이해의 새로운 관점」에서 '생극론의 관점'이라는 자신의 문학사관을 제시하면서 "입각점에 관해 관심을 환기하는 용어 사용은 되도록 삼가고 서술 내용 자체가 생극론이게 한다."[22]고 한 점 역시 문학사 서술시 이야기 안에 일반화를 묻어두는 역사학 일반의 방법을 실천하고 있다고 할 수 있다.

이야기 안에 일반화를 묻어둠으로써, 즉 서사적 인식 안에 논리적 인식을 포괄함으로써 두 인식의 결과 얻어진 지식은 하나의 문학사 안에서 조정되고 구조화된다. 이것은 지식 구성의 측면에서 논의한 것이지만, 이 사실은 담론의 효과 측면과 동시에 이루어진다고 보아야 한다. 지금까지 살펴본 문학사의 인식은 역사적 존재로서의 문학의 시간성에 대응하는 존재론적인 측면과 지식(담론)을 생산하는 구성적인 측면을 동시에 지닌다. 다시 말하면 서사적 인식과 논리적 인식에 의해 파악된 문학이라는 인간의 경험은 인간 경험 그 자체이면서 동시에 담론으로 이해되어야 한다. 이 때 담론은 다음에 보게 될 수사학의 문채(文彩)의 효과에 의해서 가능하게 된다.

에코 리브르, 2004, 99~100면 참조.

21 위의 책.

22 조동일, 『한국문학통사』 1권, 지식산업사, 2005(제4판), 49면.
신화비평과 구조주의를 토대로 하여 '형식'과 '구조'가 말하게 하고자 열망했던 김열규 교수의『한국문학사—그 형상과 해석』(탐구당, 1983)에서도 이야기는 전적으로 배제되어 있다고 할 수는 없다. 김교수의 문학사는 사회과학이 그러는 것처럼 일반화 안에 이야기를 묻어두고 있다고 해야 할 것이다.

3. 문학사의 수사학

수사적 표현으로 생각할 수 있는 글의 표현은 이루 헤아릴 수 없을 정도로 많다. 시대마다 서로 다른 문체적 코드와 장르마다 상정할 수 있는 수사적 표현을 고려한다면 확실한 수사 목록을 작성하기란 그렇게 쉬운 일만은 아니다.[23] 수사학의 범주를 어떻게 설정하느냐에 따라 수사적 표현 양상은 크게 달라진다. 고전 수사학은 규범과 일탈이라는 측면을 강조하여 이론을 정식화한 반면, 현대의 수사학은 설득과 납득이라는 측면을 강조하여 이론을 정립한다. 규범을 강조하는 고전 수사학은 대체로 문체론에 한정되며, 현대의 수사학은 그 범위가 훨씬 확장되어 문체론은 물론 논증이론까지를 포괄한다. 신수사학이라 불리는 현대의 수사학은 수사학과 논증, 수사학과 문체론, 수사학과 시학, 수사학과 문채(文彩, figure)[24] 연구 등 네 방향에서 연구가 진행되고 있다.[25] 현재로서 이것들은 분열 양상을 보인다.

수사학은 규범을 인정하지 않는 낭만주의적 사고에 의해 한때 고사지경에 이르렀는데, 현대에 와서 부활하게 된다. 현대의 수사학은 과학적 사고에 대하여 확신하는 쪽과 회의하는 쪽에서 동시에 발전시킨다. 전자는 주네트(G. Genette)와 야콥슨(R. Jakobson)에 의해 주도된다. 주네트는 문채의 수사학을 문학적 구조주의와 결부시켜 생각하고자 한다. 그가 보는 문채란 작품을 구성하는 문학적 형식들로서 표현을

---

23 김욱동, 『수사학이란 무엇인가』, 민음사, 2005, 46면 참조.

24 '무늬'라는 용어로 번역되기도 한다.(하인리히 F. 플렛, 『수사학과 텍스트 분석』, 양태종 역, 도서출판 동인, 2002)

25 박성창, 『수사학』, 문학과지성사, 2005, 173~198면 참조. 이하 현대수사학에 대한 설명 역시 이 부분을 참조한 것임.

지각하게 할 수 있는 외적 표지, 즉 담론의 형식을 말한다. 한편 야콥슨은 언어 영역에서 발견되는 은유와 환유의 이항대립이 언어나 문학의 경계를 뛰어넘어 다른 기호의 체계들이나 인간의 행위 전반으로까지 일반화가 가능하다고 본다. 두 사람 다 언어학과 구조주의에 크게 의존하고 있는데, 주네트의 수사학이 문체론에 한정되는 반면,[26] 야콥슨의 수사학은 시와 같은 전통적인 수사학의 대상은 물론 광고를 비롯한 모든 형태의 설득적 담론까지를 포괄한다.

한편 후자는 현대과학의 인식론적 지위에 대한 반성에서 수사학을 새롭게 파악한다. 페렐만(Ch. Perelman)은 과학적 사유는 토론과 논쟁의 여지가 있고 또 오류에 빠질 수 있는 인간적인 사유라는 인식에서 과학적 사유 자체를 수사적 논증으로 본다. 다시 말하면 과학적 사유란 서로 모순 상태에 놓여 있는 인간들이 합리적이고 보다 완벽한 체계를 만들어내려고 노력하는 과정에서 생겨난 수사적 논증의 한 양상인 것이다. 이것은 페렐만이 현대의 철학적 사유는 근본적이고 자명한 진리의 존재를 상정하고 추구했던 고전적인 형이상학의 태도로부터 벗어나야 한다고 인식한 결과이다.[27] 한편 그는 과학적 논증이란 전적으로 논리적인 논거들에만 의존하지 않는다고 주장하기에 이른다. 논증은 한편으로 논의와는 무관하게 청중들의 동의에 의존하는 측면이 있다고 보는 것이다. 이것은 수사학의 설득적인 측면을 강조한 것이다.

앞에서 현대의 수사학이 분열 양상을 보이고 있다고 했는데, 그것은 결국 근본적으로 과학에 대한 인식의 차이에서 기인한다. 과학에 대한 믿음에 기초한 수사학은 표면적인 표현기술만을 강조해 보는 경향이 있으며, 회의에서 출발하여 과학적 논증에 새로운 의미를 부여한 수사

---

26 주네트의 수사학은 수사학 일반이 중시하는 설득이라는 측면을 고려하지 않기 때문에 폐쇄적이라는 지적을 받는다.(위의 책, 193면)

27 위의 책, 184면 참조.

학은 논거발견술만을 다루는 경향을 보이고 표현술은 거의 취급하지 않는다.

이제 문학사 인식과 관련하여 수사학의 범주를 어떻게 설정해야 할 것인가 하는 문제를 논의해 보자. 문학사의 수사학은 문체론과 논증이론 가운데 어느 하나만을 선택해야 하는가, 아니면 양자를 서로 연결시켜야 하는가? 우리는 앞에서 문학사 인식을 논리적 인식과 서사적 인식(혹은 형상적 인식)으로 나누어 살펴보았다. 여기서 문학사의 인식에 문학사의 수사학을 거칠지만 곧바로 대응시켜볼 수 있다고 본다. 문학사의 논리적 인식에 의해 진술된 지식은 논증이론에 기초하고 있으며, 서사적 인식(혹은 형상적 인식)에 의해 진술된 지식은 문체론에 기초하고 있다는 점은 자명하다고 판단한다. 이제 문학사의 두 인식에 상응하여 문학사의 수사학으로 문체론과 논증이론 양자를 동시에 고려해야 한다. 여기서 특히 강조해 두어야 할 사항은 양자를 결합된 상태로 인식하여야 한다는 점이다. 문학사의 수사학을 병렬적으로 이해하는 것은 그것의 인식론적 지위를 무시해버리고 수사학의 가장 초보적 이해, 즉 장식적 수준으로 인식할 위험을 항상 안고 있다. 실제 문학사의 경우 두 인식의 결합의 정도가 가장 느슨한 문학사, 그래서 나태하다고 비난받고 비과학적이라고 비난받을 수 있는 문학사는 두 인식이 병렬적 수준에 머물러 있는 문학사라고 말할 수 있다.

그렇다면 문체론과 논증이론은 이상적인 수준에서 어떤 식으로 결합되어 있다고 이해해야 하는가? 다음과 같은 르불(Olivier Reboul)의 견해는 문학사의 수사학 범주를 설정하는 데 있어서 적절한 판단이라고 본다.

> 우리는 제3의 해결책을 택하고자 한다. 수사학의 본질을 문체도 논증도 아니고, 양자가 교차하는 명확한 지대에서 찾고자 한다. 다시 말하면 우리

> 의 관점에서는 논증을 문체에 결합시키는 담화는 어느 것이나 수사학에 속한다. 즉 남을 가르치고 감동시키고 즐겁게 하는 세 기능이 함께 존재하면서 각각의 기능이 다른 기능들에 의해 존재하는 담화, 논증에 의해 뒷받침되면서 즐거움과 감동을 통해 설득하는 담화는 어느 것이나 수사학에 속한다.[28]

르불은 문체와 논증 수사학 '양자가 교차하는 명확한 지대'를 문채 개념으로 표현한다. 문학사에서 구사되는 두 인식의 접합점이 문채에 의한 담론의 효과 수준에서 가능하게 된다는 것이다. 르불은 수사학적인 담화, 즉 설득을 지향하는 담화에서 문채가 아무런 동기 없는 장식에 그치는 경우는 드물다고 보며, 문채는 논거의 농축, '논거의 침전물'이라는 페렐만의 견해에 기꺼이 동조한다.[29] 이것은 수사학을 인식론적 차원으로 파악한 것이다.

수사학의 대상이 문채가 되어야 한다는 점은 주네트에 의해서도 강조된다. 주네트는, 논증이론까지를 포괄하여 수사학의 범주를 설정하는 르불과는 달리 문학의 문학성을 구명하는 것으로 제한한다.[30] 문학의 문학성은 작품을 구성하는 문학적 형식들을 구명함으로써 가능하게 되는데, 주네트는 그 형식들이 바로 문채라고 파악한다. 그에게 있어서 문채를 연구한다는 것은 텍스트를 연구하는 것이 된다. 그래서 새로운 수사학은 구조 시학으로 인식되기도 한다. 르불과 주네트는 철학적 기초를 서로 달리하여 수사학을 논의하고는 있지만, 다 같이 문채 그 자체를 담론이라고 인식한다. 이들은 수사학을 단순한 장식적 차원이 아니라 지식을 생산하는 인식틀로 파악한다. 이 정도로 확장된

---

28 올리비에 르불, 『수사학』, 박인철 역, 한길사, 1999, 49면.
29 위의 책.
30 박성창, 앞의 책, 189~193면.

현대의 수사학은 문체론 중심의 전통 수사학에서는 그 목록을 찾을 수가 없다. 이렇게 된 데는 진리와 언어의 관계를 새롭게 인식한 결과이다. 언어란 단순히 진리를 재현하거나 표상하는 수준에 머물지 않고 진리를 구성한다는 인식이 크게 작용한다.[31] 현대의 수사학은 그와 같은 언어 구성력에 주목한 것이다.

이상의 현대의 수사학론에 따르면 문학사의 수사학의 대상은 문학사의 문채가 된다. 문채란, 강조하면 '논증을 문체에 결합시키는 담론'(르불)이며, '작품(텍스트)을 구성하는 문학적 형식들'(주네트)이다. 이 문학사의 형식들에 의해서 문학사의 지식들이 구성되고 형성되는 것이다.

우리는 문학사 인식을 논의하는 자리에서 조윤제 박사의 「정과정곡」 해설을 본 바 있다. 작품의 창작동기와 작품 원문과 작품에 대한 해석을 제시하는 순서를 밟은 ①, ②, ③은 서사적 인식과 논리적 인식의 교차를 보이고 있다고 했다. 문학사가 두 인식을 구사할 수밖에 없는 이유를 과학의 이론적 규범 가운데 핵심을 이루는 개념과 가설의 수준에서 생각해보기도 했다. 역사(문학사)가 사회과학에 비해 개념과 가설에 철저치 못한 점을 이야기 안에 일반화를 담는 것으로 설명했다. 이야기 안에 일반화를 담아 ①, ②, ③이 자연스럽게 연속되고 있다는 감각을 만들어 내는 것은 실은 문채이다. 문채의 효과는 문학사가 하나의 담론[32]으로 기능하도록 한다.

이제 메타 차원의 문학사론에서 문학사의 수사학을 장식적 차원이 아니라 인식적 차원으로 파악하는 것은 기술된 문학사를 새롭게 볼 수 있는 길을 열어준다고 본다.[33] 언어의 구성력에 주목하는 문학사 수사

---

31 조지형, 「포스트모던 시대의 기호학적 역사학-화쟁기호학(和諍記號學)을 중심으로」, 김기봉 외, 『포스트모더니즘과 역사학』, 푸른역사, 2002, 131면.

32 이 경우 담론이란 고정된 체계가 아니라 대상을 형성시키는 실천을 의미한다.(사라 밀즈, 『담론』, 김부용 역, 인간사랑, 2001, 35면 참조)

학은 언어의 진리대응설이나 진리표상론에 얽매여 기존의 문학사를 비과학적이라거나 의사(擬似)과학적이라는 다소 소모적인 논쟁에 휘말리지는 않을 것이다. 새로운 문학사 수사학은 하나의 문학사가 무엇을 다루었느냐 보다 어떻게 지식을 구성하고 있는가에 관심을 가진다. 안자산의 『조선문학사』(1922) 이래 서술된 기존의 많은 문학사들은 자기 시대의 수사적 코드를 통하여 문학사라는 담론을 구성하였다. 언어적 구성물인 문학사 담론은 역사가의 인식론, 방법론, 그리고 이데올로기적 입장에 따라 달라져 왔다. 문학사의 수사학은 그 코드를 읽어내야 한다.[34]

문학사의 수사학에 관한 이상의 논의를 간단히 요약하면 다음과 같다.

문학사는 자체의 학문적 성격으로 말미암아 논리적 인식과 서사적 인식을 동시에 구사한다. 구사하는 양상은 사회학과는 달리, 크게 보아 일반사와 마찬가지로 서사적 인식 안에 논리적 인식을 묻어두는 형식이다. 즉 이야기 안에 일반화를 묻어두는 형식이다. 문학사 인식에 상응하는 수사학을 문체론과 논증이론으로 나눌 수 있다. 서사적 인식에 문체 수사학이, 논리적 인식에 논증 수사학이 상응한다. 둘은 이상적인 수준에서 문학사의 문채(文彩, figure)를 형성한다. 문체론 중심의 전통적인 수사학과는 달리 논증이론까지를 포괄하여 수사학을 넓게

---

33 헤이든 화이트(Hayden White)는 역사 기술에 있어서 언어의 수사적 특성을 강조함으로써 역사학을 일종의 서사론, 혹은 시학으로 파악한다.(헤이든 화이트, 『19세기 유럽의 역사적 상상력－메타 역사』, 천형균 역, 문학과지성사, 1991)

34 여기서 학문사로서 문학사기술사(혹은 문학사학사)의 성립 가능성을 제기해 볼 수 있다.(임성운, 앞의 논문, 183~190면 참조.)
이 글이 아직 하지 못한 일은 크게 두 가지다. 첫째는 문체수사학과 논증수사학의 갈래에 대한 논의다. 둘째는 문채에 배어 있는 문학사가의 목소리와 독자[청중]와의 상관성을 따져보는 일이다. 문학사의 실제 수사학 양상을 검토하기 위해서는 먼저 이루어져야 할 일이라고 본다.

보는 것은, 수사학이 시대성을 지니는 것으로 오늘날은 범수사학적 관념을 받아들이는 추세라는 견지에서였다.

전통적인 문학사 독해는 쓰여진 문학사가 무엇을 담고 있느냐에 주목한 나머지, 문학사의 잘잘못만을 따지는 경향이 우세하였다. 이와는 달리 수사학적 독해는 문학사에 무엇이 담겨 있느냐보다 무엇이 어떻게 구성되는가에 주목한다. 나아가 수사학적 독해는 문학사가가 어떤 전략과 수사로 독자(혹은 청중)를 설득시키는가에 주목한다.

제2부_문학사 인식의 쟁점

여기서 쟁점이란 지금까지 논리 전개상 다룰 수 없었거나 부분적으로만 다룬 것 가운데 문제로 부각시켜 볼 만한 것들이다. 이 가운데는 기존 한국문학사론에서 쟁점으로 거론된 것도 있으며, 새로운 쟁점으로 부각시켜 볼 만한 것들도 있을 것이다.

다루게 될 쟁점들은 다음과 같다.

첫째, 문학사 기술은 가능한가.

둘째, 문학사는 과학인가 예술인가.

셋째, 학문사로서 '문학사학사(文學史學史)'의 체계화 문제 등이다.

이것들은 그간 문학사 연구가들에 의해 끊임없이 쟁점화된 것들이다. 쟁점화의 근본적인 이유는 명백하다. 즉, 그것은 우선 문학사를 인식할 경우 그 인식의 기초를 이루기 때문에 기본적으로 고려하지 않으면 안 될 사항들이라는 데 있으며, 나아가서는 그 사항들을 바라보는 관점의 상이(相異)에 있는 것이다. 우리가 새로이 장을 마련하여 쟁점들을 검토해야 하는 까닭도 바로 여기에 있다. 기본적인 쟁점 사항들을 항상 유념하고 숙고하는 일은 문학사에 대한 인식—현재로서 일반적으로 인정받는 일정한 절차가 없는—이 탄력성을 잃지 않는 길일 것이다.

그런데 위에 든 세 가지 사항들만이 문학사 인식에 있어서 기본적인 쟁점사항이라고 할 수는 없을 것이다. 관점을 달리 함에 따라 이 외에도 얼마든지 있을 수 있으며 다른 명제로도 제기될 수 있을 것이다. 여기서는 제1부의 2장 '문학사 기술방법의 구성적 이념'과 관련하여 쟁점 사항들을 검토하고자 한다.

첫 번째 쟁점은 문학사의 독립성 문제를 따지는 것이 되기 때문에 지향 원리 개념을 어떻게 응용할 것인가와 관련된다.

두 번째 쟁점, 즉 문학사 기술이 과학이 되느냐 예술이 되느냐 하는 점은 설명으로 구체화되기 때문에 설명 원리와 관련된다.

세 번째 쟁점은 상존했던 쟁점이라기보다는 새로운 논쟁을 촉발시킬 수 있는 사항으로 이해되어야 한다. 필자가 판단하기에 '문학사학사'의 체계화는 필요한 작업인데, 이것은 궁극적으로 문학사관의 역사성을 따져 보는 문제와 관련된다고 판단한다.

위에 든 쟁점들은 지금까지의 작업에서 직접적으로든 간접적으로든 얼마간씩 언급된 것들이다. 앞으로의 논의에서 지금까지의 논의가 부분적으로 다시 언급되는 경우도 있을 것이다.

제1장
문학사 기술의 가능성

모든 것은 시간 속으로 사라진다. 이미 사라진 것들을 역사적으로 이해한다는 것은 일종의 지적 행위이다. 현실적으로 경험할 수 있는 것이 아니다. 사라진 것 가운데 기억되는—혹은 그럴 만한 가치가 있는—것만이 역사라는 이름으로 기록되고 다시 되살아난다. 그러나 유일하게도 문학예술작품—물론 다른 예술작품까지 포함해서—은 과거의 것이면서 현재에도 살아 있다. 다만 있는 것이 아니라 다른 작품들과 관계를 형성하면서 현재에 동참한다. 이와 같이 존재하는 문학작품들을 역사적으로 이해한다는 것이 가능한가? 이 질문은 해묵은 질문이요, 또 해결의 끝을 볼 수 없는 질문이다. 그러나 따지고 보면 이것은 문학사 기술방법론에서 가장 핵심적인 사항이어서 지루하지만 계속 묻지 않으면 안 된다.

문학사 기술의 가능성 여부에 대한 논의는 무엇보다 문학의 연속성(continuity) 문제에 집중된다. 어떤 역사이건 그것이 역사이기 위해서는 연속성을 구성 원리로 삼아야 하는데, 이 연속성은 과거성과 계기성에 의해 그 구체성을 확보해야 한다. 그런데 문학사의 연속성 인식은 예외적으로 문학의 현재성까지를 포함해야 온전한 것이 된다. 그래서, 앞으로 살펴보겠지만, 문학사 기술의 가능성 여부에 대한 논란은 총체적으로 문학사의 과거성과 현재성을 어떻게 인식하여 문학사의 연속성을 구성해 내느냐 하는 문제로부터 시작된다.

문학사 기술의 가능성 여부에 대한 논의는 실증주의적 문학사 기술방법이 왕성했던 19세기에 실증주의자들에 의해 실증주의적 문학사 기술방법 자체에 대한 반성으로부터 제기된다. 랑송은 자연과학 방법에서 유추된 유기체적 설명 모형으로 문학사의 과거성을 파악하는 브륀띠에르와 같은 이론가들에게 이의를 제기한다.[1] 그 설명 모형의 결정적인 결함은 개별적인 문학적 사실들을—자연과학이나 역사학이 하는 방식으로—일반화시켜 버리는 데 있다고 본 것이다. 랑송은, 대상의 특수성은 방법의 특수성을 요구한다는 사실에 주목한다. 그는 일반 역사가 보편성을 추구하는 반면에 문학사는 특수성을 추구하는 것으로 이해될 것을 강조한다. 그러나 문학사 연구도 학문인바에는 보편성과 객관성을 전적으로 배제할 수 없기 때문에 다음과 같이 문학사는 기술되어야 한다고 주장한다. "우리는 한편 개체성(個體性)을 추출하고 그것의 독창적이고 그 무엇으로도 바꿀 수 없는 요지부동한 변모를 표시하고 다른 한편 걸작품을 그 계열 속에 위치시키며 천재적인 그 인간을 환경의 산물, 집단의 대표로서 부각되도록 하는 서로 상반된 두

1 G. Lanson, 「문학사의 방법론」, 김화영 역, 김현 · 김주연 편, 『문학이란 무엇인가』 문학과 지성사, 1976, 119면 참조.

가지 방향으로 연구를 추진해야 한다."[2] 말하자면 특수성을 보편성 속에 압축해야만이 문학사는 가능하다는 것이다. 당시로서는 새로운 제안이기는 하였으나 그의 문학관은 문학의 역사성과 실체론적·절대주의적 관념에 편향되어 있었기 때문에 방법 면에 있어서 여전히 일반역사 방법의 영향권에서 크게 벗어나지는 못하고 있다. 문학사 기술방법론의 역사에 있어서 랑송의 공적은 무엇보다 '대표성' 개념을 사용하여 문학사의 계기성을 파악했다는 점이다. 그러나 여기에는 문학사의 연속성 가운데 문학의 현재성을 어떻게 파악해야 하는가 하는 문제는 여전히 미결인 채로 남아 있다.

한편 거의 같은 시기에 스트리취(F. Strich)와 같은 이론가는 딜타이의 생철학적 역사 이론의 기초 위에서 문학의 역사성을 이해하고자 한다. 본디 역사성(Geschichtlichkeit)은 딜타이의 해석학에 있어서 핵심적인 개념 가운데 하나이다. 딜타이는 인간의 본성은 인간의 삶이 전개된 역사의 과정을 이해함으로써 파악되는 것이며, 또한 인간의 본성은 고정되어 있는 것이 아니라 역사의 과정에서 인간 스스로에 의해 창조된다고 본다.[3] 이와 같은 문맥에서 스트리취는 문학을 인간 본성의 구체적인 구현체로 인식한다. 따라서 문학의 이해란 본질적으로 역사적이어야 한다.[4] 그는 문학사의 과제를 "정신의 영속성(Dauer)과 변화성(Wechsel), 다시 말하면 변화 속의 영속성과 영속 속에서의 변화를 파악하는 일"[5] 이라고 규정한다.

문학의 이해는 문학의 역사적 이해를 본질적으로 수반하지 않으면

2 위의 글, 120~121면.

3 이한구, 『역사주의와 역사철학』, 문학과지성사, 1986, 291면.

4 D. C. Hoy, 이경순 역, 『해석학과 문학비평 : 비평적 순환의 고찰』, 문학과지성사, 1988, 172면.

5 고위공, 『해석학과 문예학』, 서린문화사, 1983, 59면에서 재인용.

안 된다는 주장은 문학의 과거성과 현재성이 벌이는 갈등을 일거에 해결해 보인 듯하지만, 그 객관성을 확보하기가 어렵다는 데 문제점을 안고 있다. 해석학이 주장하는 정신이란 객관적인 정신인바, 이것은 역사세계 전체를 의미하기도 하고, 때로는 한 시대의 정신이나 한 사회의 특수한 문화 전통을 의미하기도 함으로써 이해의 객관성을 보장하기 위한 근거로는 너무나 상대적인 개념이다.[6] 민족문학사와 같은 정신사적 문학사가 해석학에 토대를 두고서 구성되기는 하지만 문학의 형식미를 구명하는 데는 스스로 한계를 드러낸다.

실증주의적 문학사 기술방법이나 정신사적 문학사 기술방법이 더 이상 진척을 보지 못할 때, 문학의 현재성이나 자율성에 주목한 일단의 이론가들은 문학사 기술의 가능성을 처음부터 부정해 버린다. 이에는 커(Ker)나 엘리어트가 대표적이다. 그들은 문학의 현재성 혹은 자율성에 크게 주목한다. 문학을 축적이라고 강조한 엘리스는 두 가지 이유에서 문학사 기술은 불가능하다고 단정해 버린다.[7] 첫째, 문학의 과거성은 사회적 결정의 변화에 의해 가능하지만, 우리들은 그 결과들을 일반화할 수 있는 어떤 틀도 소유하고 있지 않다. 둘째, 문학에 있어서는 어떠한 발전도 있을 수 없으므로 역사적 계기성이 있을 수 없다. 전자는 방법의 측면에서, 그리고 후자는 대상의 측면에서 문학사 기술의 어려움을 피력하고 있는데, 어느 경우나 역사인식 단위로서의 연속성 문제에 깊은 회의를 드러내고 있다.

그러나 문학은 그 자율성으로 인하여 현재에 존재하기도 하지만, 역사적 산물로서 역사성을 아울러 지니는 것도 분명하다. 그래서 문학의 과거성을 인정한다 하더라도 문학에 있어서 역사적 계기성이 여전히

---

6 이한구, 앞의 책, 291면.

7 J. M. Ellis, 이승훈 역, 『문학의 이론』, 대방출판사, 1982, 199~202면.

문제로 남는다. 어떤 역사서술이 되었든 역사적 계기성이 부재된 역사서술은 상상하기 어렵다.

일반사에서의 역사적 계기성은 '발전' 개념을 기초로 해서 파악된다. 발전은 특수한 시간과 공간에서 발생한 것이 다음에 발생한 것을 어떻게 유도했는가에 의해 유추된다. 따라서 '발전' 개념을 토대로 한 역사적 계기성은 새로운 사건—그 가운데서도 중요하고도 가치 있는—에 의해 파악이 가능하다. 그러나 우리가 이미 본 바와 같이, 과거의 문학작품은 역사 속으로 사라지지 않고 새로운 작품들과 새로운 관계를 형성하면서 새로운 시대에 역동적으로 참여한다. 즉, 새로운 시대에 축적된다. 이와 같이 존재하는 문학의 역사에서 '발전' 개념을 토대로 한 역사적 계기성을 인정하기란 어려운 일이다.

문학사의 현재성에 주목한 주장이 설득력을 얻게 되자 금세기 들어 문학사 기술 자체가 급격히 줄어들었다. 그러나 지금까지의 논쟁은 그것이 과거성을 강조했건 현재성을 강조했건 실체론적 전통 내에서의 논란이라는 점에서는 공통된다. 말하자면 양자가 다 같이 실재로서의 문학사 관념에 기초를 두고 있었던 것이다.

문학사의 과거성과 현재성이 화해할 수 없는 것처럼 인식되고 또 그로 말미암아 문학사 논의가 지지부진한 지점에서 웰렉은 다음과 같은 두 가지 사실을 들어 문학사의 가능성을 조심스럽게 피력한다. 첫째로 그는 문학의 과거성과 현재성을 동시에 인식하는 방법으로 이른바 투시주의적 방법(perspectivism)을 제안한다. 둘째로 문학사 기술방법을 작업가설로 운용할 것을 강조한다.

그는 문학의 존재 방식과 문학사가의 임무에 대해서 다음과 같이 언급한다.

> 개개의 예술작품은 역사를 스쳐오는 동안에 변화하지 않고 실질적으로 일치하고 있는 것을 가지고 있다. 그러나 이 구조는 역학적이다. 그것은

독자, 비평가, 동료예술가의 마음 속을 스쳐가는 도중에 역사의 과정을 통해서 변화하고 있는 것이다. 해설 · 비평 · 감상이라고 하는 과정이 완전히 중단된 예는 아직껏 한 번도 없었던 것이다. 그리고 적어도 문화의 전통의 완전한 중단이 일어나지 않는 한, 그것은 무한히 계속될 가능성이 있는 것이다. 문학사가의 임무의 하나는 그 과정을 기술하는 것이다. 또 하나의 임무는 비교적 작은 그룹과 큰 그룹에 배분된 예술작품의 발달을, 공통의 작가적 소질, 장르, 양식상의 형(型) 혹은 언어적 전통에 따라, 그리고 최후에는 보편적인 문학의 도식(scheme)의 내부에서 추구하는 것이다.[8]

문학작품의 역동적인 과정이란, 문학이 변하기는 하되 일회적인 역사적 사건처럼 한번 발생했다가 역사 속으로 완전히 사라지는 것이 아니라 새로운 시대에 출현한 새로운 작품들과 새로운 관계를 형성하기 위해 끊임없이 변화하면서 존재함을 의미한다. 웰렉은 이 관계를 체계 개념으로 인식해야 한다고 한다. 그는 일련의 체계가 드러내는 역사성과 현재성을 전체적으로 조망할 수 있는 방법으로 투시주의를 제안한 것이다. 문학의 역동성—과거성과 현재성을 포괄하는—에 토대를 둔 이 제안은 본디 정신사적 방법의 유산이라고 할 수가 있다.

이와 같이 대상을 역동적으로 인식하고, 방법을 작업가설로 인식한 웰렉의 이론에는 전통적인 두 방법—실증주의적 방법과 정신사적 방법—을 절충해 보려는 의도가 있었던 듯하다.

오늘날 문학사 기술의 가능성에 대한 논의는 긍정과 부정으로 양극화되어 있다고 해야 할 것이다. 가능성을 주장한 이론들 자체도 매우 다양하다. 실증주의적 문학사 방법을 그대로 묵수하여 결과적으로 문학사가 일종의 문명사가 되도록 하는 이론가들이 있는가 하면 작가 ·

---

8 R. Wellek and A. Warren, 백철 · 김병철 공역, 『문학의 이론』, 신구문화사, 1959, 352~353면.

작품에만 주목한 전통적인 문학사 방법과는 달리 독자의 수용 측면에 주목하여 새로운 문학사(New Literary History)를 주창한 이론들까지 실로 다양하기 이를 데 없다. 문학사의 다양성은 간단히 말한다면, 개별 문학사들이 문학의 과거성과 현재성을 각기 다르게 인식한 데서 비롯된다. 그러면 역사주의적 방법, 형식사적 방법, 그리고 해석학적 방법이 각기 문학의 과거성과 현재성을 어떻게 인식하고 있는가를 살펴보자.

문학 비평의 입장에서 새로운 역사주의를 추구하고 있는 모리스(W. Morris)는 역사주의[9]를 형이상학적 역사주의(metaphysical historicism), 자연주의적 역사주의(naturalistic historicism), 민족주의적 역사주의(nationalistic historicism), 그리고 심미적 역사주의(aesthetic historicism) 등 네 가지 유형으로 분류하고 나서, 이 가운데 문학사 기술방법으로 가장 유용한 방법은 심미적 역사주의라고 말한다. 그에 따르면, 미학적 역사주의를 제외한 다른 전통적인 역사주의들은 역사적 상대주의(historical relativism)나 주관주의(subjectivism)로 향하는 성향 때문에 어려움을 겪고 있을 뿐만 아니라, 의미와 가치를 개별적인 표현이나 사건 속에서 찾지 않고 역사적이거나 문화적인 과정 즉 외적 과정 속에서 찾고 있기 때문에 문제를 안고 있다. 이에 반해 심미적 역사주의는 역사가 자신의 창조적 행위를 강조하는 입장이다. 여기에는 역사의 이야기를 구성하는 역사적 상상력(historical imagination)이 중심 개념으로 등장한다. 역사적 상상력은 역사가와 소설가에게 동일하게 작용하며, 역사적 상상력에 의한 역사적 의미의 구성은 전적으로 역사가의 현재의 관점에서 이루어진다. 이때 문학작품은 심미적 감수성(aesthetic sense)에 의해 작품과 현실을 구별하지 않을 뿐만 아니라 방법으로서의 역사주의를 어떤 생명력 있는 요소로 만들게 된다. 전통적인 역사주의를 반대하고 나선 심미적 역사주의

9 이한구, 앞의 책, 15면 참조.

는 문학의 현재성을 중시한 결과 역사를 문학작품으로 만들 소지가 있으며 그만큼 역사를 왜곡시킬 우려가 다분히 있다 하겠다. 심미적 역사주의는 문학사가 일종의 정신사가 되도록 한다. 이로 보면, 심미적 역사주의를 옹호하고 있는 모리스의 입장은 크게 보아 역사란 현재의 역사이며 상상력의 역사라는 크로체적 전통 내에 놓여 있다. 그러나 여기서 주목해야 할 것은 모리스가 전통적인 관념론자들과는 달리 문학사에서 구사되는 역사주의를 진리발견의 방법으로 인식하고 있는 점이다.

이와는 달리 하르트만(Geoffrey H. Hartmann)은 문학사는 형식사라는 전제 하에 기존 문학연구 방법론들을 형식론적 관점에서 이해한다.[10] 그가 든 형식론들은 마르크스주의 문학론의 형식관, 프라이(Northrop Frye)류의 원형비평에 있어서의 형식관, 레비 스트로스(Lévi-Strauss)류의 형식관, 리차즈(I. A. Richards)와 뉴크리티시즘(New Criticism)류의 형식관 등이다.

하르트만에 의하면 마르크스주의 문학론의 형식관에서는 형식을 창의적 형식(authenticities)과 순수한 형식(purity), 즉 원초적이고 기본적인 형식으로 나눈다. 이 가운데 마르크주의 문학론은 민중이 즐길 수 있는 보편적인 형식인 후자를 지향하는데, 여기에 나타난 것은 극단적인 역사주의 비평의식이다. 프라이류의 원형 비평에 있어서의 형식관은 신화구조와 각개 작품들 사이의 유사성을 형식으로 인식하고서 이 형식 속에 역사주의의 필연성이 존재한다고 주장한다. 그것은 각 시대의 문화나 작품은 원시 신화의 환치(displacement of myth)이며 또 집단의 소산이기 때문이다. 레비 스트로스류의 형식관이나 리차즈와 뉴크리티시즘류의 형식관에 드러난 형식의 개념은 기능주의적이다. 신화나 작품의 형식들은 사회제도상의 문제해결 형식(problem solving form)이거나 긴장된 삶을 푸는 어떤 원리로 인식하고 있기 때문이다. 따라서 문

---

10 오세영, 『문학연구 방법론』, 이우출판사, 1988, 27~29면 참조.

학의 구조나 형식에 대한 설명은 당연히 사회 역사성의 반영을 전제하거나 직접적으로 언급하지 않을 수 없게 된다.

하르트만은 각 이론들에 드러난 형식관을 제각기 역사인식의 수단과 문학사 기술의 준거가 된다고 본 것이다. 그에게 있어서 방법은 이념의 형식을 이해하는 것이며 동시에 형식화하는 것이다. 따라서 역사의 형식을 이해하는 데 있어서 모든 방법은 그 나름의 타당성을 지니고 있는 것으로 이해된다. 이때 모든 방법은 상대적인 위치에 서게 되며 역사 이해의 서로 다른 패러다임으로 인정된다. 하르트만 역시 문학사를 방법의 개념으로 이해한 것이다. 그러나 그는 기존 형식론들을 검토하는 데서 드러난 바와 같이 형식을 사물화함으로써 형식의 현재성에는 무관심하다.

한편 해석학적 방법을 추구한 이론가들은 독자의 이해의 측면에서 문학의 과거성과 현재성을 역동성이라는 이름으로 동시에 이해해 보고자 한다. 문학작품이 과거에도 있으며 현재에도 있을 수 있는 역동성은 작품구조가 독자들에게 개방적이라는 데 있다.

누구나 작품과 의사소통할 수 있고 그 메시지를 자신의 시대와 자신의 세계관 및 개성과 조정시킬 수 있으며, 누구나 여러 방식으로 이를 행할 수 있다는 의미에서 개방적이다. 그래서 예술작품이란 초문화적으로 타당성을 갖는 자기 설명적 전체라고 말할 수 있는데, 여기서 '자기 설명적 전체'란 문학작품은 오직 그 자체 내에서만 이해가 가능한 집약적 총체라는 것을 의미한다. 다시 말하면 예술작품은 이 세상에서 유일하게도 원인 그 자체(causa sui)이며 그 자체의 시공을 갖는다.[11] 예술작품은 이와 같은 특성으로 하여 초시간적으로 타당성을 지니게 된다. 그런데 초시간적 존재에 대한 이해는 해석자의 수용에 의해서만

---

11 A. Heller, 강성호 역, 『역사의 이론』, 문예출판사, 1988, 211면.

가능하다.

> 초시간적 존재는 수용 속에서, 즉 수용을 통하여 현세화된 존재를 의미한다. 작품이 반복 속에서 현세화되지 않는다면 결코 초시간적일 수 없고 시간 속에 〈머물 것이다〉. 〈시간 속에 머문다는 것〉은 결코 자기설명적인 존재가 아니고, 설명(협의에서—해석을 제외한. 필자 주) 되어져야 하는 존재이다.[12]

모든 것의 이해는 시간 안에서 이루어진다. 그러므로 예술작품을 역사적으로 이해한다는 것도 초시간적 존재를 시간 속에 머물게 하는 것이다. 그러나 이러한 이해는 일회적인 역사적 사건에서와는 달리 예술작품이 초시간적 존재이므로 반복될 수밖에 없다. 이 반복이 문학작품의 역사적 역동성을 가능하게 한다. 그리고 역사적 반복에 의해 문학작품의 이해는 증대된다. 이때 문학사는 문학적 현상들의 증대하는 가치에 대한 '이해'의 역사가 된다. 그래서 독자는 문학사를 형성하는 원동력이 된다.[13] 문학사는 "작품과 독자 간의 대화의 역사"이다. 문학사 연구는 수용과 영향을 기록해야 한다. 수용사는 독자들의 기대지평을 재구성함으로써 문학 텍스트가 시대적으로 구체화되어 온 수용상을 그릴 수 있게 된다. 이렇게 함으로써 문학의 역사성과 내재성에 대한 인식이 가능함으로써 그 문학사는 진정한 문학사가 된다. 야우스로 대표되는 수용미학자들은 문학의 역동적 변화에 주목하여 해석의 영향사를 내세우고, 정전의 조절과 발굴을 주장하지만, 그러한 결과를 일반화할 수 있는 실제적인 틀을 제시하지는 못하고 있다.

결국 문학사 기술의 가능성 여부는 이상적으로 말해서, 문학의 역사

---

12 위의 책.

13 이하 독자와 문학사의 관계는 차봉희 편저, 『수용미학』, 문학과지성사, 1985, 28~37면을 참조함.

성과 현재성을 통합적으로 구명하는 이론틀을 구성하는 데 달려 있다고 할 수 있다.

제2장
문학사는 과학인가 예술인가?

문학사 기술이 가능하다면 그것은 과학이어야 하는가 예술이어야 하는가. 일반 역사학계에서는 벌써부터 있어 온 질문이지만 문학연구 분야에서 논의가 쟁점화되어 본 적은 없다. 그렇다고 이와 관련된 논의가 전혀 없었던 바는 아니다. 문학사의 설명 구조는 어떠해야 하며, 따라서 문학사 서술의 문체는 어떠해야 하는가, 문학사의 사실판단과 가치판단은 어떤 관계에 있으며, 따라서 문학사가는 역사가인가 비평가인가 하는 등등의 문제들은 이 문제와 관련된다. 문학사는 과학인가 예술인가를 적극적으로 쟁점화시켜 볼 문제라고 판단한다.

예술이어야 한다는 쪽으로부터 논의를 펼쳐 보자.

"역사의 불변의 본질은 〈이야기〉"에 있으며 "역사라는 예술은 항상 설화의 예술로 남아 있어야 한다"고 한다면,[1] 문학사도 역사인 한 예술이 될 것이며, 그 설명 형식은 설화, 즉 이야기가 되어야 할 것이다. 또한 문학사가 예술이어야 한다면 그 설명 형식은 설화체이어야 한다. 하나의 설화, 즉 이야기가 구성되기 위해서는, 두루 아는 바와 같이, 화자·시간·인물·줄거리 등을 그 구성 요소로 삼아야 한다. 그러나 이 가운데 문학사 기술에서 명백한 것은 오직 화자뿐이다. 화자라고 하면 문학사가이다. 나머지 것들은 일반사나 문학사에서처럼 그렇게 쉽게 납득될 수 있는 성질의 것들이 아니다. 시간이나 줄거리는 문학사가가 문학상의 변화나 영향관계라는 관념을 토대로 해서 추상화낸 것에 불과하다. 보다 문제적인 것은 인물이다. 일반역사는 인간의 삶을 대상으로 하기 때문에 일차적인 대상이 인물이 된다. 그러나 문학사는 인간 행위의 결과물인 문학작품을 일차적인 대상으로 삼는다. 다시 말하면 문학사의 구성요소로서 인물이 문학작품에 우선하지는 않는다.

그런데도 우리는 문학사 저작에서 일정한 줄거리를 만나게 된다. 줄거리(plot) 개념은 위에서 본 바와 같이, 화자(narrator)·시간·인물 등의 개념과 함께 서사문학을 구성하는 단위이다. 역사를 예술로서 인식하는 역사가들은 역사서술의 형태가 서사문학처럼 설화적 산문구조(narrative prose structure)를 지녀야 한다고 주장한다. 따라서 이들 역사가들은 줄거리부여(emplotment)를 어떻게 하느냐에 따라 역사상(歷史像)이 달라지는 것으로 인식한다. 한편 과학적 역사를 내세우는 역사가들은 역사서술에 있어서 '자아를 소거'시켜야 한다는 입장을 견지하기 때문에 설화적 산문구조를 배격한다.[2] 이때 역사서술의 전체구조는 역사상으로 인식되기보다는 일종의 논리적 축석물로 인식된다. 그러나 역사가 기술인 한 줄거리를 전적으로 배제할 수는 없다.

---

1 차하순, 「역사의 문학성」, 차하순·이태동·이근삼, 『역사와 문학』, 3면.

2 차하순, 위의 글, 1~63면 참조.

특수사로서의 문학사 서술에 있어서 줄거리 개념은 일반사에서와는 다른 내포를 지니게 된다. 일반사가 서사문학처럼 인간의 행위를 대상으로 하는 데 반해 문학사는 인간 행위의 소산 가운데 하나인 문학이라는 특수한 문화현상을 대상으로 하기 때문이다. 문학사 인식에 있어서 인간 행위의 소산이라는 측면을 강조하게 되면, 문학사는 예술을 지향하는 일반사처럼 줄거리를 지니게 되어 문학사 기술의 전체 구조는 일정한 역사상을 구현하게 된다. 이에 반해 문학 그 자체의 측면을 강조하게 되면 과학을 지향하는 일반사처럼 줄거리가 배격된 결과 문학사 기술의 전체 구조는 논리적 축석물로 인식된다. 그러나 과학을 지향하는 문학사라 할지라도 그것이 기술인 한 줄거리 개념을 전적으로 배제할 수는 없다.

우리는 기술된 문학사에서 설화체 문장들을 흔하게 보게 된다. 여기서 정철(鄭澈)의 문학에 관한 기술 두 편을 들어 보기로 하자.

> 가) 공명정대하기로 세상 사람들로부터 인정받고 있는 김우옹이 선조 16년 9월에 선조임금께 여쭙기를 〈정철은 패거리 맺기를 즐기며 유생들을 움직여 선동질을 잘하기 때문에 그가 조정에 있으면, 나라가 시끄럽게 되어 해롭게 됩니다〉라고 했을 때 선조임금은 답하기를 〈정철은 나 임금을 위한 사나운 호랑이(殿上之猛虎)이니라〉라고 변호했읍니다. 김우옹은 고향(성주)으로 내려가고, 정철은 그로부터 2년 동안 조정에 있다가 선조 18년 9월에 실세하여 창평으로 내려가서 「사미인곡」을 짓게 되었으니, 선조임금께 보내는 편지글 노래가 되지 않을 수 없었던 것입니다. 선조임금이 스스로 "전상지맹호(殿上之猛虎)"라고 했으니, 정철이 보내는 편지글 노래에서는 〈이 몸이 만들어 질 때 선조임금을 뒤따라 만들어졌으니 한생 연분이며, 우리들의 사이는 하늘인들 모를 일이 있겠읍니까〉로 시작하는 노래를 짓지 않을 수가 없었던 것입니다. 선조임금이 정철을 〈전상의 맹호〉라

고 변호했던 그 말씀에 정철이 감격스러워서 답하는 노래로 지은 것이 「사미인곡」이었읍니다.[3]

나) 「사미인곡」과 「속미인곡」은 이른바 충신연주지사라고 한 시가의 흐름을 이었고, 가까이는 조위의 「만분가」를 모형으로 삼았다. 자기 처지를 천상 백옥경에서 버림받아 하계로 내려온 여인에다 비한 것이 그 증거이고, 말도 비슷한 데가 있다. 그러나 내용보다 표현을 중요시하는 방향에서 더욱 커다란 성과를 거두었다. 무슨 연유에서 배척을 받았으며, 다시 나아간다면 어떤 경륜을 펴겠다든가 하는 말은 아무데도 비치지 않으면서, 설득을 버려두고 공감을 얻으려고 했다. 버림받은 여인의 애절한 심정을 절실하게 하소연하는 사설이 순탄하면서도 긴장되고 맺혀 있고, 부드러우면서 휘어잡는 맛이 있어, 우리말 표현을 뜻대로 구사할 수 있는 능력을 다시 한번 과시했다.[4]

가)의 기술에는 위에서 말한 이야기의 구성요소들 즉, 화자・시간・인물・줄거리 들이 고루 갖추어져 있다. 화자, 즉 문학사가는 「사미인곡」에 관련된다고 판단되는 인물들을 직접적으로 내세워 일정한 시간 가운데서 일정한 줄거리를 만들어 작품을 설명하고 있다. 화자의 목소리가 전면에 노출되어 있으며, 작품의 원인이라고 할 수 있는 작가를 중심으로 줄거리가 짜여져 있다. 대중성을 띤 일반 역사 기술과 아주 흡사하다. 줄거리의 내용이 「사미인곡」의 발생 원인과 저작 의도로 이루어져 있는 점으로 보아 이 문학사 기술은 작품의 동인을 사용한 발생론적 설명 모형과 목적인—저작 의도—을 사용한 목적론적 설명 모

---

3 여증동, 『한국문학사』, 212~213면.

4 조동일, 『한국문학통사』 2권 , 지식산업사, 1983, 311면.

형을 함께 구사하고 있다 하겠다.

한편 나)의 기술은 대상 작품들의 문학상의 관계를 설명하고 있으며, 작품에 대한 평가 또한 그 범위 안에서 이루어지고 있다. 이와 같은 설명 근거는 작품 자체가 되기 때문에 전체적으로 보아 이 기술은 작품 자체의 형식임을 사용한 설명 모형을 구사하고 있다 하겠다. 이 기술에 나타난 설명과 평가가 분석적임에도 불구하고 전문적인 인상을 주지 않는 까닭은 사용된 언어가 일상적이며, 평가가 인상주의적 색채를 띠고 있기 때문이다. 이로 보면 이 기술의 설명과 평가에는 주관주의적 관점이 혼합되어 있다고 말할 수 있다. 나)의 기술도 전달방식이 기본적으로는 이야기 형식이다. 본격적인 이야기 형식보다 훨씬 약화되어 있기는 하지만 여기에도 화자・인물・시간・줄거리가 있다. 위에서 언급한 주관주의적 관점이란 화자의 관점이며, 인용문에 드러난 모든 행위들은 인물, 즉 작가의 것이며, 문학상의 관계란 문학사 전체 기술에서 줄거리를 이루는 것이며, 그것은 시간관념을 동반하게 마련이다.

가), 나) 어느 경우든 화자들, 즉 문학사가들은 인물을 설정하고 시간 가운데서 줄거리를 만드는 방식으로 자기의 이야기를 독자들에게 전달하고 있으니 이로써 문학사는 예술을 지향하게 된다.

한편 과학적 역사를 내세운 문학사가들은 문학사 기술에서 이와 같은 이야기 식의 설명방식을 비과학적이라고 비판한다. 그들에 따르면, 과학적 역사를 지향하는 역사가는 역사에서 자신의 존재를 드러내지 않아야 하며, 가능하다면 '자아를 소거'시켜야 한다. 앞에서 언급한 화자가 제거되어야 한다는 것이다. 체계 내에서의 변이와 전승을 중요한 관심사로 삼기 때문에 인물이 제시될 여지도 물론 없다.

다음에 과학적 문학사를 지향하는 한 문학사가의 글을 들어보기로 하는데, 그 전제가 되는 기술방법부터 보기로 한다.

……속신(俗信)이 삼국유사의 특정 전승과 현대문학 가운데의 일부 작품의 공통된 기층으로 작용하고 있는 현장을 확인코자 한다. 이 경우, 속신은 〈S/I〉와 그에 따른 대응작용인 주술까지를 포함한다. 삼국유사의 「융천사 혜성가」에서 비롯하여 고려왕조의 신화적 전승을 거쳐 조선왕조의 용비어천가나 장화홍련전을 거쳐 현대에 이르러 김문수의 「증묘(蒸描)」에 이르기까지 여러 작품들을 나열해 놓고 보면 …… 이들이 B. 크로체류의 〈대문학〉의 맥을 이루게 됨을 알 수 있게 된다.

(…중략…)

삼국유사, 「김춘추」조와 김문수의 「증묘」에는 똑같이 이 법칙(속신의 법칙－필자 주)이 적용될 수 있다. 민간전승의 핵심적인 단위인 속신을 기층에 깔게 됨으로써 신라의 한 서사체와 현대의 한 서사체가 하나의 전통 속에서 포착되게 되는 것이다. 그것은 단순한 소재사적 공질성(共質性)이 아니다. 그 같은 공질성 위에서 구축된 구조의 공질성을 포함하고 있는 것이다. 소재사적 공질성 위에 구조의 공질성이 터 잡고 있을 때, 우리들은 보다 완벽한 의미로 하나의 문학을 얘기할 수 있을 것이다.[5]

이와 같은 전제 위에서 문학사는 다음과 같이 기술되고 있다. 그 일부만 보자.

다), 두 작품에 다 같이 C → C 사이의 지연 내지 연장이 있음은 말할 나위 없다. 그리고 결과의 무화(無化)가 몇 번씩 암시되거나 무화될 뻔하는 고비를 넘긴다는 공통성도 갖추고 있다. 읽는 사람과 결과 사이의 거리가 떨어졌다 좁아졌다 하면서 작품은 진행되는 셈이다.

양자는 다 같이 속신을 두고 베풀어진 주술의 결과적인 효험성을 검증하

---

5 김열규, 『한국문학사』, 탐구당, 1983, 541~543면.

는 얘기다. 속신 → 주술 → 효험이란 세 분단을 지니고 있되 주술과 효험 사이의 상거의 조종에 서사 진행이 기대어 있는 것이다.

주술 → 효험 사이에 주술을 무화하거나 주술이 노린 결과를 앞질러 전도시키는 듯 보이면서 결과를 지연시키는 소분단들이 포함되어 있다는 점에서도 두 작품은 공통성을 보여주고 있다.

속신 → 주술 → 지연 → 효험

이같은 요약된 공질성이 두 작품 사이에 존재하고 있는 것이다.

다만 주인공이 속신의 주박(呪縛)에서 탈출을 시도한 「증묘」와 역으로 주인공이 주박에 몰입하코자 한 「태종 춘추공」은 바로 이 점의 대조성 때문에 전자에서는 속신의 도피 여부가 관심거리가 되고 후자에서는 적중 여부가 관심거리가 되는 차이를 보이고 있는 것이다. 그것은 전자가 흉조의 속신인 데 비해서 후자가 길조의 속신이라는 사실과 관련되어 있다.[6]

소재사라는 이름으로 쓰여진 한 문학사의 일절을 보았다. 여기서 소재는 위에서 본 바와 같이 속신이다. 속신의 구조 체계를 따라 문학사가 구성되고 있는 것이다. 다시 말하면, 문학사의 대상은 일연이나 김문수 혹은 그들이 쓴 작품이 아니라, 사가가 추상화해 낸 속신의 구조이다. 그리고 줄거리는 사가가 역시 추상화해 낸 작품 구조간의 관계로 대치되어 있다. 오히려 그 관계는 공시적이다. 시간은 역사성이 고려되고 있지 않으므로 공간화되어 있다. 화자, 즉 문학사가—이 경우는 문학사가를 화자라 하는 것이 부적절할 듯하다—는 작품들의 개별적인 구조의 특징을 드러내고 있기보다는 C → C와 같은 메타언어를 사용하는 기술적 조작을 통해 일반화를 지향하고 있다. 우리가 여기서 볼 수 있는 것은 일반화된 지식이나 정보이지 사가의 역사적 상상력이

---

6 위의 책, 549~550면.

아니다. 사가는 몰개성적 입장에 서 있을 뿐이다. 이로 보아 다)의 문학사는 가), 나)의 기술에 비해 확실히 과학적 문학사를 지향하고 있다고 할 수 있을 것이다.

그러나 아무리 과학적 문학사를 지향한다고 해도 문학사가 기술을 토대로 하는 한 해석은 전혀 배제되지 않을 것이다. 따라서 문학사가의 개성을 엿볼 수 있는 문체의 특성은 드러나기 마련이다. 그런 의미에서 기존 문학사 저작에 나타난 기술문체에 대한 연구는 문학사를 새롭게 이해해 볼 수 있는 안목을 제시해 주리라고 본다.

제3장
'문학사학사'의 연구

문학사 기술은 왜 계속되는가? 문학적 사실의 누적—과거 사실의 발견이나 새로운 사실의 생산에 의한—에 단순히 대응하기 위해서인가. 그렇다면 동시대에는 연대기적 기록에 준하는 단 한 권의 무서명(無署名) 문학사만 있으면 족할 것이다. 어느 시대나 다른 시대와 변별되는 인식 모델을 갖기 마련이다. 오늘날 우리는 역사의 연대기적 기록에 강한 회의를 품고 있는데, 이것은 실인즉 오늘날의 논리이지 모든 시대의 논리는 아니다. 연대기적 기록을 역사 서술의 주류적 모델로 삼았던 시기가 있었다면 그것은 그 시대의 몫으로 정당한 것이지 틀린 것이 아니다. 여기서 틀린 것이 아니라고 말할 수 있는 것도 우리 시대의 역사인식 모델들 가운데 그 어느 하나에서 연유한다.[1] 이 글은 역사상에 부침했던 인식 모델들의 관계가 문학사 연구에 대한 역사적 연구를 통해서 추적될 수 있지 않겠느냐 하는 점을 논의의 출발점으로 삼는다.

그간에 이루어졌던 문학사 연구에 대한 논의는 한정된 몇몇 문학사가(안확, 조윤제 등)나 한정된 몇 가지 문제(시대구분, 용어 등)에만 치우쳐 있었다. 대체의 논의들은 사실의 규명보다는 가치판단을 우선시키는 성급함을 보이기도 했다.

이제 기존 문학사 기술에 대한 논의는 사론 중심의 국부적인 논의에서 벗어나 사적으로 체계화될 필요가 있다. 기술된 문학사들 사이의 상호관계뿐만 아니라, 특수문화사로서의 문학사가 일반사와 맺는 관계, 문학사가 다른 특수 문화사들과 맺는 관계, 문학사가 당대의 세계관과 맺는 관계 그리고 문학연구 지식집단이 다른 지식집단과 맺는 관계 들이 총체적으로 구성된다면 한정된 사론 중심의 연구에서 얻지 못한 망외의 성과를 기대해 볼 수 있을 것이라 생각한다. 이것은 한국문학사 기술의 역사를 정신사로 이해해 보는 것이 된다.

문학사 연구에 대한 사적 연구를 통해 새로운 관점과 인식이 획득될 수만 있다면 문학사 연구를 사적으로 연구해 보는 장르를(일반사에서 '한국사학사', '서양사학사'라 하듯이) 우리는 감히 '한국문학사학사(韓國文學史學史)'라고 명명해도 좋을 것이다.

하나의 연구 장르로서 '문학사학사'가 정립되기 위해서는 다음과 같은 두 가지 사실이 우선 가다듬어져야 할 것이다. 연구 장르로서의 문학사학사는 있어야만 하는가, 있어야 한다면 작업가설로서의 문학사학사 연구방법은 어떻게 구성되어야 하는가 하는 점이다. 연구방법이 구성될 수 없다면 있어야 한다는 당위성에 머물 뿐 독립된 연구 장르

1 축적된 문학적 사실들 가운데서는 발전의 논리를 찾을 수 없다는 이유로 문학사 기술의 부당성을 주장한 John M. Ellis와 같은 학자의 견해조차도 우리 시대의 문학사 인식 모델에 어떤 식으로든 간여한다.

로서는 성립될 수 없다. 하나의 주어진 패러다임(모델)은 해석의 기법은 물론 해석의 대상까지도 만들어 내기 때문이다.[2] 문학사학사 연구가 성취하고자 하는 바도 실은 각 시대의 문학사 연구들이 어떤 패러다임으로 대상을 어떻게 만들어 내고 있었던가를 구명하는 데 있기도 하다.

사학사에 대한 일반 사학계의 설명을 들어 보기로 하자.

> 사학사란 일반적으로 역사서술의 역사로서 이해되고 있다. 그러므로 사학사 연구는 우선 과거 역사작품들의 내용, 그 서술형식과 방법 등에 관한 분석으로부터 출발할 수 있겠다. 그리고 이러한 분석 작업이 시대 순서에 따라서 정리될 때, 그 연구는 학문으로서의 역사서술의 형식, 방법, 이론 등의 발달을, 즉 역사학의 역사를 해명하게 된다.[3]

> …… 역사학은 학문의 성질상 현실문제의 해결이라는 실천적 과제와 큰 연관을 가지게 된다. 현실에 대처하기 위한 바른 역사의식의 확립은 바른 역사인식의 전제 없이는 불가능하다. 그런데 바른 역사인식, 나아가서는 역사의식의 정립은 결코 쉬운 일이 아니다. 더구나 이른바 근대를 식민주의의 풍미 속에서 살아왔고 아직도 그러한 추세의 연속하에 있는 한국사의 경우, 어느 개인의 자각 여하를 막론하고 이는 지난한 일이 아닐 수 없다. 이제 이와 같은 현실의 실천적 요청선상에 서서, 선인들의 역사인식, 역사의식을 알아보고자 하는 분야가 곧 사학사이다.[4]

---

2 여기에서는 과학철학에서 사용되는 개념 내용, 즉 "어느 영역에 있어서 어느 시대의 과학적 대상 파악의 방법"이라는 뜻으로 사용된다.(Robert C. Holub, 최상규 역, 『수용이론』, 삼지원, 1985, 13면 참조)

3 이상신, 『서양사학사』, 청사, 1984, 5면.

4 김태영, 「역사인식 역사서술」, 이가원 외 편, 『한국학연구입문』, 지식산업사, 1981, 220면.

전자는 방법을 중심으로 하여, 후자는 정신을 중심으로 하여 사학사를 설명하고 있다. 그러나 "…… 진정한 의미의 사학사연구란 역사학의 역사를 해명할 뿐만 아니라, 정신의 역사를 또한 해명해 줄 수 있어야 한다."[5] 사학사는 방법과 동시에 정신을 연구하는 분야임을 알 수 있다. 이때의 방법과 정신은 다름 아닌 사학자 자신의 방법과 정신이다.

> 사학사를 체계화하는 일은 지식인 일반의 역사의식을 바로잡기 이전에 우리 역사학계의 건전한 방향을 정립하는 데 불가결한 일인데도 해방후 30년이 지난 지금까지 우리 사학사를 체계 있게 정리한 책 한 권이 없는 것은 안타까운 일이다.[6]

사학사를 체계화하는 일은 누구보다 먼저 사학자 자신을 위해 필요한 학문분야라는 인식이다.[7]

이상 일반 사학사 논의로부터 유추하여, 문학사학사 연구가 해야 할 일을 말한다면 다음 두 가지로 요약할 수 있다.

첫째, 문학사 저작들의 서술 형식과 방법에 관한 분석이다.

둘째, 문학사 저작들의 내용과 정신에 관한 분석이다.

지금까지 개별 문학사 저작들을 연구할 경우 대체로 문학사가의 역사의식이나 사관을 다루는 경향이 많았는데, 이것은 후자에 주안점을 둔 연구이다. 문학사 저작의 특징은 전자에 대한 연구, 즉 내적 형식에 대한 연구를 통해서만이 드러난다. 문학사학사 연구에서는 문학사 인식 모델이 일반역사 인식 모델이나 외국의 문학사 인식 모델에 대해 어

---

5 이상신, 위의 책, 5면.

6 이우성 · 강만길 편, 『한국의 역사인식』 (하), 창작과비평사, 1976, 569면.

7 이제 역사학계에서는 사학사연구의 중요성이 크게 인식되어 역사학과에 개설된 사적해제강좌가 사학사 강좌로 옮겨 가고 있는 추세에 있다고 한다.(위의 책)

떤 변별성을 지니는가 하는 점도 크게 다루어질 것인데, 이는 문학사 저작의 서술 형식과 방법에 대한 연구에 의해 소기의 목적을 달성할 수가 있을 것이다. 후자에 대한 연구 또한 물론 중요하다. 후자에 대한 연구를 통해서 우리는 그간 한국의 문학연구 지식집단이 생산해낸 정신과 이데올로기는 무엇이었으며, 그 사적 연관은 어떤 것이었는가를 알 수 있다. 요약하면, 문학사학사는 문학사 저작들의 서술 형식과 방법 그리고 내용과 정신을 방법적으로 동시에 다루지 않으면 안 된다. 그럴 때 문학사학사 연구는 어떤 변환을 거쳐 오늘의 인식 모델을 형성하였는가를 구명하게 되고 미래를 전망할 수 있게 될 것이다.

문학 연구자들은 여러 문학 장르의 연구사를 통해서 연구자 자신들의 방법과 정신을 자체 점검해 왔던 것은 사실이다. 그러나 본격적인 자신의 연구 주제를 수행하는 데 부차적인 차원에서 연구사를 논의해 왔다. 그런 수준으로는 연구들에 나타난 방법이나 정신들 사이의 상호 관계는 전혀 밝혀질 수 없다. 우리가 여기서 주장하는 것은, 일반사의 사학사 연구와 같이 연구자 자신들의 방법과 정신을 연구 대상으로 삼는 연구분야를 적극적으로 열어 보자는 것이다. 그러한 작업은 비평사 연구를 통해서 어느 정도 성과를 거둔 것은 사실이지만, 우리가 바라는 것은 이상적으로 말해서 모든 문학 연구에 나타난 방법과 정신에 대한 연구이다. 기술된 문학사는 당대까지의 다른 모든 연구 성과와 어떤 형태로든 관련을 맺는다. 문학사 연구를 중심에 두고 문학에 관련된 지적 연구물들의 주류적 경향을 살핀다면 문학 연구자들의 방법과 정신이 드러날 수 있을 것이다. 문학사 연구의 사적 연구는 그런 낙차까지를 설명해줄 수 있는 모델을 가져야 한다.

어떤 연구 분야라도 앞에서 언급한 바와 같이 그것이 연구로서 성립되기 위해서는 연구 모델을 가정해야 한다. 어떤 연구 분야가 새로운 모델을 갖는 순간 벌써 새로운 관점, 새로운 인식이 획득된다. 연구 모델을 갖지 않은 연구 분야가 학문사회에서 제도화될 수 없다는 것은 자명한 이치다. 그것은 언제나 사적(私的) 수준에 머물고 말 터이니 애초부터 객관성 확보에 실패하고 들어간 것이다. 우리가 열어 보고자 하는 연구 분야도 하나의 연구 모델을 가질 때만이 제도화될 수 있다. 또한 그때라야만이 문학사 연구에 나타난 방법과 정신에 대한 역사적 연구에 대하여 '문학사학사 연구'라는 독립 분과의 명명도 가능해질 것이다.

다음 문학사학사 연구의 의의에 대해서 몇 가지 살펴보자.

우리가 각 시대는 각 시대의 문학사를 가져야 한다고 믿은 것은 국민문학사 기술을 통해서 당대의 상황을 극복해 보고자 하는 실천적 인식을 가진 이후이다. 특수문화사로서의 문학사 기술 동기는 일반사의 그것과 하등 다를 바 없다. 과거에 그래왔던 것처럼 우리는 이후로도 문학사를 통해 민족의 적법화(適法化) 노력을 줄기차게 수행할 것이다. 그러므로 문학사에는 문학사가들이 자기 시대로부터 보고 듣고 생각했던 바, 즉 시대정신과 문학사가 자신의 사상이 동시에 반영된다.

문학사 연구를 역사적으로 연구한다는 것은 말할 것도 없이 문학사가가 살았던 시대의 문학과 사상을 연구한다는 것을 의미한다. 그것의 체계화가 정신사 또는 지식의 역사로 나타난다. 그것은 단순히 사실 수준이 아니라 실천적 의미를 갖는다. 우리나라 소수의 문학 지식집단이 그간에 생산해 낸 이데올로기를 반성해 봄으로써 현재의 문학사 기술이 서야 할 바른 자리를 제시해 줄 수도 있겠기 때문이다.

문학사 연구에 대한 역사적 연구, 즉 문학사학사 연구는 다음과 같은 이유에서도 의의가 있다. 문학 연구의 세 영역을 원론(theory), 비평(criticism), 그리고 문학사(history)라 했을 때 그 영역들은 기본적으로 상호 연관되어 있지만,[8] 그 가운데서 보다 통합적인 안목을 제시해 주는 것은 문학사이다. 통합적이라는 것은 문학사가 정적(靜的) 상태에 머물러 있는 문학적 사실들과 원론 그리고 비평들을 공시적 관계는 물론 통시적 관계 속에서 조망할 수 있는 영역이어서 그렇다. 개별 작품 연구에서와는 달리 문학사 연구에서는 문학적 사실들 사이의 관계 설정에 이바지하지 못한 원론이나 비평은 그것이 아무리 참신하다 할지라도 끼어들 틈이 없다. 세 영역이 연관되어 있기 때문이다. 원론이나 비평은 구체적인 한국 문학작품을 설명하고 이해할 수 있도록 문학사의 전체 문맥 가운데서 교정되기 마련이다. 그 현란한 원론이나 비평이 문학사 기술시 만용을 부릴 수 없는 이유가 여기에 있다. 그래서 문학사는 원론이나 비평이 항상 구체적인 우리 문학 현실에 토대를 일깨워 주는 영역이기도 하다. 문학사 기술에 구사된 원론이나 비평이 우리 문학작품을 설명하고 이해하는 데 일단 성공했다면 그것들이 비록 외래의 것이라 할지라도 자체 생산능력을 가진 우리의 이론이나 비평이 되는 것이다. 문학사는 우리 현실에 맞는 원론과 비평만이 살아남도록 지도해 준다.

문학사 연구방법 자체의 지속과 변환의 탐구라는 점에서도 문학사학사 연구는 적극적 의의를 갖는다. 사고하는 버릇이 사람마다 다르고 나라마다 다르듯이 문학 또한 다르다. 그래서 우리는 개인적·집단적 상징을 상정해 보고 문학적 관습(literary convention)을 상정해 본다. 상징이나 관습은 일정 기간 동안 지속하다가도 변환한다. 문학사 연구방법도 학문 사회에서 일정 기간 동안 관습을 지속하다가도 어떤 계기에 변환한다. 연구 방법이 관습을 지속하는 기간은, 앞에서 본 바와 같이, "세계에 대한 새로운 관점이 획득되고 분류될 수 있도록 하는 하나의 매개 구실"[9]을 충분히 해 낼 경우이다. 변환은 물론 현실의 변화나 욕

8 R. Wellek and A. Warren, 백철 · 김병철 공역, 『문학의 이론』, 신구문화사, 1959, 49~50면.

9 F. Jameson, 윤지관 옮김, 『언어의 감옥 : 구조주의와 형식주의 비판』, 까치, 1985, i면.

구에 대응하기 위해 새로운 방법으로 교체되는 시기에 일어날 것임은 자명하다.

어느 사회에서나 단지 제한된 몇몇 사람들만이 이론을 세우고 사상이나 세계관의 정립에 종사할 뿐이다. 현실에 대한 이론적 체계화가 과학적이든, 철학적이든, 심지어는 신비적이든 그것은 사회 구성원들에게 현실적인 것을 고갈시키지는 않는다. 사회와 역사 속에서 이론적 사고의 중요성을 과장하는 것은 당연히 이론가들의 잘못이다.[10] 일반 사람들은 상식만으로도 세상을 넉넉히 살아간다. 문학에 관해서도 일반 사람들의 사정은 마찬가지다. 극단적으로 말해서 그들은 문학이론가들이 만들어 낸 문학이론 없이도 문학을 경험한다.

우리가 우리들이 구사하는 방법과 정신에 대하여 항상 돌이켜 보아야 하는 근본적인 까닭이 여기에 있다. 변화하는 현실에 적극적으로 대응하지 못하는 방법과 정신은 결국 허위의식에 빠지고 만다. 허위의식에 빠진 방법과 정신은 지식의 계층화 현상을 조장할 뿐만 아니라 학문 상호간의 학제 현상까지도 파괴해 버린다.

그런 점을 사적(私的) 수준에서가 아니라 본격적인 학문적 차원에서 반성해 보고자 하는 데 문학사학사 연구의 참다운 의의가 있다. 되풀이 말하지만, 문학사학사는 문학의 역사 서술이라는 문학 연구가 자신의 방법과 정신을 대상화하여 제도적으로 반성해 보려는 자의식적 학문 분야가 될 수 있다는 점에서 그 중요성이 한층 강조된다. 일반사학사나 지식사회학에 토대를 둔 일부 비평사가 그러하듯 문학사학사는 자신의 방법과 정신을 연구 대상에 올려놓는다. 모든 문학 연구는 다른 사람을 위해 존재하지만 지성사로서의 문학사학사 연구는 누구보

---

10 Peter L. Berger, Thomas Lukman, *The Social Construction of Reality*, 박충선 옮김, 『지식 형성의 사회학』, 홍성사, 1982, 28면.

다 먼저 문학 지식 연구에 종사하고 그것을 통해 지식을 생산해 내는 소수의 문학 지식집단을 위해 존재하는 연구 분야이다.

제3부_'문학사의 이론'을 위한 보론

제1장
문학사의 언어

〈1〉 김윤식·김현의 『한국문학사』는 시대구분의 전제로 다음 두 가지 점을 명확히 밝히고 있어 주목된다. "문학사는 실체가 아니라 형태이다"와 "한국문학은 주변문학을 벗어나야 한다"가 그것이다.[1] 전자는 문학사의 실재와 언어에 관한 명제이며, 후자는 문학사의 주체 혹은 그것을 결정하는 이데올로기에 관한 명제이다. 문학사의 이론적인 입장에서 판단해 본다면 실재와 언어의 문제, 그리고 주체 혹은 이데올로기의 문제는 시대구분을 비롯한 문학사의 여러 문제들을 결정하는 핵심 요소라 할 수 있다. 텍스트로서의 문학사의 형식적인 특징은 전자에 의해서, 내용적인 특징은 후자에 의해서 거의 결정되기 때문이

---

1 김윤식·김현, 『한국문학사』, 민음사, 1973, 8~22면.

다. 문학사가 한편으로는 양식사적 특징을 지니는 것은 전자에서 비롯되며, 정신사적 특징을 지니는 것은 후자에서 비롯된다.

이글에서는 문학사의 언어의 특징을, 역사 사실의 재현 문제와 관련하여 살펴보고자 한다.

〈2〉 역사 이론가들은 과거에 대한 이해는, 과거가 어떠했는가에 의해서뿐만 아니라, 그것을 이야기할 때 역사가가 사용하는 언어에 의해서도 결정된다고 본다. 전통적인 역사인식에 있어서는 실재의 발견에 주력하는 전자가 우세하다. 한편 오늘날의 역사인식에 있어서는 언어의 구성력에 주목하면서 후자를 전경화한다. 이때 "문학사는 실체가 아니라 형태이다."라고 할 수 있게 된다.

우리는 흔히 실재 중심의 역사인식을 실재론(實在論, realism)이라 하며, 언어 중심의 역사인식을 명목론(名目論, nominalism)이라 한다. 실재론적 입장이나 명목론적 입장은 가장 전통적인 인식들로서 인식 과정상 대상과 주체 양자를 논리적으로 상정한다는 점에서는 같다. 그런데 전자는 대상을 실재 그 자체로 인식하는 데 반해 후자는 대상을 실재에 대한 기호 또는 언어로 인식한다는 점에서 서로 다르다. 전자의 경우는 기호 또는 언어를 실재에 대하여 지시적 기능을 하는 것으로 인식하며, 후자의 경우는 기호 또는 언어는 실재에 대하여 독립적·자율적 입장을 견지하는 것으로 인식한다. 특히 후자는 기호 혹은 언어가 대상을 창조한다고까지 생각한다. 언어를 실재의 단순한 반영물로 보지 않고 기호 체계로 본다는 점에서 명목론적이다.[2]

실재론적 역사인식론이 우리 자신을 뛰어넘어 역사 세계를 곧바로 알

---

2 불교에서 말하는 언어불가지론적 종교적 관념이나 헤겔·블랑쇼 등이 숙고한 언어부정성에 관한 철학적 관념 등은 역사인식과 관련된 언어 문제와는 차원을 달리하는 논의로 인식되어야 한다.

수 있다고 주장하는 이론인 데 반해, 반실재론적 역사인식론은 어떤 틀을 역사 세계 위에 덮어씌워 보고자 하는 이론이다.[3] 여기서 말하는 틀이란 언어, 방법, 체계, 패러다임 등을 가리킨다. 반실재론을 명목론 혹은 주관주의라 부르는 이유이다. 명목론적 입장에서 대상이란 자명하되 사회문화라는 지형은 언어 혹은 그 기호에 의해 결정된다고 보기 때문에 실재론에서 주장하는 대상의 실재적 자명성을 부정한다. 말하자면 돌도끼라는 실재는 돌도끼라는 관념이나 언어에 의한 추상의 구상화에 불과한 것이기 때문에 "문화는 존재론적 실체(ontological reality)를 갖고 있지 않다"[4]고 본다. 따라서 우리가 아는 과거 문화란 우리 자신의 관점, 즉 우리 자신의 현재와 깊은 관련을 맺고 있는 창작물일 뿐이다. 이런 입장에서는 객관적 진실을 추구하고자 하는 실증 위주의 실재론적 역사연구는 의도와는 달리 주관적 구성물일 뿐이다.[5]

---

3 이한구,『역사학의 철학』, 민음사, 2007, 17면 참조.
실재론은 진리의 대응 이론을 함축한다. 대응 이론은 우리의 판단과 대상이 서로 대응할 때 우리의 판단은 진리가 된다는 주장이다. 예컨대, 아리스토텔레스에 따르면, 눈이 오는 날, '눈이 온다'고 하는 주장은 진리이고, '비가 온다'고 하는 주장은 거짓인 것이다. 반면 반실재론은 정합론적 진리론이나 실용주의적 진리론을 주장한다. 따라서 반실재론은 진리의 대응 이론을 철저히 부정한다. 왜냐하면 그것은 우리의 인식과 독립적인 어떤 대상을 상정할 수 없고, 그 결과 우리의 판단과 실재와의 대응은 원천적으로 불가능하다고 보기 때문이다. 그러므로 반실재론은 우리에게 유용한 어떤 판단을 진리로 받아들이거나, 아니면 어떤 판단이 우리가 이미 수용한 어떤 기본적인 주장과 합치될 때, 그것을 진리로 해석한다. 혹은 어떤 공동체의 구성원들이 어떤 판단에 합의하거나 동의할 때, 이것을 진리로 취급한다.(이한구, 위의 책, 18~19면 참조)

4 레스리 A. 화이트, 이문웅 역,『문화의 개념』, 일지사, 1977, 135면.

5 역사인식의 실재론과 반실재론은 역사인식의 객관성과 주관성 논의와 상관된다. 차하순은 「객관과 주관의 대립」에서 역사인식에 있어서 객관성과 주관성 문제를 심도 있게 논의한다. 다음은 그것을 간략히 정리한 것이다.
역사인식에 있어서 객관주의적 입장은 역사 재구주의자인 Ranke에게서 대표적인 실례를 볼 수 있다. 랑케는 역사해석은 역사사실의 충실한 복원작업에서 출발해야 한다고 주장한다. 과거에 일어난 사실이 하나의 실체로서의 객관성을 가지며, 또한 그것이 우리의 인식 외부에 존재함을 의미한다. 절대적 실체는 인간이 있든 없든 존재하며 인식을 초월한다. 바꾸어 말하면 기록이나 자료가 표현하고 있는 사건들은 의심할 그런데 오늘날 역사인식에 있어서 명목론적 역사인식이 우세하게 되면서, 랑케 이래 견고하게 견지되어왔던 실재론적 역사인식에 커다란 회의가 제기된다. 이는 일군의 포스트모더니즘 이론가들의 작업에서 볼 수 있는데, 그들은 "역사는 무수한 담론들 가운데 오직 하나의 담론에 지나지 않는다"[6]고 본다. 그들은 언어란 단순히 대상 혹은 세계를 반영하는 것이 아니라 그것을 구성하고 창조한다는 점을 문제화한 것이다.[7] 언어가 사실을 반영하는 것이 아니라 언어가 사실을 구성한다고 보는 데까지 나아간 인식론적 변화 현상은 가히 혁명적이다. 이를 두고 역사 이론가들은 언어적 전회(linguistic turn)라 한다.[8] 이와 같은 언어 중심적 인식론은 원래 "언어를 매개로 하지 않고는 실재에 도달할

여지가 없는, 시간 차원상의 일점에서 실재로 존재하는 현실이며 역사가의 임무는 다만 이러한 현실을 충실하고 정직하게 복원시키는 데 있다. 따라서 역사 객관주의는 객관적 중립원칙과 개별성의 원칙을 준수해야 한다. 전자는 역사 사실에 대하여 역사가의 주관을 소거시킴으로써 달성할 수 있으며, 후자는 역사 사실은 독자적인 가치 및 역사성을 갖는다는 인식을 견지함으로써 지켜낼 수 있다.

한편 역사인식에 있어서 주관주의적 입장은 Dilthey, Collingwood, Carr 등의 논의에서 볼 수 있는데, 이들은 역사 이해란 객관 속에 주관이 융합됨으로써만이 가능하게 된다고 본다. 그들의 주장에 따르면, 역사가가 상상적 능력을 통해 역사상의 주역과 문화 창조자들의 위치에 전위될 수 있을 때 비로소 그는 역사시대의 의의와 사실의 의미를 파악할 뿐만 아니라 각 시대의 공헌과 문화적 업적을 적절히 표현할 수 있다. 역사상의 사건이나 사실은 실재로 지나간 특정의 시·공간에서 일어나긴 하였으나, 다만 사람의 기억 속에 머물러 있는 한 유효하다는 것이다. 그리하여 과거사실이 사람의 기억 즉, 정신 속에 머물러 있기 위해서는 기억하는 사람(역사가)이 그 기억의 필요를 느껴야 한다. 이러한 필요성은 역사가의 「관점」을 형성하며 다분히 주관적인 동기에 의해서 좌우되게 마련이다. 그러나 이 주관의 개입은 어디까지나 역사 사실의 객관적 존재를 부정하는 것이 아니며 한걸음 더 나아가서 도리어 진정한 역사의 이해를 얻게 된다. 따라서 이들 역사 주관주의자들은 역사가는 단순한 과거 사실의 전달자가 아닌 과거 의미의 탐구자로서의 위치에 서야 하며, 그러기 위해서는 역사가는 분명한 역사관을 지녀야 한다고 강조한다.(차하순, 「객관과 주관의 대립」, 전해종·길현모·차하순, 『역사의 이론과 서술』, 서강대 인문과학연구소, 1975, 87~102면)

6 리처드 에번스, 이영석 옮김, 『역사학을 위한 변론』, 소나무, 1999, 16면 참조.

7 이한구, 앞의 책, 169면.

8 이한구, 위의 책, 156면.

수 없다"[9]고 주장하는 분석철학에서 촉발된다. 분석철학에서는 언어와 실재의 관계에서 언어가 중심의 자리를 차지하게 된다. 언어는 외부의 실재세계를 가리키는 중립적인 도구였던 위치에서 벗어나 세계를 창조하고 구성하는 능동적인 위치로 자리를 바꾸게 된 것이다. 자크 데리다 같은 탈구조주의자는 텍스트 밖에는, 언어가 그 자신을 제외한 다른 어느 것과도 관계를 맺을 수 없다고 주장하기에 이른다.[10] 그래서 이제 역사이론가들은 언어적 전회를 역사인식의 필수 조건으로 규정하기도 한다.[11]

역사인식에 있어서 언어적 전회 현상은 역사철학에 중대한 변화를 가져오게 된다.[12] 역사철학의 중심화두였던 '설명과 법칙(explanation and law)'은 이제 '이야기와 표상(narration and represention)'으로 대체되기에 이른다. 전자가 역사 전과정을 지배하는 것이 무엇인지를 이론적으로 추구하는 '사변적(speculative)' 또는 '본질적(substantive)' 역사철학이라고 한다면, 후자는 역사서술의 독특한 자격을 확립하는 인식론적 작업을 수행하고자 하는데, 이를 '분석적(analytical)' 또는 '비판적(critical)' 역사철학이라 한다. 전자는 과거에 어떤 일이 일어났는가, 역사 전반을 지배하는 (거대)이론은 무엇인가에 관심을 갖는다. 반면에 후자는 역사연구 자체를 연구대상으로 삼으며, 역사연구를 하나의 서술 형태로 개념화하고자 한다.

위에서 본 후자의 언어중심 역사인식론은 헤이든 화이트(Hayden White)의 『메타 역사』(Metahistory, 1973)에 나타난 서사주의(narrativism)에

9 이한구, 위의 책, 156면.

10 앨릭스 캘리니코스, 박형신 · 박선권 옮김, 『이론과 서사-역사철학에 대한 성찰』, 일신사, 2000, 24면 참조.

11 김기봉, 『'역사란 무엇인가'를 넘어서』, 푸른역사, 2004, 93~155면 참조.

12 앨릭스 캘리니코스, 위의 책, 이하는 22~23면 참조.

서 그 전형을 보게 된다. 화이트는 역사서술이란 일종의 이야기하기(story-telling)라고 주장한다. 따라서 역사서술에서 서사적 관례와 수사학적 비유가 중요시된다. 이제 역사연구는 서로 다른 역사담론 형태들과 상이한 '줄거리 구성양식(modes of emplotment)'을 연구하여야 한다. 이론이라는 도구를 활용하여 역사과정의 의미를 포착하고자 하는 시도는 이제 아무런 희망도 없고 무미건조하고 시대에 뒤떨어진 것으로 인식한 결과이다. 이것은 전통적인 역사철학에서 메타역사로의 전환이라 할 수 있다. 이와 같은 역사인식은 애초에 역사가 과학으로서의 역사이기보다는 예술로서의 역사를 전제한다. 예술로서의 역사라는 인식은 역사에 대한 텍스트적 인식의 길을 열어 놓는다. 텍스트적 인식이란 기호론을 따라 역사 사실을 기호로 인식하는 것이다.

이와 같은 역사 사실의 기호적 기능 때문에 김윤식 · 김현은 문학사를 실체가 아닌 형태로 인식하게 된다.

> …… 부분과 부분의 관계를 통해 일종의 의미망이 형성된다. 그 의미망은 물론 부분과 부분에 관계 가치를 부여한 자의 몫이다. 그 의미망을 통해 문학사가와 문학사와 문학적 집적물은 삼위일체를 이룩한다. 과거의 문학적 집적물은 그때 의미망을 이루려는 기호 역할을 맡는다. 그 기호를 이해하려는 문학사가는 그것에 관계 가치를 부여하려는 의미인(意味因)이 되며, 그 의미망이 문학사를 이루려는 것이다. 그런 의미에서 과거의 문학적 집적물은 문학적 실체(substance litteraire)가 아니라, 관계를 이루려는 기호에 지나지 않는다. 그 기호를 어떻게 이해하느냐는 의미인의 임무이다. 그 의미인을 통해 기호의 유효성과 한계가 주어지면, 단위의 크기가 주어진다. 작품 가치의 판단은 그 의미망의 그물코에 달려 있다.[13]

---

13 김윤식 · 김현, 앞의 책, 11면.

여기서 강조된 점은 문학사의 부분적 사실들이 전체 구조의 의미를 구성하는 데 기능적으로 작용한다는 것이다. 문학사의 의미는 개별적이고 실재적인 사실들 자체가 지니고 있는 것이 아니라 전체 구조 내에서 부분들의 관계에 의해서 형성된다는 인식이다. 이때 기능적 의미는 의미인, 즉 문학사가에 의해 좌우된다고 보기 때문에 그 의미는 구성적이고 표현론적인 성격을 지니게 된다.

그렇다면 메타적 역사인식이 열어 놓은 텍스트적 인식은 역사인식에 있어서 어떤 생산력을 지니는가. 이 인식은 말 그대로 과거 역사 사실을 텍스트로 전제하고 독해하도록 한다. 텍스트 안에 담고 있는 자신의 주장을 여러 담론 가운데 하나라고 스스로 인식함으로써 절대적 역사인식의 폐쇄성에서 벗어난다. 라카프라(Dominick LaCapra)는 과거에 대한 텍스트적 접근의 필요성을 다음과 같은 사실에 근거하여 주장한다. "…… 우리가 '항상 이미' 언어 사용의 문제에 연루되어 있다는 것을 지적함으로써 텍스트성의 개념은 현실의 개념을 보다 덜 독단적인 것으로 만들며, 또한 의미의 가능성과 한계의 문제를 제기한다. 역사가에게 있어서 '맥락'이나 '현실'의 재구성 자체가 과거에 대한 '텍스트화된' 유산의 기초 위에서 일어난다."[14] 이때 역사가는 단순히 역사 자료를 다루는 객관적인 기록자가 아니라 역사 해석자로서 주어진 시대의 사회적 기표로 인식되는 위치에 있게 된다. 따라서 역사가와 역사적 문헌 사이에는 상호적 관계를 형성하는데, 이것은 바흐친의 의미에 따라 '대화적'이라고 할 수 있다.[15] 이때 텍스트 관념은 상대성과 다양성을 지향함으로써 상호이해를 증진시킨다고 할 수 있다.

그러나 그와 같은 긍정적인 효과에도 불구하고 텍스트 관념을 토대

---

14 피터 플래허티, 「바흐친과 역사기호학」, 여홍상 엮음, 『바흐친과 문화이론』, 문학과지성사, 1995, 277~278면에서 재인용.

15 피터 플래허티, 위의 글, 278면.

로 한 메타적 역사인식의 가장 결정적인 한계는 상대주의에 빠진다는 점이다.[16] 상대주의의 극단은 특히 개념 상대주의자들에서 볼 수 있다. 그들은 어떤 개념 체계를 갖고 세계를 보느냐에 따라 세계는 완전히 달라진다고 본다. "이런 주장에 따르면 개념 체계의 수만큼 많은 세계가 존재하게 된다. 말하자면 개념 체계를 달리했던 지구상의 여러 공동체들은 서로가 전혀 다른 세계 속에 살았다는 것이다." 콰인이나 퍼트남이 주장하는 개념 상대주의의 결정적인 특징은 다음 두 가지다. "하나는 개념 체계 a와 b가 서로 번역할 수 없다는 것이고, 다른 하나는 이런 개념 체계가 현실을 자의적으로 해석한다는 것이다."

전통적인 실재론적 역사기술에 대하여 우호적인 에번스(Richard Evans)는 역사인식의 상대주의에 대하여 매우 비판적이다. 그는 "진실에 대한 탐구와 객관성에 대한 믿음 그리고 과거를 과학적으로 접근하고자 하는 노력을 아예 포기해 버리는 역사가들이 늘고 있다."[17]고 하면서 탈근대주의 역사가들을 놀라운 눈으로 바라본다. 이것은 물론 그들이 지향하는 가치가 개념 상대주의에 가 닿아 있기 때문이다. 이한구 또한 개념 체계의 가설적 성격을 들어 개념 상대주의를 단호하게 비판한다. "개념 체계란 고기를 잡기 위해서 던지는 그물과도 같은 것이다. 그물에 따라 잡히는 고기가 다를 수도 있지만, 여러 다양한 그물을 사용하여, 그리고 새로운 그물을 만들어 냄으로써 존재하는 어떤 고기든 잡을 수 있다는 희망을 가질 수 있다."[18] 이것은 개념 체계가 우리의 의식을 지배하는 것이 아니라, 우리의 의식이 개념 체계를 지배하는 것을 의미한다.[19] 이와 같은 비판에도 불구하고 반실재론적 역사

16 이하 상대주의의 위험은 이한구, 앞의 책, 179~180면 참조.
17 에번스, 앞의 책, 18면.
18 이한구, 앞의 책, 184면.
19 한편 이한구는 각 시대의 삶의 양식, 즉 틀이 비슷하다는 측면에서도 상대주의를 비

상대주의자들은, 절대적 진실은 발견될 수 있다는 믿음을 지닌 전통적인 실재론적 역사인식은 순박하고 환상적이라는 비판에서 여전히 물러나지 않는다. 이들 이론에 대한 메타적 성격의 논의를 진행하다보면 어느 쪽이건 이론들 자신의 정당성을 강조한 나머지 종당에는 명분론에 빠져 실제 현실과는 유리된 이론적 편향을 보이곤 한다. 이를 극복하는 길은 두 인식의 가능성에 기초하여 두 인식 간의 대화의 길을 모색하는 일일 것이다.

우리는 지금까지 역사인식의 실재론적 입장과 명목론적 입장을 살펴보았는데, 두 입장은 여전히 팽팽히 맞서 자신들의 주장을 굽히지 않고 있다. 그도 그럴 것이 현재도 언어 혹은 개념은 여전히 두 가지 방식으로 인간 행위의 이야기에 관여하고 있기 때문이다. 언어는 엄연히 과거의 사건을 우리에게 알려 줌과 동시에 과거의 행위를 구성하고 창조하는 두 가지 기능을 수행하고 있다.[20] 그러나 문제는 이론들이 배타적인 입장에서 자신의 존재를 주장함으로써 추상화의 길로 내닫는 데 있다. 그래서 코젤렉(Vgl. R. Koselleck)은, 현재의 역사에 대한 이론적 성찰은 "역사과정 및 역사적 사건에 초점을 맞추어야 하는지, 아니면 그

판한다.

"…… 우리가 인간인 한에서 고대인이건 현대인이건, 그리고 공동체가 다르다고 할지라도, 비슷한 삶의 양식을 갖고 있다고 생각된다. 우리가 석기 시대 원시인의 생활상을 이해할 수 있는 것은 삶의 양식이 비슷하기 때문이다. 삶의 양식을 지나치게 좁게 해석하여 공동체마다 칸막이를 한다든가, 시대마다 단절시킨다든가 하는 것은 약간의 차이점을 지나치게 확대 해석한 결과에 불과하다. 우리가 개념 체계를 자유롭게 바꿀 수 있는 한에서, 우리는 개념 체계의 죄수가 아니다. 이것은 동시에 과거의 객관적 인식이 가능함을 함축한다. 언어적 전회가 언어가 사실을 진술하는 기능 이외에 여러 가지 다른 기능을 갖고 있는 삶의 한 양식임을 밝힌 공로는 인정되지만, 그러므로 사실 세계의 탐구도 상대적일 수밖에 없다는 주장은 정당화되지 않는다."(이한구, 앞의 책, 186~187면)

20 김태준이 사용한 '실학'이라는 개념은 과거 사실을 지칭하여 우리에게 알려줌과 동시에 과거의 행위를 해석하고 구성하는 개념인 것이다. 따라서 '실학'은 보통명사이면서 고유명사이다.

것의 담론적 표상에 초점을 맞추어야 하는지를 미해결 상태로 남겨놓고 있다"[21]고 진단하기에 이른다.

그러면 실제 문학사기술에서는 두 역사인식이 어떻게 실천되고 있는가를 먼저 살펴보자. 그런 다음 이상적인 문학사 인식 문제를, 두 역사인식의 상호관련성 속에서 논의한 바흐친(Mikhail M. Bakhtin)의 대화주의 이론에 기대어 살펴보기로 한다.

〈3〉 다음은 조윤제가 『국문학사』에서 「홍길동전」에 대하여 서술한 대목이다. 실재론적 설명의 예로 든 것이다.

> …… 홍길동전은 세상이 주지하는 바와 같이 주인공 홍길동이 홍정승 서자로 태여나서 아비를 아비라 부르지 못하고 형을 형이라 부르지 못하는 학대를 받다가 이 모순된 사회제도에 대하야 만강의 불평을 품고 표연히 집을 떠나 적굴에 들어가 그 괴수가 되고 그 적당을 활빈당이라 하야 지방 부호며 탐관오리의 불의를 패물을 탈취하야 빈민을 구제하였다. 이와 같이 팔도각처에 임의로 출몰하면서 지방민심을 교란케 하니 정부에서는 이를 우려하여 그를 잡자고 팔방으로 힘을 썼다. 결국 잡들 못하였고, 길동은 그 후 부하를 다리고 고국조선을 떠나 율도국에 이르러서 그 국왕이 되어 이상향을 건설하였다는 것이다. 내용을 읽어 보면 한 길동이가 여듧 길동이 되어 팔도로 다니며 호풍환우하는 술법을 써서 각 읍 탐관의 곡식을 야간에 종적 없이 가져갔다던가, 나라에서 체포령을 나리어 장군을 보내 잡을랴 하나 길동이 그 장졸들을 다 가죽부대에 넣어 장안성 북악에 달아매었다던가 하는 등 초현실적 수법으로 써 있다는 것은 과거의 전기체소설과 비슷한 점이 있지마는 요는 이제 말한 바와 같은 풀로트로 모순된 사회

21 앨릭스 캘리니코스, 앞의 책, 26면에서 재인용.

현실을 타파하랴는 사회소설이요, 또 혁명소설이다.

즉 홍길동전은 허균의 생애와 그 사상에 비추어 보아 거의 합치되는 소설이며, 당시 사회제도가 서류에 대한 차대가 심하야 그들이 많은 불평을 품고 있었던 것이라던지 혹은 비장토호와 수령들이 불의의 패물을 몰수하야 백성의 생활이 불안하였다던지 하는 사실이 실상 사회의 현실이였던 것으로 보아 홍길동전이 얼마나 사회의 현실을 여실이 묘사하여 있는가를 알 수 있다. 동시에 이 사실은 전대소설의 가공적인데 비하여 확실히 크게 진보한 것으로 조선소설은 사실상 여기에 와서 소설다운 그 형태를 갖추게 되었다. 이러한 의미에 있어 홍길동전은 또한 조선소설문학의 획기적인 작품임을 의심할 수 없다.[22]

「홍길동전」에 대한 이해를 내용과 형식 양 측면에서 꾀하고 있다. 작품의 내용을 이해하는 데 있어서 작용된 인식은 철저하게 발생론에 기초한 인과론이다. 이 사실은 「홍길동전」이라는 작품은 모순된 사회의 결과물이며, 또한 울분을 지닌 서자 출신의 작가 허균의 소작이라는 설명에서 명백하게 드러난다. 역사사회학적 방법에 기초한 이와 같은 설명에는 진리란 실재를 재현하거나 반영함으로써 얻어질 수 있다는 점이 전제되어 있다. 따라서 실재론적 설명에 기초하고 있다고 할 수 있다. 한편 형식에 대한 설명은 작품 자체의 형식적인 측면보다는 작품의 장르적 성격에 초점을 맞추고 있다. 「홍길동전」은 호풍환우하는 가공성, 즉 허구성에 편향된 과거의 전기체소설에서 "사회의 현실을 여실히 묘사"하는 현실주의 소설로 "진보한" 것으로 파악한다. 문학적 성취 여부는 리얼리즘 달성도에 있다고 보는 것이다. 여기에는 모든 역사적 현상들은 완성된 모델을 향하여, 목적의식을 가지고 진보한

---

22 조윤제, 『국문학사』, 동국문화사, 1953, 248~249면.

다는 의식이 전제되어 있다. 이와 같은 근대주의적 진보 관념은 연속적이고 직선적인 시간의식을 지닌다. 형식을 설명하면서 중요한 척도로 삼은 점은 리얼리즘 시각이다. 역시 실재론적 설명에 기초하고 있다고 할 수 있다.

이상과 같은 내용과 형식상의 설명에서 드러난 특이점은 두 가지다. 하나는 가치판단이 확고하다는 점이며, 다른 하나는 언어, 혹은 기표가 실재에 대하여 종속적이라는 인식 역시 확고하다는 점이다. 전자는 「홍길동전」이 "모순된 사회현실을 타파하랴는 사회소설이요, 또 혁명소설이다."라고 한 점에서 분명하게 드러난다. 이는 있는 사실을 객관적으로 기술한 것처럼 보이지만 여기에는 실은 사가의 사관이 잠재되어 있다. 사관이란 다름 아닌 위에서 언급한 역사주의 혹은 사회학주의인바, 그 전체와 부분 간의 인식론적 특성을 요약하여 말한다면 전체론적 시각이다. 부분들의 개별성이나 독자성은 은폐된 채 목적을 향한 전체적인 시각에 의해 동원된다. 이 시각은 사물의 관계와 시간의 관계를 인식하는 데 다 같이 드러난다. 사물의 관계는 유기적 전체로 관련된다고 인식한다. 한편 시간의 관계는 인과론과 연속성을 기초로 하여 무한한 시간들은 필연적으로 관련된다고 확신한다. 필연은 미래의 목적에 의해 정당성을 지닌다. 미래의 목표가 과거를 편집하고 구성한다. 한편 후자는 실재에 대하여 언어가 1:1로 조응할 수 없는, 즉 실재를 넘어버리는 호풍환우하는 가공의 세계를 타기한다는 점에서 분명하게 드러난다. 여기에는 언어란 실재 사물을 반영하여야만 한다는 실재론적 인식이 전제되어 있다. 동시에 신념을 위요한 이론중심주의와 그에 의해 배치 선택된 사실에 대한 사실중심주의가 강력하게 작동한다. 언어의 유희 혹은 이탈을 통한 구성과 표현을 상상할 수가 없다. 다시 말하면 「홍길동전」에 관한 실재론적 설명에서 언어 기호의 세계 구성력에 대한 논의를 기대하기 어려운 점은 당연하다.[23]

지금까지 조윤제의 『국문학사』를 통해서 실재론적 문학사 기술의 한 양상을 살펴보았다. 이어서 명목론적 인식에 기초한 문학사 서술의 예를 살펴보자. 다음은 김윤식·정호웅이 『한국소설사』에서 이인직의 「혈의 누」에 대하여 사적으로 설명한 대목이다.

① 개화공간에서의 중심 과제는 문명개화를 통한 독립자강 사상의 실천이었다. 이 시기 소설은 이 과제와 절대로 무관할 수 없었는데 곧 많든 적든 정치소설적 성격을 띠었다. 일본의 경우에서 보듯, 신문의 계몽적·비판적 기능과 대의정치의 정치제도적 기능이 작용될 때 비로소 완미한 정치소설이 가능한데, 한국의 경우에는 후자가 결여되었으므로 완미한 정치소설 형태가 성립될 수 없었다. 이 사실을 온몸으로 느끼고, 이 문제의 소설적 해결을 위해 힘을 기울인 인물이 국초 이인직(1862~1916)이다. 완미한 정치소설의 불가능을 깨달은 이인직은 그것에 버금가는 새로운 소설 형식의 창출로 나아갔다. 「혈의 누」가 그것이다.

(…중략…)

② 「혈의 누」를 이해하는 것은 간단하지 않다. 먼저 텍스트 검증부터 거쳐야 한다. 우리가 접할 수 있는 이 작품의 텍스트는 세 가지이다. 첫째, 「혈의 누」 상편. 만세보 연재(1906.7.22~10.10), 총 50회로 완결된 것인데, 50회 말미에 분명히 '상편 종'이라 명시되어 있다. 우리가 신소설 「혈의 누」라 할 경우는 이 상편만을 가리키는 것이 보통이다. 둘째, 「혈의 누」 하편, 제국신문 연재(1907.5.17~6.1), 총 11회로 완결된 것. 셋째, 「혈의 누」의 또 다른 하편으로 씌어진 「모란봉」(1913). 이것은 매일신보에 총 65회에 걸쳐 발표(1903.2.5~6.3)된 이인직의 마지막 소설이다.

---

23 이러한 실재론적 설명 또한, 다음에 논의될 명목론적 입장에서 보면, 사회역사적 안경 즉 하나의 인식틀에 의해 구성되고 표현된 것에 불과하다. 다만 실재론적 인식을 절대화하는 사가는 이런 사실을 인정하지 않을 뿐이다.

(…중략…)

③「혈의 누」는 이전과는 전혀 다른 시각이 만들어낸 새로운 창조물이었다. 말하자면 맨얼굴의 하나가 문명개화의 이름으로 개화공간에 드러났는데 '일청전쟁'이 그 주역 노릇을 한 것이다.

구한말까지 이어진 주자학적 세계관으로 세상을 보던 차원에서 '일청전쟁'이라는 안경으로 바라보는 세계란 어떤 것인가. 주자학적 안경으로 바라보던 세계는 비유컨대 색칠한 안경을 통해 본 얼굴이었다. '일청전쟁'이라는 안경으로 바라보는 세계 또한 진짜 맨얼굴이라 할 수는 없다. 그러니까 어느 시대도 진짜 사물의 맨얼굴을 볼 수는 없는 것이다. 다만 그 시대의 주도적인 안경으로 사물을 바라보고, 그것을 진짜 맨얼굴이라 주장할 뿐이다. 개화공간에서는 '일청전쟁'이란 안경이 주도적인 것이었다. 단순한 문명개화가 아니라 '청일전쟁' 아닌 '일청전쟁'의 안경으로 바라본 세상 풍경을 두고 '일청전쟁'이 만들어낸 풍경이라 할 때, 사람들은 이 풍경을 새로운 것이라 인식했다. 방법론상으로 보면 '일청전쟁'을 표현하는 장치(일본식 언문일치 문체)가 먼저 있고 그것이 사상(인물)을 만들어낸 형국이다. 등장인물 김관일이라든가 그의 처 최씨, 어린 딸 옥련, 또 옥련이 일본 유학·미국유학을 떠나는 일 자체가 '일청전쟁'으로 말미암은 것이기보다는 '일청전쟁' 자체의 다른 모습에 지나지 않는다. 기호론자의 표현을 빌리면, 김옥련의 치맛자락이나 웃음 하나하나가 한갓 '일청전쟁'의 제유 synecdoche인 것이다.

④ 만세보 연재의「혈의 누」와 광학서포판 단행본의 문체는 놀랄 정도로 다른데 이를 정리하면 다음과 같다.

(a) 한자가 없어졌다는 것. 단행본에는 괄호 속에만 겨우 한자가 사용되었는데, (하략)

(b) 한자 옆에 달았던 일본식 루비의 표기가 소멸되었다는 것.

(c) 일본말이 우리말로 바뀌었다는 것.

(d) 신문 연재에서 묘사된 "청인(淸人)의 패한 군사는 ……" (하략)[24]

(①, ② 등은 설명의 편의를 위하여 필자가 붙인 것이다.)

인용문에는 아리스토텔레스가 분류한 세 가지 설명 형태, 즉 발생인에 의한 설명, 목적인에 의한 설명, 그리고 형식인에 의한 설명 형태 등이 고르게 동원되고 있다. ①은 「혈의 누」에 구현된 정치 이데올로기적 성격에 대하여 설명하고 있는데, 일종의 목적론적 설명이라고 할 수 있다. 「혈의 누」는 문명개화를 통한 독립자강 사상을 개화공간에서 실천하기 위해서 쓰여진 것이라고 파악하고 있기 때문이다. 다음 ②는 「혈의 누」의 서지와 관련된 실재 역사적, 객관적 사실을 말 그대로 사실적으로 설명하고 있다. 일종의 발생론적 설명이다. 다음 ④는 「혈의 누」라는 텍스트의 변화를 형식적인 측면에서 설명하고 있다. 형식인에 의한 설명 형태가 원용되고 있는 것이다.

그런데 ①, ②, ④의 역사인식은 실재론적이다. 모두 다 사실에 상응하는 진리 관념을 전제한다는 점에서 그렇다. 실재론은 진리의 대응이론을 함축한다. 대응 이론은 우리의 판단과 대상이 서로 대응할 때 우리의 판단은 진리가 된다는 주장이다. 이때의 진리는 절대적 성격을 지니는 것으로 이해된다. ①은 개화 공간에서 문명개화를 통한 독립자강 사상을 실천하는 것이야말로 개화기 소설의 사명이요 절대적 진리를 실천하는 길이라는 점이 전제되어 있다. ②와 ④는 전형적인 실재론을 보여준다. 여기에 전제된 역사인식 역시 실재에 대하여 사실적으로 설명함으로써 실재적 진리를 드러낼 수 있다는 점을 기초로 한다.

한편 ③은 위에서 본 설명 형태들과는 달리 저자들이 명시적으로 밝히고 있는 바와 같이 명목론적 역사인식을 기반으로 하고 있는 설명

---

24 김윤식 · 정호웅, 『한국소설사』, 문학동네, 2000, 36~46면.

형태이다. ③에서 말하는 '안경'이란 언어에 의해 조직된 인식틀, 패러다임, 방법 등을 비유적으로 표현한 것인데, 진리는 사실보다는 인식틀에 의해 드러난다는 점이 전제되어 있다. 세계는 언어 혹은 방법에 의해 구성되고 창조된다는 것이다. 그런데 ③에 구사된 명목론적 인식은 다음 두 가지 점에서 특징적이다. 첫째 역사 사실들을 기호론적 입장과 관련하여 파악한다는 점이다. 모든 역사적 사실들이 기호론적 입장에서 장치(혹은 제도)로 파악된다. 따라서 김옥련이 등장하는 「혈의 누」라는 문학적 사실은 '일청전쟁', 즉 근대주의라는 전체적 진리를 가리키는 부분적 기호가 된다. 둘째, 여기에 전제된 진리관은 상대적이라는 점이다. 역사적 갈등과 변화란 인식틀의 주도권 행사에서 비롯된다는 인식이 전제되어 있기 때문에 지식은 힘 혹은 권력에 의해 좌우되게 된다. 따라서 추구하는 진리는 상대적일 수밖에 없게 된다. '주도적인 안경'이라 할지라도 어떤 한 시대의 맨얼굴을 보지는 못한다고 한 것은 이 때문이다.[25] ④의 인식에서는 ①에서 언급한 '개화를 통한 독립자강 사상'은 가치중립화되고 상대화된다.

이상을 두고 판단해 본다면, 「혈의 누」에 대한 설명은 표면상 실재론적 설명과 명목론적 설명이, 그리고 절대적 진리관과 상대적 진리관이 병존하고 있다고 할 수 있다. 그러나 문맥을 좇아 자세히 살펴보면 예의 설명은 ③에 구사된 명목론적 인식이 주도적임을 알 수 있다. 두 인식을 단순히 병렬시키는 것도 문제가 되지만, 어느 일방의 인식을

25 김윤식 · 정호웅은 『한국소설사』에서 인식틀의 상대적 성격을 다음과 같이 피력한다. "종래의 주자학적 가면으로 가려졌던 부분이 문명개화의 안경으로 바라보면 맨얼굴처럼 보여지는 것이며, 이 맨얼굴도 또 다른 안경으로 보면 가면으로 비칠 것임에 틀림없다. 그렇지만 문명개화의 안경이 근대성인 만큼 근대성이 주도적인 몫을 해가는 기간까지는 이 안경이야말로 맨얼굴 찾기의 중심점이자 주도적인 힘이 아닐 수 없다. 적어도 근대성의 해체라 말해지는 포스트모더니즘의 안경이 주도적인 자리에 오를 때까지는 바로 이 안경이 지배적인 힘을 발휘한다."(김윤식 · 정호웅, 위의 책, 44면)

선택적으로 강조하는 것도 문제가 되는 것은 분명하다. 명목론적 인식이 강조됨으로써 야기되는 문제점은 사회성이 은폐되거나 배제된다는 데 있다. 앞의 「혈의 누」에 대한 설명 가운데 한 대목[26]을 보면 이 사실을 보다 분명하게 확인할 수 있다. 당대 사회역사 현상 모두를 '일청전쟁'의 제유로 파악함으로써 문화를 체계적으로 해석한다. 일청전쟁을 통해 자본주의를 관철시키고자 한 제국 패권이 전일적으로 제도화되고 그 제도 권력에 의해 인간사회가 재편된다는 논리다. 반복하자면 일청전쟁이 주도적 안경으로 작용하여 자본주의 권력이 사회 전반에 전일화된다는 인식이다. 이럴 때 일청전쟁에 의해 형성된 지식권력은 구체적 현상을 규정하는 것으로 인식되며, 모든 문화현상은 기호에 불과한 것으로 인식된다. 문학에 한정해서 말한다면, 제도로서의 언문일치 문체가 「혈의 누」를 낳게 되고 소설의 '사상(인물)'까지를 만들어내게 된다.

이상과 같은 해석은 구조주의적 인식과 명목론적 인식에 토대를 둔 문명사적 해석이라고 할 수 있다. 이러한 인식의 특징은 역사의 주체를 인간이 아니라 문화 혹은 문명으로 보는 데 있다. 이것의 효과는 사물의 존재를 인식론에 종속시킴으로써 존재론에서 주장하는 필연적 인과성이나 연속성으로부터 벗어나게 하는 데 있으며, 패러다임을 누적적으로가 아니라 대체적으로 봄으로써 권력의 전복성을 부각시키는 데 있다. 결과적으로 이러한 인식은 무엇보다 직선적이며 목적론적

---

26 "단순한 문명개화가 아니라 '청일전쟁'이 아닌 '일청전쟁'의 안경으로 바라본 세상풍경을 두고 '일청전쟁'이 만들어낸 풍경이라 할 때, 사람들은 이 풍경을 새로운 것이라 인식했다. 방법론상으로 보면 '일청전쟁'을 표하는 장치(일본식 언문일치 문체)가 먼저 있고 그것이 사상(인물)을 만들어낸 형국이다. 등장인물 김관일이라든가 그의 처 최씨, 어린 딸 옥련, 또 옥련이 일본유학 · 미국유학을 떠나는 일 자체가 '일청전쟁'으로 말미암은 것이기보다는 '일청전쟁' 자체의 다른 모습에 지나지 않는다. 기호론자의 표현을 빌리면, 김옥련의 치맛자락이나 웃음 하나하나가 한갓 '일청전쟁'의 제유 synecdoche인 것이다."(김윤식 · 정호웅, 위의 책, 41~42면)

인 진보관의 맹목성을 인지하도록 함으로써 허망한 근대 계몽주의로부터 지식을 해방시켜준다는 데 있다. 그럼에도 불구하고 이러한 인식에서 가장 문제가 되는 것은 이러한 해석에서는 주도적 권력의 객관적이고 현상적인 정보만을 중시하게 되고 억압당하는 주체의 정보는 무시되는 점이다. 주체를 무시함으로써, 즉 휴머니즘을 배제함으로써 얻을 수 있는 효과는 지식의 객관성과 보편성이다. 따라서 이러한 해석에서는 주체의 해방 의지는 숙명론에 빠져 무력화되는 한편 주체의 해방의지의 기초가 되는 사회의 생산양식은 인식으로부터 철저하게 배제된다. 그 결과 그와 같은 해석은 추상성을 면치 못하게 된다. 이는 예초에 명목론적 인식에 기초하여 역사의 체계성만을 구명해 보고자 한 데서 비롯된다.

지금까지 실제 문학사 기술을 통해 살펴본 바와 같이 실재론과 명목론은 각기 그 나름의 생산적인 역사인식들을 보여주고 있다. 논의에서 드러난 한계점을 극복하기 위한 문제의 핵심은, 문학사가 역사 혹은 문화의 구조적 특성과 인간 주체의 해방의지를 상호관계 속에서 서사화하고 표상해야 한다는 점이다. 이 점을 바흐친의 대화주의 이론을 통해 간단히 살펴보자.

〈4〉 역사와 주체의 상호관계를 서사화하고 표상하는 것은 말할 것도 없이 언어이다. 바흐친에 따르면, 언어가 역사와 주체 양자를 매개하여 상호관계를 형성하게 할 수 있는 요인은, 언어가 기호성과 함께 사회성을 지니고 있기 때문이다. 바흐친은, 기호성을 강조하는 명목론적 인식이나 사회성을 강조하는 실재론적 인식과는 달리 양자를 대화적 관계에서 보고자 한다.

바흐친은 우선 언어 기호 자체가 지닌 사회성을 강조하는데, 형식과 내용은 각기 나름의 사회성을 지닌다고 본다. "각각의 시대와 각각의 사회 집단은 제각기 그들에게 특이한 기호 형식을 만들어낸다."[27] 이런 사례는 역사적 문학 장르에서 분명하게 확인할 수 있다. 신라시대의 향가, 고려시대의 경기체가, 그리고 조선시대의 시조 등은 그 좋은 예에 해당한다. 한편 내용에 대해서는 다음과 같이 언급한다. "서로 다른 사회 계층은 대개의 경우 동일한 기호를 사용하고 있기 때문에 서로 다른 악센트가 같은 기호 안에서 교차하고 상충하기 마련이다."[28] 기호의 내용은 가치평가적인 악센트를 지닌다는 것이다.

그런데 바흐친의 언어학은 언어의 사회성을 구성주의적 인식에서 파악한다는 점에서 특징적이다. 그는 "…… 기호는 단순히 실재의 일부로 존재하지 않고 또 다른 실재를 반영하고 굴절"할 뿐만 아니라 "기호 그 자체는 바로 실재를 구성하는 물질의 일부가 된다"[29]고 파악한다. 그는 언어 기호를, 언어의 체계를 상정하여 객관적 실체로 인식하는 전통적인 객관주의 언어학과는 달리 외부 세계의 현상, 외부의 경험의 산물로 인식한 것이다. 그는 외부세계의 산물인 기호는 오직 개인과 개인 사이의 영역의 사이에서만 생겨난다고 본다. 따라서 기호가 기호로 성립되기 위해서는 두 개인은 반드시 사회적으로 조직되지 않으면 안 되며, 그들이 하나의 사회적 단위를 형성할 때 비로소 기호는 기호로서 의미를 지니게 되는 것이다.[30] 그리고 기호로서 작용하는 모든 현상은 비록 그것이 소리이건 색깔이건 물리적인 질량이건 혹은 신

---

27 김욱동, 『대화적 상상력』, 문학과지성사, 1988, 113면.

28 김욱동, 위의 책, 114면.

29 김욱동, 위의 책, 112면. 이하의 바흐친 언어학에 대한 논의는 김욱동의 책을 참조한 것임. 거칠게 대응시킨다면, 인용문 가운데서 전자는 주관주의적 언어학에 기초한 실재론적 입장과 관련된 인식이며, 후자는 객관주의 언어학에 기초한 명목론적 입장과 관련된 인식이다. 바흐친의 언어학은 문화지형에 드러난 기호 또는 언어보다는 그것의 사회 역사적 물질성으로서의 이데올로기에 주목한다는 점에서는 실재론적 입장과 같으며, 대상의 선험성을 승인하지 않는다는 점에서는 명목론적 입장과 같다고 할 수 있다.

30 김욱동, 앞의 책, 112~113면.

체의 동작이건 반드시 물질적 구현을 통해서만 나타나기 때문에 기호는 전적으로 객관적이며 사회적이다.[31] 이와 같은 언어 기호의 사회역사성 때문에 역사와 주체 양자의 매개가 가능하게 되어 그것들은 상호관계를 형성하게 된다.[32]

이상과 같이 언어 기호의 사회성을 강조하는 바흐친의 언어학은 외적 기호라 할 수 있는 이데올로기와 내적 기호라 할 수 있는 인간 의식이나 정신에 있어서도 각각의 사회성을 여전히 강조한다. 바흐친에 따르면, "이데올로기적인 것은 모두 의미를 소유한다. 즉 그것은 그 자체 밖에 놓여 있는 그 무엇을 재현하고 묘사하며 상징한다. 바꾸어 말해서 이데올로기적인 것은 곧 기호이다. 기호가 없이는 이데올로기도 없다."[33] 그렇기 때문에 이데올로기와 기호는 도저히 서로 분리해서 생각할 수 없다. 기호가 있는 곳에 이데올로기가 있으며, 이데올로기가 있는 곳에 기호가 있기 마련이다. 따라서 이데올로기는 기호와 마찬가지로 전적으로 객관적이고 사회적이다. 그것은 인간의 정신이나 의식으로부터 생겨나는 것이 아니라 오히려 물질적인 기호를 통해서만 가능하다. 한마디로 바흐친은 "이데올로기적 현상의 실재는 곧 사회적 기호의 객관적 실재"[34]라고 주장한다.

한편 바흐친은 의식에 대해서도 사회성을 강조한다. 그에 따르면,

---

31 김욱동, 위의 책, 112면.

32 언어 기호의 사회적 특성을 강조하는 그와 같은 관점은 기호의 형식과 내용에 관한 인식에 있어서도 그대로 드러난다. "각각의 시대와 각각의 사회 집단은 제각기 그들에게 특이한 기호 형식을 만들어낸다."(김욱동, 위의 책, 113면) 한편 "기호의 내용은 형식과 마찬가지로 사회 구성원의 사회-경제적 물질적 기반에서 비롯된다."(김욱동, 위의 책, 114면) 그런데 기호의 내용은 가치평가적인 악센트를 지닌다. "서로 다른 사회 계층은 대개의 경우 동일한 기호를 사용하고 있기 때문에 서로 다른 악센트가 같은 기호 안에서 교차하고 상충하기 마련이다."(김욱동, 위의 책, 114면)

33 김욱동, 위의 책, 9면.

34 김욱동, 위의 책, 13면.

의식은 사회적 상호 작용의 과정 속에서 조직된 집단이 만들어낸 기호의 물질 안에서 형체와 존재를 부여받기 때문에 그것은 기호로부터 영양분을 섭취하며 기호로 인하여 성장하며, 기호의 논리와 법칙을 반영한다. 따라서 의식의 논리는 이데올로기적 의사소통의 논리, 즉 사회 집단의 기호적 상호 작용의 논리가 된다.[35] 이때 개인의 의식은 전적으로 사회-이데올로기적 사실에 지나지 않기 때문에 그것은 결코 관념론자들이 흔히 주장하는 것처럼 초월적이고 신비로우며 불가사의한 존재가 아니다.[36]

지금까지 바흐친의 언어학[37]에 기대어, 문화 현상으로서의 문학사가 실재론과 명목론의 편향을 극복하는 길은 문학 언어의 체계성과 사회성 양자를 대화적 관계에서 파악해야 한다는 점에 있다는 사실에 대하여 논의하였다. 문학사에 대한 이와 같은 대화적 이해는, 문학사에 대면하는 역사가의 사회적 이데올로기와 의식은 역사의 전변에 따라 변화를 겪는 상대적 현상이라는 점에서도 강조되어야 한다고 판단한다.[38] 더구나 문학사 기술사에서 거대 이데올로기로 작동한 민족주의에 대하여 학문사적 탐구를 기해야 한다는 점에서도 문학사에 대한 대

---

35 김욱동, 위의 책, 116면 참조.

36 따라서 이데올로기의 연구는 심리학에 전혀 의존할 필요가 없다고 한다.(김욱동, 위의 책, 114~115면 참조.)

37 레이먼드 윌리엄즈는 언어 기호의 사회성과 체계성을 동시에 강조하는 바흐친의 언어학을 두고, 훔볼트 이후 관념론자들이 강조한 인간 '활동'을 사회적 활동으로 보게 하고, 신객관주의 언어학이 강조한 '체계'를 사회 활동과 관련지어 보는 것을 가능하게 한 데 있다고 높이 평가한다.(레이먼드 윌리엄즈, 「볼로쉬노프와 언어학」, 여홍상 엮음, 『바흐친과 문화이론』, 문학과지성사, 1995, 227면)

38 기호학자 유리 로트만은 역사가와 역사 텍스트의 관계를 다음과 같이 언급한다. "텍스트는 항상 누군가에 의해 어떠한 목적으로 창조되며, 사건들은 약호화된 형태로 텍스트 안에 존재한다. 따라서 역사가들은 해호자의 역할을 해야 하며, 텍스트로부터 비텍스트적 현실을 추출해냄으로써 〈사실〉을 창조해 낸다."(송효섭, 『문화기호학』, 민음사, 1997, 200면) 여기서 말하는 '목적'이란 역사가의 이데올로기와 의식임은 물론이다. 역사 텍스트는 목적에 의해 구성된다는 명목론적 입장이 전제되어 있다.

화적 이해는 더욱 긴요하다 하겠다.[39] 이것은 문학사에 대한 탈식민주의 담론의 장을 마련하는 단초가 되기도 할 것이다.

---

39 프래신짓트 두아라(Prasenjit Duara)는 겔너(Ernest Geller)와 베네딕트 앤더슨(Benedict Anderson)이 각기 전개한 민족주의론에 대하여 비판적인데, 이는 이데올로기의 절대화에 대한 비판의 한 사례가 된다 하겠다. 두아라는, 두 논자가 각기 전개한 민족주의론에는 일종의 이데올로기라 할 수 있는 근대의 민족주의를 절대화한 데 오류가 있다고 판단한다,
두아라는 "과거는 (과거로부터 현재로) 일직선으로 단지 전달(transmitted)는 것만이 아니라 그 의미 역시 시간과 공간으로 산포(dispersed)된다."(프라센지트 두아라, 문명기 · 손승희 옮김, 『민족으로부터 역사를 구출하기』, 삼인, 2004, 24~25면)고 본다. 여기서 전달과 산포는 역사적 사실이 역사의 경과에 따라 그 의미가 여러 갈래로 갈라져 나가는 현상을 설명하는 개념들이다. 역사적 사실은 그 일부나 전부가 여러 원인(그 중의 하나는 현재의 필요에 의해)으로 말미암아 전유됨으로써 배제 또는 은폐되고 억압된다.(문명기 · 손승희, 위의 책, 24~25면 각주 참조) '현재의 필요'는 이데올로기에 의해 결정되는 것으로서 이는 어디까지나 상대적인 것이다. 이러한 시각에서 두아라는 겔너와 베네딕트 앤더슨이 각기 전개한 민족주의론에 대하여 비판적이다. 그가 경험적 자료에 의해 판단하건대, 근대의 민족주의에 특권을 주어야 할 이유는 없다고 판단한 것이다.(프라센지트 두아라, 위의 책, 93~94면)

제2장
민족주의 문학사의 서사

문학사 서술과 관련하여 제기되는 질문들 가운데 다음 두 가지가 대표적이다. ① 문학사는 가능한가. ② 가능하다면, 그것은 예술인가 과학인가. 주지하다시피 전자는 문학이라는 존재의 시간 초월적 특성으로 말미암아 제기되는 것이며, 후자는 문학사가 지니는 인식 상의 특성으로 말미암아 제기되는 것이다.

우리가 민족주의 문학사를 생각할 때 후자만이 문제가 됨은 물론이다. 민족주의 시대에 문학사 구성을 지휘하고 지도했던 지도 이념으로 민족주의가 절대적으로 작용했기 때문에 존재의 문제는 물을 필요도 없다. 너무나 자연스럽고 당연한 것이었으므로 분과학으로서의 문학사의 정체성은 확고하다고 할 수 있다. 그것이 단순히 언어 구성물이라는 사실을 깨닫게 된 것은 민족주의라는 이데올로기가 생산력을 잃고 의심받게 될 때이다. 이것은 문학사라는 구성물이 스스로 하나의 사건으로서 존재했다는 것을 알아차리는 운명적인 순간이다. 전체 사학사를 돌이켜보면, 민족주의 문학사는 변신을 거듭하면서도 굳건히 자신의 이념을 실현하여 왔다고 할 수 있다. 민족주의 문학사는 근대 정신사에서 제도적 담론으로서 기능해 왔고, 무의식으로 작동하여 왔음을 부인하지 못한다. 이성적으로 부인한다고 해서 일상에 경험으로 실천된 민족주의 문학사가 어찌 하루아침에 일소되겠는가.[1]

그렇다면 민족주의 문학사는 자신을 예술로 표방하는가 아니면 과학으로 표방하는가. 어느 쪽으로 보느냐 하는 것은 문학적 세계에 대한 인식 방법으로서 서사성과 과학성을 어떻게 파악하는가에 달려 있다. 단순하게 말하여, 예술로 본다면 서사성을 주목할 것이며, 과학으로 본다면 과학성, 즉 논리성을 강조할 것이다. 엄밀하게 말하여 문학사는 어느 한 인식만 가지고는 성립하지 않는다. 그렇다면 문학사에서 두 인식 방법은 상호 어떤 관계를 형성하는가? 이 문제를 다른 학문, 즉 일반사와 사회학에 비교하여 살펴보자. 거칠게 말한다면, 일반사는 서사적 인식을 논리적 인식보다 상대적으로 보다 많이 활용한다. 사회학은 그 반대인데, 과학적이고자 하는 사회과학 담론은 서사성을 전적으로 배제하고서는 성립하지 않는다. 말하자면 사회학은 논리성의 품 안에 서사성을 안고 세계를 인식한다.[2] 문학사의 경우는 일반사와 마찬가지로 서사성의 품에 논리성을 안고 세계를 인식한다. 그런데 문학사가 지닌 서사적 인식의 활용도는 한때 역사history와 장르를 같이했

---

1 이런 사실은 우리의 미의식이나 윤리의식이 민족주의에 의해 주조되었다는 사실을 새삼 인식해 본다면 쉽게 짐작할 수 있다.

2 인간의 정신활동에 있어서 서사적 인식의 폭은 언어만큼 넓다고 할 정도로 광범위하다.(H. 포터 애벗, 우찬제 · 이소연 · 박상익 · 공성수 옮김, 『서사학 강의』, 문학과지성사, 2010, 17~21면 참조)

던 소설story에 비하면 상대적으로 약한 편이다.[3]

그러면 문학사 인식에서 서사성과 논리성이 각기 어느 정도 기능하는가를 알아보자. 이 점을 역사이론으로 정식화한 이론가는 헤이든 화이트(Hayden White)이다. 화이트는 담론으로서의 역사 기술이란 플롯 구성 형식, 논증 형식 그리고 이데올로기적 경향 등 세 형식의 결합체라고 인식한다.[4] 이들 형식 개념들을 서사성과 논리성(혹은 과학성)—문학사는 예술인가 과학인가의 준거가 되는 개념—에 대응시켜보면 이렇다. 플롯 구성 형식은 서사성에, 그리고 논증형식은 논리성에 대응된다. 이렇게 본다면, 화이트는 역사 서술 텍스트는 서사성과 논리성을 토대로 하여 구성된다고 인식한 것이 분명하다. 그렇다면 화이트의 이론체계에서 이데올로기의 위치는 어디일까? 화이트는 이 점에 대하여 확실하게 언급을 하지 않은 채 다만 기능주의적 입장에서 그 결합양상에 대해서만 언급한다. 그런 점에서 그는 형식주의적 역사이론가이다.

화이트는 역사 서술시 동원되는 세 형식 가운데 플롯 구성을 일차적으로 중요하게 생각한다. '연대기적 사건'을 '역사적 사건'으로 만드는 것은 궁극적으로 역사가들이 선험적으로 선택한 플롯 구조이기 때문이다. "연대기에서 이 사건은 단순한 하나의 연속적인 요소로서 '거기에' 있을 뿐이다. 그 사건은 이야기의 요소로서 '가능하지' 않는다. 역사가들은 연대기의 사건들을 이야기의 요소를 지닌 사건으로 전환시

---

3 소설이 역사와 결별할 수밖에 없었던 것은 서사를 허구라 비난받을 만큼 과도하게 확대한 결과이다. 과도한 허구란 체제에 대한 이탈 정도를 표현한 것으로 그것은 근대체제에 대한 비판의식의 소산이다.

4 헤이든 화이트, 천형균 옮김. 『19세기 유럽의 역사적 상상력-메타 역사』, 문학과지성사, 1991, 15~47면 참조.
김기봉은 헤이든 화이트가 역사이론에 끼친 획기적인 공로를 이렇게 말한다. "역사가들에게 역사서술의 형식적인 측면의 중요성을 각성시킴으로써 종래의 '컨텍스트주의(contextualism)' 위주의 역사연구 방향을 넘어서 '형식주의(formalism)'의 차원으로 열어주었다는 점이다."(김기봉, 『'역사란 무엇인가'를 넘어서』, 푸른역사, 2004, 336면)

킴으로써, 의미화의 체계(hierarchy of significance) 속으로 사건들을 배열하며, 그러한 방법을 통해서 뚜렷한 시작과 중간과 종말을 지닌 이해 가능한 과정으로 간주되는 일련의 모든 사건에 형식적인 결합력을 부여한다."[5] 이처럼 화이트가 플롯 구성 형식을 중요하게 보는 것은 역사를 과학으로서보다는 예술로 인식한다는 사실을 반증한다 하겠다.

화이트는 위에서 든 역사 텍스트의 세 형식들을 더욱 세분하여 형식들이 결합한 결과 나타날 수 있는 텍스트의 다양한 양상을 예상하게 한다. 그에 따르면, 역사 기술의 세 형식인 플롯 구성형식, 논증형식 그리고 이데올로기적 경향 등은 각기 네 유형으로 세분된다. 플롯 구성은 로망스, 비극, 희극, 풍자 등으로 구분되며, 논증 형식은 형식주의 형식, 기계론적 형식, 유기체론적 형식, 구조주의 형식 등으로 구분된다. 한편 이데올로기적 경향은 무정부주의, 급진주의, 보수주의, 자유주의 등으로 구분된다.[6] 그런데 이들 결합체를 이해 가능한 형태로 만들어 주는 것은 비유법을 토대로 하여 이루어진 서술이라고 한다. 비유법 역시 은유, 환유, 제유, 반어 등 네 가지로 구분된다.[7] 이때 비유법이란 일종의 번역이다. 알 수 없는 무정형의 과거에 상을 부여하여 이해를 가능하게 하기 때문이다.[8] 이와 같은 역사서술의 비유법에 대한 논의는 담화 차원에 관련된 논의이다. 따라서 화이트의 역사이론은 서사로서의 역사가 지녀야 할 두 차원, 즉 스토리 차원과 담화 차원 모두를 포괄하고 있다고 할 수 있다.

화이트는 여러 역사가들의 프랑스 혁명에 대한 묘사를 들어 자신의 이론을 예증한다.[9] 그가 든 역사가로는 미슐레, 랑케, 토크빌, 그리고 부

5 헤이든 화이트, 위의 책, 17~18면.

6 헤이든 화이트, 위의 책, 15~47면.

7 헤이든 화이트, 위의 책, 47~60면.

8 이한구, 『역사학의 철학』, 민음사, 2007, 170면 참조.

르크하르트 등인데, 그는 각 역사가들의 프랑스 혁명에 관한 역사적 설명의 특징을 이렇게 요약한다.[10] 미슐레는 로망스 형식으로 역사를 구성하고 은유로 설명하며 무정부주의 시각에서 역사를 고찰한다. 랑케는 희극으로 역사를 구성하고 제유로 설명하며 보수주의 입장을 고수한다. 토크빌은 비극으로 역사를 구성하고 아이러니로써 설명하며, 이데올로기 관점은 자유주의적이나 논조에 있어서는 보수주의적이다.[11]

그런데 일반적으로 문학사 구성 요소들의 매개 문제는 형식주의자들이나 구조주의자들이 회피해 버린다. 그럼에도 불구하고 이상에서 본 바와 같이, 형식주의적 역사이론가인 화이트는 이데올로기가 보다 높은 차원에서 역사서술을 지도하고 매개하는 이념 혹은 시각으로 작동한다는 사실을 적극적으로 정식화한다.[12] 이데올로기에 의해 역사

9 화이트는 그래서 자신의 역사이론을 메타 역사이론이라고 한다.

10 헤이든 화이트, 위의 책, 171~335면.

11 한편 화이트는 이어서 이들 역사가들의 설명을 비교하여 설명하기도 한다. 부르크하르트는 풍자로 역사를 구성하고 아이러니로써 설명하는데, 미슐레가 '생성'의 이미지를 강조한 데 반하여 그는 '몰락'의 이미지를 강조한다. 미슐레나 랑케는 통시적이며 과정적인 이야기를 구사하고, 토크빌과 부르크하르트는 공시적이며 정태적인 이야기를 구사한다.

12 텍스트 요소들 간의 매개 문제에 대하여 적극적인 입장을 밝힌 이론가는 문화와 문학에 대한하여 대화주의 이론을 정초한 바흐친(Mikhail Bakhtin)이다. 대화주의 이론은 말 그대로 사물들의 관계를 상호 대화적 관계에서 파악해보고자 한다. 바흐친은 텍스트 상에서 기호로 표현되는 사물들의 구성요소들과 이데올로기의 매개 가능성을 양자가 공통적으로 지니는 사회성에서 찾고 있다. 그는 "이데올로기적 현상의 실재는 곧 사회적 기호의 객관적 실재이다."(V. N. Voloshinov(Mikhail Bakhtin), *Marxism and the Philosophy of Language,* trans. Ladislav Matejka and I. R. Titunik, Cambridge, Mass.: Harvard University Press, 1986, 13면, 김욱동, 『대화적 상상력-바흐친의 문학이론』, 문학과지성사, 1988, 115면에서 재인용)고 주장한다. 이는 이데올로기란 언어 기호와 마찬가지로 전적으로 객관적이고 사회적이며 물질적 요소로 작용한다고 하는 인식이다. 이런 사회성과 물질성으로 말미암아 이데올로기가 사물들의 구성요소들의 상호관계를 형성시켜 주는 매개물로 작동할 수 있다고 보는 것이다. 나아가 바흐친은 기호와 이데올로기의 관계를 의미론적 차원에서 언급한다. "이데올로기적인 것은 모두 의미를 소유한다. 즉 그것은 그 자체 밖에 놓여 있는 그 무엇을 재현하고 묘사하며 상징한다. 바꾸어 말해서 이데올로기적인 것은 곧 기호이다. 기호가 없이는 이데올로

적 사건들의 단편이 줄거리로 구성되고, 문학사의 주체가 설정되며, 나아가 문학사 담화의 색채와 목소리가 결정되는 것은 분명하다고 본 것이다. 사관 혹은 이데올로기는 문학사를 구성하는 데 있어서 선택과 배제의 원리, 그리고 수사의 원리로 작동하는 것은 분명하다.

그렇다면 우리가 여기서 논의의 대상으로 삼고 있는 민족주의 문학사의 경우 이데올로기로서의 민족주의는 어떻게 기능하는가? 예를 통해 살펴보기로 하자. 다음에 인용된 글은 조윤제의 『국문학사』의 한 대목이다.

> 국문학이 바야흐로 형성하려 할 때에 대륙으로부터 대한문화가 엄습하여 왔다. 번어날랴던 국문학은 여기에 그만 힘을 쓰지 못하고 우그려 움켜들고 말았으니 신라의 향가문학이 고려에 들어와서 그 흔적을 감추게 되고, 정형시에까지 발달하였던 시가는 다시 유동하기 시작하였다. 이것은 우리들이 고려문학에서 맛본 쓰라린 경험이었다. 그러나 또 그러한 중압을 받아 가면서 경기체가가 성립되고 시조문학이 발생하고 설화문학이 어느 정도 진보한 것은 조선문학사의 그 끈기성을 말하는 듯도 하여 얼마끔 낙담할 것도 아니라는 교훈을 받은 것도 사실이다.
>
> 그러자 구시대인 고려는 붕괴되고 신조선의 창업이 우렁차게 일어서니 정세는 크게 달라졌다. 그 크게 달라졌다는 것은 다만 왕조가 바뀌어 정치형태가 달라지고, 불교가 퇴진하면서 유교가 대두하였다는 그것만이 아니

기도 없다."(V. N. Voloshinov(Mikhail Bakhtin), 위의 책, 9면, 김욱동, 위의 책, 115면에서 재인용) 기호가 있는 곳에 이데올로기가 있으며, 이데올로기가 있는 곳에 기호가 있기 마련이라는 인식이다. 정리하자면, 이데올로기가 사물의 구성요소들 간의 상호관계를 매개할 수 있는 힘은 기호와 마찬가지로 그 사회성과 물질성을 지닌 데서 비롯된다. 그런데 이데올로기는 사물들의 여러 구성 요소들과는 다른 차원에서 작동한다. 따라서 그것은 직접적으로는 드러나지 않고 요소들의 결합을 통해 간접적으로 실현될 뿐이다.

라, 오히려 그 보다 더 크게 조선의 마음 우에 변동이 왔다. 즉 입때까지는 조선의 마음이 외래문화의 압력으로 말미암아 쓰달리고 쪼달리어 오직 위축에서 위축으로만 걸어왔든 것인데, 새나라의 창업을 맞이하는 동시에 폐칩되었던 숨을 돌리고 조을어 가던 정신이 깨어나 이제야 회소의 기운을 얻었다. 그러나 물론 그러한 움직임이 밖에 완연히 나타날 만큼 힘은 크들 못하였고, 또 외래문화의 세력은 약하들 아니하였다. 그러나 입때까지 오직 외래문화에만 의존하여 왔고 자기의 정신은 쓰달리고 쪼달리기만 하여 오다가 비로소 자기정신이 깨어 독자적인 무엇을 이루어볼랴 하는 그것이 얼마나 큰 움직임이었으며, 더욱이 무겁고 무거운 압력 밑에서 움직이는 그 힘이 얼마나 큰 것인가.

훈민정음 반포라는 사실은 즉 그러한 움직임의 상징으로서 생긴 것이고, 그 후의 국문학사적 동향은 그 힘으로 인해 차츰차츰 거름을 타서 시간이 지날수록 커지고, 또 굵어졌으니 이것을 나는 국문학에 있어 국학정신의 동태라 하였으나, 실로 국학정신은 이조건국을 계기로 다시 소복하여 머리를 들고 일어섰든 것이다. 지나간 국문학사는 꺼치나마 그 국학정신의 발전하여 온 자최를 밟아 왔다 생각되거니와, 이 정신의 소장은 곧 그대로 국문학의 소장도 되어 국문학의 발전을 위한 소생기와 육성기를 넘어서 발전기에 들어 와서는 크게 그 국학정신이 앙양되었었다.(몇 부분을 오늘날 표기로 바꿈—인용자)[13]

위의 글은 '발전시대'라 이름붙인 조선 중기 문학 서술에 들어가면서 지금까지의 문학사와 당대 상황을 개괄한 내용이다.

이 글의 핵심은 국학정신의 앙양이다.[14] 국학정신의 '국학' 개념은

---

13 조윤제, 『국문학사』, 동국문화사, 1953, 186~187면.

14 이 글은 '국학정신의 앙양'을 논제로 삼고 있다.

1930년대에 수립된 학문으로서의 국학 개념[15]이기보다는 서술 내용으로 보아 '민족'이나 '국민'의 개념으로 사용된 것이다. 문면에 나타난 바와 같이 국학정신은 국문학을 위시한 국민문화 일반에 구현된 정신을 이른다. 이 정신은 '조선의 마음'이라 표현되어 있기도 한데, 그것은 다름 아닌 사관으로서의 민족주의 이념을 표상한 것이다. 이때 문학사는 정신사로 구성된다. 바흐친이 전제한 변증법 혹은 대화주의 차원에서 보았을 때, 그것은 요소들의 상호관계를 형성시켜 주는 매개 역할을 하는 개념이다.[16] 다시 말하면 사관 혹은 이데올로기로서의 민족주의는 개별 문학작품들이 유적(類的) 정체성을 획득하는 데 매개 역할을 하는 것이다. 그 정신에 의해 모든 문학 형상은 정돈되고 배치되어 국문학사로 구성된다. 문학사에서 모든 국문학 현상은 자연적 실체 그대로 제시되는 것이 아니라 국학정신이라는 시선에 의해 조정되고 배치되어 제시된다. 푸코의 표현을 빌려 말한다면, 이데올로기로서의 민족주의는 문학사 기술에 있어서 지식권력[17]으로서 작용하게 된다. 민족주의 이념의 지도 아래 문학사는 민족의 기원이 신성하다고 말하며, 다가올 민족 미래의 행복을 기약한다.

---

15 김윤식 · 김현, 『한국문학사』, 민음사, 1973, 220~222면 참조. 여기에는 1930년대의 국학운동이 일본 제국주의 학자들 특히 경도제국대학 철학자들의 동양사론과 연계되어 있음을 밝히고 있다.

16 형식주의자 화이트는 역사 구성요소로서의 민족주의와 같은 이념을 이데올로기 양식이라는 가치중립적인 기능적 용어로 표현한다. 이 점은 앞에서 논의한 바 있다.

17 푸코에 따르면 순수한 지식이란 존재하지 않는다고 한다. "…… 역사학적 텍스트의 저자는 언제나 그가 탐구하는 분야에 있어서의 당파적인, 제한된 이론적 틀을 사용하며 따라서 결코 역사이론을 위한 순수하고(exclusive) 포괄적인 기호를 제공할 수가 없는 것이다. 지(知)는 언제나 권력과 결부되어 있기 때문에 역사학적 텍스트의 저자가 가지는 특수한 입장은 언제나 진리에 대한 그의 주장의 범위를 제한해 버리는 것이다."(마크 포스터, 이정우 옮김, 『푸코, 마르크시즘, 역사—생산양식 대 정보양식』, 인간사랑, 1990, 108면) 지식의 이와 같은 성격 때문에 체계적인 사회과학이나 정교한 이론적 연구 등이 권력의 기술로 기능할 수 있다고 주장하기도 한다.(위의 책, 165면)

민족주의는 화이트가 든 이데올로기들 가운데 무정부주의를 제외한 나머지 이데올로기들과 결합하여 나타날 수 있는 구체적인 역사적 이데올로기이다. 민족주의 문학사의 경우에도 민족주의라는 이데올로기는 문학사의 사건을 줄거리로 구성하는 데 선택과 배제의 원리로 작동한다. 나아가 민족주의는 문학의 주체를 설정하는 데 있어서도 절대적으로 개입하여 민족 개념을 특화한다. 이에 따라 민족을 표방한 문학사는 단순한 특수문화사나 문명사로 존재하는 것이 아니라 민족정신을 표상하는 정신사로 존재하게 된다. 모든 문학작품은 민족을 표상하는 구성물로 인식된다. 이때 민족은 인격적으로 전화되고 서사화되어 자전적 전기를 갖게 된다. 민족주의는 통시적으로는 국문학에 나타난 개별적인 문학적 현상들을 '소생'–'육성'–'발전'이라는 서사로 체계화하고 총체화한다. 공시적으로는 개별 민족이 윤리의식이나 미의식에 있어서 고유한 민족형식을 갖게 한다. 이때 문화로서의 문학작품들은 민족의 생명을 담는 그릇일 뿐이다. 민족주의 문학사가 단순히 특수문학사나 미시사로 끝날 수 없는 이유이다. 이런 인식을 두고 민족주의의 욕망에 의해 민족이 서사화됨으로써 민족이 탄생된다는 주장이 가능하게 된다.[18]

지금까지 문학사에서 지도 이념으로 작동하는 민족주의를 살펴보았다. 다음으로 문학사의 주체와 사건이 민족주의 이데올로기에 의해 어떻게 구성되는지 좀 더 자세하게 살펴보자.

흔히 서사학자들은 모든 서사 텍스트는 스토리 차원과 담화 차원으

---

18 프래신짓트 두아라(Prasenjit Duara)에 따르면, 역사란 전달되는 역사 사실의 재현적 측면과 이론에 의해 구성되는 표현적 측면이 있다. "과거는 (과거로부터 현재로) 일직선으로 단지 전달(transmitted)되는 것만이 아니라 그 의미 역시 시간과 공간으로 산포(dispersed)된다."(프라센지트 두아라, 문명기 · 손승희 옮김, 『민족으로부터 역사를 구출하기』, 삼인, 2004, 24-25면) '전달'과 '산포'는 역사적 사실이 역사의 경과에 따라 그 의미가 여러 갈래로 갈라져 나가는 현상을 설명하는 개념들이다.

로 이루진다고 한다.[19] 우리가 논의하고자 하는 주체와 사건은 스토리를 구성하는 요소들이다.[20] 같은 서사 텍스트인 소설에 비유하여 말한다면, 문학사 텍스트에서 주체는 주인공 역할을 담당한다고 할 수 있으며, 사건은 플롯에 상응한다고 할 수 있다.[21] 우리는 위에서 이데올로기로서의 민족주의를 논의하면서 민족주의 문학사의 주체는 개별 문학작품들이 아니라 민족이라고 하였다. 민족주의 문학사의 주체로서의 민족은 집단공동체의 대표자로서 민족이다. 강조하자면 대주체로서의 민족이다. 이때 민족은 인용 글에서 본 바와 같이 정신과 이념을 지닌 정신적 존재로 상정된다. 그래서 "국문학사는 …… 그 국학정신의 발전하여 온 자취를 밟아왔다."고 표현할 수 있게 된다.

다른 한편 민족은 유기체로 표상되어 생명을 부여받기도 한다. 민족이 생명을 지닌 물질적 존재로도 인식된 것이다. 그것은 의인화를 통하여 가능하게 된다. 인용 글에는 '머리를 들고', '숨을 돌리고', '회소의 기운', '힘', '움직임' 등 약동하는 생명을 연상시키는 말들이 다수 구사

---

19 H. 포터 애벗(H. Porter Abbott)은 모든 서사물의 서사narrative 요소를 크게 스토리story와 서사 담화narrative discourse 두 가지로 나눈다. 그런데 그는, 스토리는 사건events과 실체entities(존재existents)로 나눌 수 있는 데 반해, 서사 담화를 더 이상 분할하는 것은 이해에 도움을 주지 않는다고 한다.(H. 포터 애벗, 위의 책, 47~48면) 이에 따르면, 서사의 중요한 요소는 결국 사건, 실체 그리고 서사 담화 등 세 가지라고 할 수 있다. 이때 스토리는 따로 명백하게 존재하는 것이 아니라 담화에서 유추할 수밖에 없는 요소이다.

20 H. 포터 애벗은 위에서 본 바와 같이, 스토리 차원을 실체와 사건으로 나눈다. 우리는 우리의 목적에 맞게 다음과 같이 다룬다. 실체는 주체의 개념으로, 사건은 플롯 혹은 줄거리로 다룬다. 사건은 시간 속에서 이야기로 혹은 줄거리로 실현되기 때문이다. 한편 사건에 대한 논의는 그 경과 혹은 연속성 또한 대상으로 삼게 됨으로써 자연스럽게 시대구분의 문제가 논의된다.

21 문장 구조에 비유한다면, 민족 주체는 주어에 해당한다. 사건은 서술어에 상응하는데 사건의 플롯화에서 유추한 것이다.(나병철,『소설의 이해』, 문예출판사, 1998, 99면 참조) 하나의 거대한 스토리인 텍스로서의 민족주의 문학사는 전체적으로 주어와 서술어의 문장 구조를 갖는다고 할 수 있다.

되고 있다. 이들 개념들은, 국학정신을 구현한다는 것은 생명을 보존할 수 있다는 굳건한 믿음을 축조한다. 그런 믿음을 철저화했을 때 공동체로서의 민족이나 국가는 그 성원들인 국민의 생사를 책임지고 영원성을 보장하는 환상을 유발하기까지 한다. 환각 상태에 빠진 국민은 국가와 민족의 제단 앞에 자신의 목숨을 걸 준비를 하게 된다. 이런 정도라면 민족과 국가는 일종의 종교적 차원으로 승화된 것이라 할 수 있는데, 이것의 부정적이고 파괴적인 결과는 주지하다시피 파시즘이다.

민족주의가 그와 같은 부정적인 결과를 가져오는 것은, 그것이 고정된 초자연적 실체로 인식되는 데 있다. 초자연적 민족주의는 전체적이고 절대적인 발화의 위치에 서게 됨으로써 윤리와 가치의 정당성의 기초로 기능한다. 인용 글에서 국학정신은 대외적으로 '대한문화'와 같은 타자를 설정하여 대립함으로써 자신의 정당성을 확보한다. 따라서 민족주의의 절대성이란 결국 상대적 독립성에 불과한 것이다. 국문학사는 대외적으로 타자인 대한문화와 대립하는 것으로 묘사되고, 대내적으로는 문화가 전체적이고 유기체적인 질서 속에서 동일성을 확보하며 발전하는 것으로 묘사된다. 바꿔 말하자면, 대외적으로는 배타성에 기초한 이항대립적 사고가 작동하는 한편, 대내적으로는 민족 동일성의 미명하에 차이성에 기초한 민족 내부의 계급적 시각을 은폐시키거나 비국민화하여 배제하기 일쑤다. 여기서 이른바 차이가 먼저 있고 뒤따라 동일성이 전면화되는 현상을 보게 된다. 이때 동일성은 특수성이 폭력적으로 보편을 가장하게 된다. 이것은 겉과 속이 다른 상호모순 현상으로 민족주의의 딜레마이다.[22]

지금까지 서사로서의 문학사의 스토리의 한 축인 주체를 살펴보았

22 민족주의는 이 모순을 은폐시키기 위해 가상의 적과 매일 힘겹게 싸우는 한편으로 신비하고 낭만적인 나르시시즘적인 전통론을 지속적으로 창출해내야만 한다.

다. 민족주의 문학사의 주체로 민족이 어떻게 선택되고 특화되는지를 살펴본 것이다. 다음으로 문학사 스토리의 다른 축인 사건을 보자.

문학사의 사건은 사건 자체로 제시되지는 않는다. 그것은 소설 용어로 말한다면, 줄거리 혹은 플롯으로 제시된다.[23] 그런데 문학사에서 사건의 줄거리는 시대구분으로 표현된다. 민족주의 문학사의 경우 시대구분 또한 민족주의를 관철시키는 방향에서 결정된다. 민족주의 문학사의 시대구분은 민족의 고유성과 영원성, 그리고 연속성의 이미지를 창출해야 한다. 말하자면 민족의 유장한 생명 리듬을 보여줌으로써 민족 정체성을 강화한다. 그런 의미에서 시대구분은 실제적이라기보다는 전략적이다. 이 점은 소설의 플롯을 흔히 형상화의 전략이라고 하는 정도만큼 수긍하기란 어려운 것이 사실이다. 역사로서의 문학사는 허구성보다는 사실성에 기초해야 한다는 강박이 따라다니기 때문이다. 역사 시대구분이 전략적이라는 것은 시대구분 자체나 시대구분 이름들을 비교해 보면 쉽게 납득할 수 있다. 다음 예들을 보자. 세 역사가들이 각기 시도한 문학사의 시대구분을 보인 것이다. (일련번호는 논의의 편의를 위해 필자가 붙인 것이다.)

① 조윤제의 문학사의 시대구분 : 태동시대－형성시대－위축시대－소생시대－육성시대－발전시대－반성시대－운동시대－복귀시대[24]

② 여증동의 문학사의 시대구분 : 삼국시대－감성주의 운문시대－지성개방의 18세기－암흑의 19세기 초중기－일제 만행의 19세기－나라 잃은 20세기 전반기[25]

---

23 그것이 연대기적 기술이라 하더라도 사관 혹은 이데올로기의 관점에서 작성됨으로써 일정한 줄거리를 가지기 마련이다.

24 조윤제, 『국문학사』, 동국문화사, 1953, 1~5면.

25 여증동, 『한국문학역사』, 형설출판사, 1983, 7~8면.

③ 김동욱의 문학사의 시대구분 : 상대문학–중세문학–근세문학–근대문학의 전개[26]

①과 ②는 시대 이름들로 보아 둘 다 정신사적 문학사를 지향한다는 것을 쉽게 알 수 있다. ①은 ②에 비해 그 이름붙이는 방식이 완전히 본질개념 중심으로 되어 있다. ②는 본질개념을 기반으로 하면서 순서개념을 어느 정도 차용하고 있다. 전체적으로 보아 ①과 ②의 시대구분은 가속적이고 단선적이다. 이에 비해 ③은 역사 3분법에 기반한 실증적 문학사를 지향하고 있다. ①과 ②의 문학사의 주체는 민족 혹은 국가인데 비하여, ③의 문학사의 주체는 개별문학작품들이다. 말하자면 ①과 ②의 문학사의 시대구분에 동원된 개념들은 대주체로서의 민족의 운명과 정서의 굴곡을 표현하고 있다. ①과 ②의 문학사의 시대구분들은 의도와 목적을 겉으로 드러내 보일 만큼 그 전략을 숨기지 않는다. 이들 시대구분은 민족과 국가가 어떻게 서사화되고 있는가를 한눈에 보여준다. ③은 특수문화사의 입장에 충실한 문학사이다. 다원적이고 미시사적 문학사라 할 수 있을 정도로 역사적으로 있었던 자료로서의 문학작품들을 다 내 세운다. 겉으로 보면 자료를 그저 나열해 놓은 단순한 실증적 문학사로 보이기 마련이다. 개별 문학작품들이 민족과 같은 전체나 목적을 위해서 존재하기보다는 그 자체로 존재의 의의가 있다는 랑케식의 전제가 잠재되어 있다. 그런 의미에서 ③의 실증적 시대구분 또한 전략적이다.

우리는 지금까지 민족주의 문학사가 전제하는 사관 혹은 이데올로기로서의 민족주의 문제를 살펴본 다음 민족주의와 연관하여 서사의 문제를 살펴보았다. 흔히 서사는 스토리 차원과 담화 차원으로 나뉘는

26 김동욱, 『국문학사』, 일신사, 1986, 5~7면.

데, 여기서는 그 가운데 전자만을 다루었다. 그것을 우리는 주체와 사건으로 나누어 다루었다. 담화 차원의 문제는 '제1부 제5장 문학사의 수사학'에서 논의했다.

그런데 헤이든 화이트가 제시한 이론틀—담론으로서의 역사 기술이란 플롯 구성 형식, 논증 형식 그리고 이데올로기적 경향 등 세 형식의 결합체라고 본다—에 비추어 보았을 때, 우리는 지금까지의 논의에서 문학사의 논리성은 전혀 언급하지 않았다. 이 논리성 문제는 이 보론에 앞서 전개한 본론에서 이미 다루었다. 본론의 입장이라면, 문학사의 인식은 그만큼 논리성이나 과학성에 의존한다고 말할 수 있다. 그렇다면 이 경우의 문학사는 과학으로서의 문학사를 지향한다고 보아야 한다. 보론의 입장, 즉 문학사의 서사성을 강조하는 예술로서의 문학사의 입장에서 본다면 그것은 편향이라고 비판받을 것이다. 중도적 입장이라면 문학사의 인식은 서사성 안에 논리성을 포괄하고 있다고 보아야 할 것이다. 이런 입장을 반영한 부분적인 논의가 역시 '제1부 제5장 문학사의 수사학'에서 이루어졌다.

제3장
문학사의 유형과 개별 문학사

우리는 앞에서 유형론적 연구란 일종의 분류일 뿐 설명이 아니라고 한 바 있다. 이 점은 문학사 이해에 있어서도 마찬가지이다. 개별 문학사는 논리적으로 완결된 구체적인 형체이며, 문학사 유형은 어디까지나 추상적인 분류에 불과하다. 따라서 문학사 분류 유형으로 개별 문학사 혹은 민족 문학사를 이해해서는 안 된다. 어디까지나 문학사 유형들은 개별 문학사를 이해하는 데 참조틀 정도로 인식되어야 한다. 이 점을 실증적 문학사 기술방법과 관련하여 고찰해보자.

우리나라에서는 실증주의적 문학사 기술방법이라는 유형 개념을 실증적 문학사 기술방법 개념으로 재조정해서 사용하고 있다. 세계관적 의미를 지닌 '실증주의'라는 용어로 우리의 역사학을 설명한다는 것은 실상을 잘못 이해할 우려가 있기 때문이다. 그렇다고 '실증'이라는 것이 역사 방법일 수 없다는 이유로 '실증적 문학사 기술방법'이라는 용어 자체를 설정하지 않는다면 그것 역시 역사학의 실상을 잘못 이해할 소지가 있다. 실증은 역사학의 기초 조건이기는 하지만 그것이 곧 역사학 자체일 수 없다는 사실은 자명하다.

일반 사학계에서는 한국사 기술방법의 유형을 통상 실증적 역사 기술방법, 사회학적 역사 기술방법 그리고 민족주의적 역사 기술방법 등 세 가지로 분류하고 있다.[1] 물론 이 범주로는 분류하기 어려운 역사기술도 있을 수 있을 것이며, 분류 기준을 달리함으로써 또 다른 유형 분류가 가능할 것이다. 그러나 그 분류 유형이 현재로서는 보편화되어 있는 실정이다.

그런데 한국문학사 연구의 경우 그 기술방법의 유형을 분류하는 데 있어 대체로들 일반 사학계의 유형 분류에 따라 실증적 문학사 기술방법, 사회학적 문학사 기술방법 그리고 민족주의적 문학사 기술방법 등으로 분류하고 있다. 이와 같은 분류는 문학사 자체의 특수성을 전혀 고려하지 않은 처사임은 자명하다. 그럼에도 불구하고 문학사의 기술방법 유형을 분류할 경우 잠정적으로나마 사학계의 유형 분류를 추수하고 있는 데는 우선 무엇보다 한국 문학사가들의 문학사 기술방법론에 대한 연구가 부실한 데 원인이 있다 하겠으나, 한편으로는 기존의 문학사가들이 한국문학사 기술시 상당히는 일반 역사 기술방법론을 답습한 데 원인이 있다.

실증적 문학사 기술방법만 하더라도 일반사의 분류 개념을 그대로 차용한 결과 많은 문제점을 야기시키고 있다. 우선 지적되어야 할 것은 실증적 문학사 방법이 실증적 일반사 방법에 대해 어떤 변별적 의미를 지니는가 하는 점이다. 연구 대상이 다르면 연구 방법 또한 다르리라는 것은 상식이다. 그러므로 한 분과에서 조작된 개념이 다른 분과에로 전이된다는 것은 그렇게 용이한 일이 아니다.

---

1 이기백, 「한국문학에 있어서의 사관의 문제」, 차하순 편, 『사관이란 무엇인가』, 260면.

설령 문학사 유형 분류시 실증적 기술방법이라는 개념을 인정한다 하더라도 그것은 방법 그 자체에 많은 문제점을 지니고 있다는 사실이 누누이 지적되어 온 바이기도 하다. 그 방법은 문학적 사실을 무차별적으로 역사적 사실로 귀속시켜 버리는 방법 자체의 한계 때문에 문학사가 그 나름의 어떤 존재 의의를 상실하고 만다는 점이 비판의 주된 요지이다. 그래서 극단적으로는 문학사 불성립론 또는 폐기론을 주장하는 이도 적지 않다. 이와 같은 사정은 일반 사학계에서도 마찬가지이다.

우리는 위에서 일반 사학계에서 역사 기술방법의 유형을 흔히 세 가지로 분류한다고 했는데, 논자에 따라서는 두 가지로 분류하기도 한다. 양자는 소위 실증적 역사 기술방법을 인정하느냐 그렇지 않느냐에 차이를 보인다. 그만큼 실증적 방법은 일반사에서나 특수문화사에서 문제적이라 할 수 있다. 이분법 논자들의 주장인 즉, 학문에 대한 실증적 태도는 어떤 방법을 구사하건 간에 기본적으로 요구되는 예비적 작업일 뿐 그 자체가 방법일 수 없다는 것이다. 어떤 전제가 없는 한에서는 올바른 지적이다.

천관우는 한국사학에서 운위되고 있는 '실증'이란 '사풍'적 차원에서 —'방법'적 차원에서가 아니라—'사론'과 구별되는 개념일 뿐 그것이 곧 독립적인 사관이라 할 수 없다고 주장한다.[2] 여기서 말하는 '사풍'이란 학문에 임하는 자세로 이해된다. 그것은 학문의 방법이 아니라 취향과 관련되는 것이다. '실증'을 택하느냐 '사론'을 택하느냐의 문제는 순전히 개인적인 차원의 문제이다. 그래서 그것은 한 역사가가 추구하는 방법의 하위 수준에서 운위된 것에 불과하다. 민족주의적 역사기술방법을 예로 들어 말한다면 실증 중심의 민족주의적 역사 기술방법과 사론 중심의 민족주의적 역사기술방법이 존재할 수 있다는 것이 상기

2 천관우, 「한국문학의 반성」, 이기백 · 차하순 편, 『역사란 무엇인가』, 문학과지성사, 1976, 344~346면.

논자의 주장이다.

지금까지 통사 체계를 갖추어 기술된 한국문학사가 20여 종이나 되지만 거의가 다 그 문제투성이인 실증적 방법에 의해 기술되었다는 이유로 그 업적을 인정하려 들지 않는 것이 현재 학계의 실정이다. 흔히 한국문학사는 다시 쓰여져야 한다고 주장들을 하는데, 그 주장 속에는 역사는 현재의 역사이어야 한다는 원론적 발상 말고도 위와 같은 실증적 문학사에 대한 거부 심리 또한 강하게 작용하고 있다는 사실을 무시해서는 안 될 것이다. 그러나 원론상으로는 실증적 방법에 대해 강한 회의를 품고 있으면서도 문학사 기술의 실제에서는 여전히 그 방법에 의해 문학사를 계속 기술하고 있는 현실을 우리는 어떻게 이해해야 할까.

'사관(史觀)'과 '사풍(史風)'을 분류 기준으로 하여 한국사 기술방법 유형을 분명히 한 천관우의 견해는 그 나름의 탁월성을 지닌 듯이 보이며, 또한 실증적 한국문학사에 대해 회의를 품는 사람들의 견해 또한 타당성이 있어 보인다. 그러나 다음과 같은 한국근대사학사의 사정을 고려해 본다면 그 견해들은 서양 중심의 역사기술방법을 전제한 나머지 한국 사학사의 실상을 이해하는 데는 거리가 있는 듯이 보인다. 말하자면 방법론상 지향 원리를 전적으로 배제한 것이다.

우리나라에서 그간 실천된 실증적 역사기술 방법은 다음과 같은 몇 가지 특징적인 점을 지녔다고 판단한다.

첫째, 우리나라의 소위 실증적 역사기술방법은 근대 사학사 초기에 많이 구사된 방법으로 전통적인 역사기술방법인 고증학적 방법을 어느 일면 승계하고 있다는 점을 무시할 수 없다. 거의 같은 이야기가 되겠지만, 한국의 실증적 역사 기술방법은 서구의 실증주의적 역사 기술방법에 전적으로 찬동할 수 없다는 그 자체의 역사인식이 작용한 듯하다. 역사적 사실을 결정론적으로 해석할 수 있다는 논리는 전통적인 역사인식에서는 거의 낯선 역사인식이었을 것이다. 이 점을 간취한 사학사 연구자들은 한국에서 구사된 실증적 역사 기술방법을 '실증주의적'이라고 표현하지 않는다.

둘째, 초기의 실증적 역사 기술방법은 한국에서 일어난 역사인식의 대변화기에 과도적으로 구사된 방법이었지 않느냐 하는 점이다. 오늘날은 거의 상식이 되다시피 한 견해들, 이를테면 역사는 발전한다, 역사의 주체는 인간이다, 역사는 현재의 역사이다, 한국사는 특수한 것이 아니다 라는 역사인식들이 아직 유동적인 상태 하에 있을 때 실증적 방법은 한국사 기술에 있어 그 몫을 담당했던 것으로 보인다.

셋째, 이후에 차례로 제기된 역사 기술방법들, 가령 사회학적 역사 기술방법과 그 다음의 민족주의적 역사 기술방법들이 실증적 방법을 그 극복 대상으로 삼았다는 사실은 한국사학사에서는 특이하게도 실증적 역사 기술방법을 하나의 방법으로 인식했다는 사실을 나타낸다 하겠다. 바꾸어 말한다면 한국 사학사에서는 사회학적 역사 기술방법이나 민족주의적 역사 기술방법은 다 같이 그 전단계의 실증적 역사 기술방법을 사상하고서는 설명될 수 없다는 뜻이 된다.

실증적 역사 기술방법의 사학사적 의의를 위와 같이 이해해 본다면 문학사 기술방법론과 기술의 실제 사이에 놓여 있는 괴리 현상을 다음과 같이 이해해 보는 것도 사태 파악에 의의는 있을 것이다.

원론은 서구적 역사 이해에 토대를 두고 있으면서도 문학사 기술의 실제 작업은 무의식적으로 한국의 전통적인 방법을 답습해 왔지 않느냐 하는 점이다. 그렇다면 우리가 앞으로 마땅히 해야 할 일은 한국의 전통적인 역사인식방법이 무엇인가 하는 점을 구명해 보는 작업이리라. 이 작업이 기대만큼 이루어진다면 기왕에 있었던 이론과 실제 간의 괴리 현상도 구명될 가능성이 높다 하겠다.

우리가 앞으로 우선해야 할 일은 한국문학사의 실증적 방법에 대한 서구적 역사이해 태도에 의한 비판보다는 그 실상의 이해라고 생각한다. 이는 아직은 실증적 문학사 기술방법이 한국문학사에서 주도적인 까닭을 밝히는 일이다. 이는 문학의 역사적 사실에 대한 한국의 전통적인 인식론적 차원의 이해에 들어서는 작업과 관련된다.

한국에 있어서 문헌학 중심의 실증사학의 활동이 일정한 역사적 구실을 담당한 것은 명백하다. 따라서 우리의 역사학 실상을 제대로 파악하기 위해서는 분류 유형 개념만 가지고 이해해서는 안 된다는 점이 강조되어야 할 것이다.

개별 문학사 방법에 대한 이해는 위와 같은 구체적인 측면에서도 제기되지만 다음과 같은 원론적인 수준에서도 제기된다. 즉, 개념과 문학사관의 관계, 이론과 인식론의 상호관계 등이 그것이다. 문학사가들은 누구나 문학사라는 현상의 가변적 속성뿐만 아니라 상호관련된 현상들의 상호작용 결과까지 설명할 수 있도록 많은 개념틀을 사용한다. 우리는 이들 개념의 본질을 이해하는 데 있어 다음과 같은 몇 가지 어려운 문제에 부딪치게 된다.

첫째로 그것들은 역사와 문화의 차이에도 불구하고 항상 실재하는 것인가, 아니면 문학사의 설명을 위한 전략적 개념인가. 둘째로 그것들은 서로의 경계선이 확연히 구분되는 범주적 개념인가, 아니면 일종의 이념형으로서 그들 사이의 중간적 위치를 인정하는 좌표적 개념인가. 셋째로 그것들은 순전히 사변적으로 연역적으로 규정되는가, 아니면 구체적 작품에 대한 관찰의 결과 귀납적으로 규정되는가.

이와 같은 물음들에 대해 각각 어떤 입장을 취하느냐 하는 것 역시 문학사가의 사관, 그리고 그에 따른 문학적 태도나 동기에 의해 좌우된다 하겠다. 유형들을 검토하면서 이런 점들을 유념해야 할 것이다.[3]

---

3 이에 대한 논의는 다음 논저들을 참조하였다.
김흥규, 『한국문학의 이해』, 민음사, 1986, 29~35면; 김준오, 「한국근대문학의 장르론에 대한 연구」, 계명대 박사논문, 1986, 1~3면; R. Wellek and A. Warren, 『문학의 이론』, 349~373면.

제4장

문학사 기술방법론 연구사

문학사 기술방법을 원론적인 차원에서 논의한 글[1]은 다른 분야에 비해 지극히 영성한 편이다. 들어보면 다음과 같다.

이경선, 「문학사의 방법론 서설」, 『국어국문학』 제16집, 국어국문학회, 1957.

김윤식, 「문학사방법론서설—그 구조적 시도」, 『현대문학』 제8권 1호, 현대문학사, 1962.1.

김동욱, 「한국문학사의 문제점 · 일반문학사」, 『청파문학』 제11집, 숙명여대 국어국문학회, 1974.

김상일, 「문학사와 그의 대상」, 『한국문학』 제68호, 한국문학사, 1979.

1 일반 문학사 기술방법에 대해 부분적으로 언급했다 하더라도 그것이 전체적으로 한국문학사 기술방법론의 일환으로 쓰여진 글일 경우는 제외시켰다.

반성완, 「문학사」, 계명대 동서문화연구소 편, 『비교문학총서 1－문학·장르·문학사』, 계명대 출판부, 1979.

조동일, 「문학사를 어떻게 이해할 것인가」, 『문학연구방법』, 지식산업사, 1980.

오세영, 「역사주의 비평과 문학사」, 『문학연구방법론』, 이우출판사, 1988.

연구사 검토란 이론에 대한 일종의 통시적 연구이다. 인문과학 분야에서 이론에 대한 연구를 위한 공인된 방법이나 절차는 아직 분명치 않은 형편이다. 흔히 문학비평사가 이론에 대한 연구방법을 정식화한 지식사회학의 방법을 원용하여 정신사를 구성하고 있는데, 여기서 그 방법을 차용한다는 것은 별 의미가 없을 듯하다. 왜냐하면, 어떤 개별적인 국민문학사 기술방법론이라면 모르되, 원론적인 차원의 문학사 기술방법론이 특정 사회의 이데올로기나 특정 집단의 이해관계를 대변한다고 보기는 어렵기 때문이다. 원론적인 차원의 문학사 기술방법론은 특정 철학과 관련된다. 일반 문학사 기술방법론에 대한 연구사적 검토는 이론 구조의 내적 체계나 구성 단위들의 형태론적 관련 양상을 분석하는 것이 바람직하다고 판단한다. 하나의 문학사 기술방법론이 논리적으로 완결된 체계로 조직되어 있다고 한다면, 문학사 기술방법을 이루고 있는 구성 단위들 간의 관련 양상이 체계적으로 구명되어 있을 것이며 방법론의 전체 진술 또한 체계적으로 배열되어 있을 것이라고 기대할 수 있다. 여기서는 위에 열거한 방법론들의 내적 체계와 구성 단위들 간의 관련 양상을 개별적으로 검토하여 연구사적 반성을 기해 보기로 한다. 문학사 기술방법에 대한 이론화의 작업에 지침을 얻기 위해 다소 자세하게 살펴보겠다.

이경선의 「문학사의 방법론 서설」[2]은 '문학사 성립의 가능성', '문학사의 제방법－문헌학적 방법을 중심으로', '문학사가에 대해' 등으로 구성되어 있다.

'문학사 성립의 가능성'에서 이경선은 모든 학문은 독자적인 대상의 확립으로부터 시작된다는 전제하에 과연 문학사가 독자적인 연구 대상을 확보하고 있는가 하는 점을 묻고 있다. 그에 따르면, 문학사가 학문으로서 성립되기 위해서 그것은 문예적 가치의 자기 전개와 같은 독자성을 지녀야 한다. 그렇지 않을 경우 문학사가 역사나 사회사의 일부가 되어 독자적인 학문 연구 대상이 될 수 없는 것이 된다.

그런데 "문학사는 사회사와 지극히 밀접한 관계를 가지고 있기는 하나 그 가운데 해소되어 버리는 것이 아니라 상대적인 독자성"[3]을 지니는 것이라고 한다. 그 근거로 다음 두 가지를 든다. 첫째, 작가와 작가 그리고 작품과 작품 사이에 미치는 영향 관계에 의해 독자적인 법칙이 형성된다. 둘째, 언어로서 묘사되는 형상성(形象性)에 의해 독자적인 법칙이 형성된다. 앞의 독자성이란 영향관계를 기초로 하여 파악한 문학적 가치의 자기 전개라는 문학 자체의 독자성을 의미한다. 그런데 이경선은 현실적으로 영향관계를 파악하기 위한 일정한 법칙을 상정하기는 쉽지 않지만, 비교문학과 같은 연구방법에 의해 어느 정도 가능하다고 본다. 그리고 뒤의 독자성이란 문학이 사회에 대해서 지니는 상대적 독자성을 의미하는데, 이 상대적 독자성은 문학적 형상성에 의해서 유지된다고 본 것이다. 그에 따르면, 문학적 형상은 개별적인 동시에 일반적이다. 개별적이기 때문에 사회에 대해 상대적 독자성을 지니는 한편 일반적이기 때문에 사회와 관련을 맺는다. 그러나 문학적 형상의 개별성과 일반성의 상호 규정성에 대한 구체적인 언급이 없어 논의 자체가 매우 추상적인 단계에 머물고 있다.

---

2 이경선, 「문학사의 방법론 서설」, 『국어국문학』 제16집, 국어국문학회, 1957. 여기서는 이경선, 『한국비교문학론고』(일조각, 1976)에 수록된 상기 논문을 텍스트로 하였음.

3 위의 책, 3면.

'문학사의 제방법'에서 논자는 문학사의 방법으로 문헌학적 방법, 정신과학적 방법, 그리고 역사사회학적 방법 등을 들고, 이 가운데 문헌학적 방법만을 원론적인 수준에서 설명하고 있다. 먼저 문헌학적 방법에 대한 고전적 정의를 소개한 다음, 그 방법의 발달과정을 간략하게 더듬고 마지막으로 그 방법의 한계점을 들어 보이고 있다.[4] 그리고 논자는 문헌학적 방법이란 연구를 위한 절차에 불과하지 목적은 아니라고 하면서 문학사의 목적을 다음과 같이 피력한다. "문학사의 목적은 문학사의 조류를 밝히고, 개개의 작품·작가를 각각 그 자리에 앉히고 전체의 조류 가운데서 그 작품·작가를 평가하여 하나의 역사법칙을 발견함으로써 현대문학의 평가와 장래에 있을 문학의 전망에 대한 비판적 무기를 제공하는 데 있을 것이다."[5] 이와 같은 문학사는 실증주의를 토대로 하여 기술된 문화사적 성격을 띠게 되어 실재로서의 문학사를 지향할 것이다.

'문학사가에 대하여'에서는 문학사가가 문학사 연구를 위해 기본적으로 지녀야 할 자질·능력·지식 등에 대해 언급하고 있는데,[6] 문학사 기술방법론과는 직접적으로 관련이 없는 것들이다.

---

4 문헌학은 처음에 고대 문서를 연구하는 것으로 이해되었으나 오늘날은 일반적으로 "문헌을 수집하고 이해하고 애호하고 주해하고 비평하고 교정하고 또한 정리하는 것을 의미"하는 것으로 이해된다고 한다. 그리고 문학사 연구방법으로서의 문헌학적 방법은 셰러(W. Scherer) 및 그 학파의 문헌학, 테느·브륀띠에르 등의 자연과학적 방법, 그리고 랑송(G. Lanson)의 문학사 방법 등을 거쳐오면서 발전한 것으로 본다. 끝으로 문헌학적 방법의 한계는 '원인의 총화'에 대한 지나친 신뢰, 사적 평가의 부재, 그리고 역사법칙에 대한 인식의 결여 등에서 야기된다고 한다.(위의 책, 6~10면)

5 위의 책, 4면.

6 문학사가가 지녀야 할 자질·능력·지식 등은 다음과 같다.
첫째로 [문학사가에게는] 시대의 문학적 욕구와 문학의식의 체득이 필요하다. 둘째로 어학력과 역사적 지식, 그리고 기타 보조과학에 대한 지식이 있어야 한다. 셋째로 사적 법칙에 대한 사유능력이 필요하다. 넷째로 문학이론적 무장이 필요하다.(위의 책, 11~13면)

이경선의 논의에 드러난 특징적인 점을 지적해 보면 다음과 같다.

첫째, 문학사 인식의 가능성을 학문으로서 문학사의 독립성 측면에서 구명하고 있다는 점이다. 문학사의 독립성은 인식론적 측면에서도 설명이 가능해야 하지만, 기본적으로 존재론적 측면에서도 설명이 가능할 때 확실한 근거를 확보하게 된다. 여기서는 내적으로 작가들이나 작품들 간의 영향관계에 의해서, 그리고 외적으로는 작품의 형상성에 의해서 문학사가 독립성을 지닐 수 있으므로 문학사가 가능하다고 하는데, 이는 타당하다고 본다. 전자는 인식론적 측면에서, 그리고 후자는 존재론적 측면에서 논의한 것이기 때문이다. 그러나 후자에 대한 설명이 다소 불충분한 듯하다.

둘째, 문학사 기술방법을 구성하는 데 있어서 다루어야 할 사항들을 충분히 고려하고 있지 않다는 점이다. 장르 · 소재 · 율격 등 문학사 설명 단위는 물론 '역사법칙'－논의에서 몇 차례 강조된다－을 구체화시킬 수 있는 시대구분 문제나 문학사관에 대한 언급이 전혀 되어 있지 않다. 하나의 문학사 기술방법론의 구체성과 특수성은 바로 이런 단위들을 언급함으로써 드러나는 것이다.

셋째, '문헌학적(또는 실증적) 방법'이라는 개념을 설정하고서도 그것을 단순히 문학연구를 위한 절차나 수단이라고 본 점이다. 이것은 문학사 기술방법의 유형론에 해당되는 논의로서 항상 문제점을 안고 있는 것 가운데 하나이다. 일단 '문헌학적 방법'을 설정했다면 이 방법의 철학을 규명했어야 하며, 동시에 한때의 방법이 어떻게 다른 방법들의 절차나 수단으로 되어 갔는지 탐구를 밀고 갔어야 했다.[7]

---

7 문헌학적(또는 실증적) 방법이 한때는 이념적이었음을 다음과 같은 사실에서 쉽게 확인할 수 있다.
실증주의자 랑케(Lopold von Ranke)는 개별적인 역사적 사실 자체를 진리와 동일시하고 동시에 그것을 가치판단의 최고의 기준으로 삼는다. 역사적 사실들 속에는 신의 손길이 스며 있다는 세계관에 기초하고 있었기 때문이다. 이때 실증적 방법은 진리

전체적으로 보아 문학사 기술방법에 대한 이경선의 논의는 문학사를 구성하는 단위들, 즉 설명의 문제, 시대구분의 문제, 문학사관 등의 형태론적 관련 양상이 충분히 구명되지 않았기 때문에 이론 구조의 체계가 잘 정비되어 있다고 할 수는 없을 듯하다.

김윤식의 「문학사 방법론 서설」은 문학사의 정의, 문학사의 가능성, 문학사 편술상의 용어[개념] 정의, 문학사의 편술방법, 한국문학사론 등의 문제를 다섯 장으로 나누어 논의한다. 이 가운데 마지막 문제는 부차적인 수준에서 다루어진 것이다.[8]

문학사의 정의는 학문으로서 문학사는 어떤 성격을 지녀야 하는가 하는 점에서 이루어진다. 김윤식은 "문학사는, 그것이 참을 기술한다는 것으로 하여는 과학일테지만, 동시에 미를 취급한다는 것으로 하여는 예술이지 않으면 안 된다"[9]는 것이다. 이에 따라 학문으로서 문학사 연구의 본질적 범주는 철학과 과학 그리고 비평 여기에다 문학 스스로의 본질 · 기능 · 효용 따위가 녹아들어간 네 차원의 연속체가 되어야 한다고 한다.[10]

발견의 수단임과 동시에 이념이라는 인식이 가능하게 된다.(길현모, 「랑케 사관의 성격과 위치」, 전해종 · 길현모 · 차하순, 『역사의 이론과 서술』, 서강대 인문과학연구소, 1975, 48~55면 참조) 한편 사시(Silvestre de Sacy)와 르낭(Ernest Renan)은 세속 학문으로서의 문헌학을 기초로 한 언어 연구 결과 언어적 사실을 종교적 현상에서 인간적 현상으로 인식하게 된다. 언어의 신성기원설의 부정과 같은 것이 그 한 예이다. 문헌학에 의해 최초의 에덴 언어라고 하는 개념이 조상어(protolanguage)라고 하는 가설적 개념으로 대치된 것이다.(Edward W. Said, 박홍규 역, 『오리엔탈리즘』, 교보문고, 1991, 210~247면 참조.)
문헌학적 방법에 의해 신성을 확인하든 그것을 부정하든 어느 경우나 한때는 그 방법이 단순한 예비적 수단이 아니라 방법적 이념으로도 크게 기능하였음을 알 수 있다.

8 김윤식의 이 글은 그의 다른 글, 「국문학사 방법론 문제점 및 업적비판의 연구」의 한 부분을 이루고 있는데, 여기서 한국문학사론이 본격적으로 다루어지고 있다.

9 김윤식, 「문학사 방법론 서설 — 그 구조적 시도」, 『현대문학』 제8권 1호, 현대문학사, 1962, 221면.

10 위의 글.

다음 문학사의 가능성은 문학사가 달성해야 할 목적과 그 구체적인 실천단계의 측면에서 논의되고 있다. 김윤식에 따르면, 문학사의 목적은 인간 이미지의 파악에 있다. 인간 이미지를 파악하기 위해서는 문학사의 범주를 설정해야 하며, 과학적 방법론이 확립되어야 한다. 이때 방법론에는 문학의 배경 연구를 위해 인류학적 · 지리학적 · 역사학적 방법 등 보조과학이 원용되어야 하며, 작품 · 작가 연구를 위해서는 사상적 · 언어적 · 비평적 역사방법이 원용되어야 한다고 한다.[11] 한편 문학사의 구체적인 실천은 자료의 수집, 자료의 선택, 그리고 정신의 파악 등 세 단계를 밟아 이루어진다고 한다.[12]

세 번째, 문학사 편술상의 용어 및 개념 정의에 대한 논의에서는 먼저 문학과 철학의 친연관계로 해서 있을 수 있는 개념 내포의 유사성 못지않게 차이성 또한 무시해서는 안 된다는 사실을 언급하고 있다. 그리고 사조적 개념들을 구사할 경우 예상되는 혼란을 극복하기 위해서는 고도의 비평정신이 요청된다는 점과 로맨티시즘과 리얼리즘의 관계 양상을 반복과 주기성의 측면에서 자세하게 설명한다.

네 번째, 문학사의 편술방법에 대한 논의는 지금까지 논의한 세 가지 문제—문학사 일반론에 해당하는—를 구체화시킨 방법론이라고 한다. 여기서는 크게 문학사 연구방법과 문학사의 형태, 두 문제가 다루어지고 있다. 연구방법—이것은 이미 살펴본 바 있다—에 대한 논의는 주로 그 방법들이 원용되지 않으면 안될 까닭을 중점적으로 다루고 있으며, 후자는 문학사 기술의 표현 차원에 대한 논의로서 새로이 다

11 위의 글, 223면.

12 이 가운데 가장 중요한 것은 자료의 선택 문제인데, 그것은 선택에 의해 문학사의 질서가 확립되기 때문이다. 그런데 이 선택은 비평가의 비평 정신과 직관에 의해서 가능하지만 선택의 작업은 궁극적으로 시간 속에서 이루어진다고 인식하여 시간이 선택의 관건이라고 한다.(위의 글, 225면) 그러나 시간이 선택의 관건이라는 주장은 충분히 논증된 것으로는 판단되지 않는다.

루어진 것이다. 후자에 대한 논의는 문학사 기술 문체와 문학사의 구조적 형태의 두 측면에서 이루어지고 있다. 여기서 문학사가 하나의 형태라는 것은 "문학사 그 자체가 과학적 직관으로서의 한 작품이어야 한다"[13]는 의미를 지닌다. 형태로서의 문학사는 하나의 작품이 되어야 하기 때문에 "문체에 의하여 문학사 형태가 어떻게 달라질 것인가는 심각한 문제"[14]라고 인식한다. 그는 문학사의 문체는 "과학적인 동시에 예술임으로 해서 직관의 기술"[15]이어야 한다는 전제 밑에서 문체가 구비해야 할 조건 몇 가지를 들고 있다.[16] 그리고 문학사가 하나의 형태를 이루기 위해서는 구조적이어야 한다고 본다. 문학사의 구조적 형태는 서문·편·장·절·항[段] 등과 같은 구조적 단위들에 의해서 이루어진다고 한다.

끝으로, 한국문학사론—부차적인 수준에서 논의된—에서는 한국문학사 연구사 비판과 한국문학사의 주류적 이미지 등에 관한 문제가 다루어지고 있다. 전자에 있어서는 실증적 문학사와 사조적 문학사를 다 같이 비판한다. 어느 경우나 추상성을 면치 못하고 있다는 것이 비판의 요지인데, 문학작품은 역사적 실체이기 때문에 애정을 가지고 거기에 생명을 불어넣어야 한다고 한다.[17] 다음 한국문학사의 주류적 이미

---

13 위의 글, 233면.
그러나 이 명제는 '과학적 직관' 개념이 어떤 내포를 지니는지 구체적인 설명이 없기 때문에 경구적 표현으로만 남아 있다. 이에 덧붙여 말한다면, 김윤식의 논의에는 그와 같은 경구적 표현이 간혹 눈에 띈다.

14 위의 글, 233면.

15 위의 글.

16 문체가 지녀야 할 조건은 다음 여섯 가지다.
① 용어의 순일 명증도, ② 사상·감정의 풍요 및 건전성, ③ 각 문절(文節)의 오리지나리티와 민첩·명료도, ④ 이미지의 성실성, ⑤ 명상적인 파토스, ⑥ 고도의 독창성
이 분류는 자의적이며, 전체적으로 문체의 주관성이 강조되어 있다.

17 위의 글, 235면.

지를 긍정적인 것과 부정적인 것으로 파악하여 그 대립 양상을 통해 한국 문학사의 연속성을 논의한다.

이상의 논의에 드러난 특징적인 점을 지적해 보면 다음과 같다.

첫째, 하나의 문학사가 예술이면서 동시에 과학이 될 수 있기 위해서 직관이 과연 그 방법이 될 수 있는가 하는 점이다. 이 논의에서는 직관이 양자를 융합하는 방법이 될 수 있는 것으로 주장하여, 위에서 본 바와 같이, "문학사 그 자체가 과학적 직관으로서의 한 작품이어야 한다"고까지 주장한다. 그러나 이 논의에서는 예술을 관철시키기 위한 주관주의적 인식과 과학을 관철시키기 위한 객관주의적 인식은 서로 개별화되어 있을 뿐이다.[18] 그렇다는 것은 직관의 매개에 의해 두 인식이 상호의 존재 근거를 제공 또는 규정하거나 그럼으로써 상호의존적인 관계를 형성하고 있는 것으로 이론화되어 있지 않기 때문이다. 직관이란 기본적으로 주관주의적 인식을 토대로 한 것이다. 따라서 "과학적 직관"과 같은 개념은 경구적인 상태에 머물고 만다고 하겠다. 그러나 예술로서의 문학사와 과학으로서의 문학사를 동시에 실천하는 방법에 대한 탐색은 지속되어야 함은 물론이다.

둘째, 문학사가 달성해야 할 목적과 그 구체적인 실천 단계의 측면에서 이루어진 문학사의 가능성에 대한 논의는 실은 문학사가 가능하다는 사실이 이미 전제되지 않고서는 성립될 수 없다는 점이다. 문학

18 주관주의적 인식은 자료의 선택기준을 "직관적 통찰력을 동반한 심리적 힘"(위의 글, 225~226면)이라고 하는 데서나 그럼으로써 문학사는 하나의 '생명'(위의 글, 235면)이 될 수 있다는 주장들에서 두드러진다. 그리고 객관주의적 인식은 문학의 배경 연구를 위해서 원용되어야 할 방법들을 논의한 자리에서 극명히 드러난다. 인간 이미지를 형성하는 데 결정적인 것은 민족의 사상・정서・감정 등 인류학적 요인들과 풍습・신앙・지식 등과 같은 심적 풍토를 조성하는 공간상의 활동, 즉 지리적 요인들이라는 것이다. 따라서 인류학적 방법과 지리학적 방법이 요구된다는 것인데(위의 글, 229~230면), 이것은 전체적으로 환원론적 인식을 토대로 한 객관주의적 인식을 보여준 것이다.

사 가능성에 대한 논의는 문학사가 '어떻게' 가능한가라는 문제 이전에 '왜' 가능한가 하는 문제로부터 시작되어야 한다. 이에 대한 논의는 원리적인 입장—존재론적·인식론적 입장—에서 다루어질 성질의 것이다.

셋째, 문학사 기술 문체와 문학사의 구조적 형태의 두 측면에서 이루어진 문학사 형태에 대한 논의는 매우 타당하다는 점이다. 이것은 형태로서의 문학사란 단순한 지식의 집적에 의해 가능한 것이 아니라는 인식을 나타낸 것이다. 그러므로 서사 텍스트에 대한 연구에 있어서 표현의 차원, 즉 이야기하기의 차원인 문체에 관심을 갖는 것은 지극히 온당한 것이다. 나아가 구조적 형태와 문체와의 관계를 석명한 것 역시 주목을 요하는 논의로 판단된다.[19] 다만 문체상의 과학적 논리성은 어떻게 정식화하느냐 하는 문제는 앞으로 해결해야 할 문제라 하겠다.

넷째, 한국문학사의 주류적 이미지를 긍정적인 것과 부정적인 것, 양자의 교체 양상을 중심으로 살피는 것이 과연 온당한가 하는 점이다. 논자는 사조적 방법에 대해 기본적으로 비판적이다. 긍정적인 것과 부정적인 것은, 표현된 바에 따르면, 세계관 이상이며 의식이나 무의식의 보다 깊은 차원에 위치하는 것으로 판단된다.[20] 따라서 이 양자

---

19 문학사의 구조적 형태를 결정짓는 여러 단위들 가운데 문체적 특질은 최하위 단위인 항(項)에서 드러난다고 할 수 있다.
"최하위단위는 항(項) 또는 단(段)이라 부를 것인데, 신축성과 자유성을 보장 받는 최후의 단위이다. 여기서 비로소 저자의 자유한 표현·스타일이 나타난다. 이 단위가 머금는 내용은, 그러므로 비할 수 없이 광범하다. 진술·주장·해석·설명·주 [등] …… 완결된 진술을 이루게 하는 기틀이라 하겠다."(위의 글, 234면)
이 경우 문학사의 문체는 예술로서의 문학사를 지향하게 될 것이다.

20 그와 같은 판단은 다음과 같은 문맥에서 가능하다.
"이 선(線)[신라시대의 밝고 긍정적인 세계]은, 토착적·민속적 생명을 머금으며 통시적으로 이 땅 가슴 가장 밑바닥 진흙 속으로 깔려 있다고 본다. 이 땅 문학의 인간 이미지는 여기서부터 출발하여, 수 갈래의 이입 이미지와 암투를 계속하는 과정이라 볼

는 새로운 시대의 새 인식의 토양이 되는 것이다. 그러나 그것은 논자가 비판해 마지않는 사조론의 이론적 변형이라 할 수 있다. 그러므로 그와 같은 인식은 결국 사조론의 한계를 벗어나지 못하리라고 본다.

김윤식의 논의는 문학사 기술방법의 구성적 이념들을 문학사 인식의 두 가지 차원, 즉 내용의 차원과 표현의 차원을 고려했다는 데 그 연구사적 의의가 크다 하겠다.[21] 특히 표현의 차원에 해당하는 문학사 기술 문체와 그 구조적 형태에 대한 논의는 실제 문학사 저술이나 그에 대한 분석에 시사하는 바 또한 크다고 본다. 그러나 예술로서의 문학사와 과학으로서의 문학사를 동시에 실천해야 한다는 전제에서 출발함으로써 인식론적 측면에서 많은 혼란을 야기하고 있는 것이 사실이다. 이 혼란을 극복하기 위해서는 문학사관을 문학사 기술방법의 구성적 이념으로 고려하는 것은 불가피할 듯하다. 문학사관은 문학사가가 문학사적 사실들을 일정한 관점에서 선택하고 강조하게 함으로써 일관된 체계를 지니도록 하겠기 때문이다. 물론 이 자체도 한계는 있겠지만 적어도 논리 전개에 있어서 인식론적 혼란은 막을 수 있다고 본다.

김동욱의 「일반문학사」는 '문학사의 유형', '문학의 주변', '문학사관', 그리고 '문학사의 기술' 등으로 구성되어 있다.

김동욱은 먼저 문학사를 "문학의 역사이고 어떤 기간의 어떤 지역 안에 있어서의 통례로서 특정한 언어를 가진 국민의 '문학'상의 표현을 기술하고 설명하는 것"[22]이라고 규정한다.

'문학사의 유형'에서 논자는 스필러(R. E. Spiller)의 분류[23]를 소개한

것이다."(위의 글, 236면)

21 그러나 두 차원에 대한 인식이 이론체계의 출발점으로 되어 있는 것이 아니며, 두 차원의 상호관계가 정식화되어 있는 것도 아니다.

22 김동욱, 「한국문학사의 문제점 · 일반문학사」, 『청파문학』 제11집, 숙명여대 국어국문학회, 1974, 145면.

23 김동욱이 소개한 스필러의 문학사 유형은 다음과 같다.

다음 스필러를 따라 문명사적 문학사를 지향한다. '문학사의 주변'에서는 문학사 연구가 참조해야 할 보조학문과 탐색해야 할 문학 배경들을 다소 장황하게 설명하고 있다. 보조학문으로는 문학비평, 본문비평, 언어학, 민속학, 서지학, 종교학 등을 들고 있으며, 문학의 배경으로는 사상, 문화, 문집, 전설과 신화 등을 들고 있다. 김동욱은 한국과 같이 모든 학문이 평행적으로 발달하지 않은 나라에서 문학사가 종종 보조학문 속으로 빠져드는 경우가 있다고 하면서, 문학사가는 작품에서 출발하여 다시 작품으로 돌아오는 일을 잊지 않도록 해야 한다고 한다. '문학사관'에서는 실증주의 문학사관, 정신과학적 방법론, 분석비평 · 구조주의 이론 등으로 사관을 구분하고 있는데, 개념 소개 정도에 그치고 있다. 다음 '문학사의 기술'을 살펴보면, 문학사 기술은 사적 연구와 사적 비평의 결과로서 가능하다고 한다. 그러나 그 기술 이전에 본문비평을 소홀히 해서는 안 된다는 점을 특히 강조하고 있다.

사적 연구에 있어서 일차적인 작업은 증거, 즉 자료의 탐색이다. 증거의 종류로는 외적 증거와 내적 증거가 있는데, 외적 증거는 작품의 본문 이외에서 얻어지는 것이며, 내적 증거는 작품 자체 내부에 포함된 자료이다. 여기서 논자는 개별 자료를 하나의 점으로 인식하고 있다. 그래서 "하나의 점이 연구되면 또 다른 점을 연구하여 문학사라는

---

① 사실들을 시간적 순서에 따라 배열하는 연대기적 방법.
② 작품 상호간의 원천과 영향을 고찰하는 방법
③ 과거의 문학작품을 발견하고 그 의미를 밝히고 또 작품 상호간의 인과관계를 설명할 뿐 아니라 그 작품을 창조한 작자의 경험과 작자가 일분자(一分子)로서 존재하는 문학 속에서 그 하나하나의 작품의 원천을 설명하고, 각 작품이 주는 독자의 집단이나 그들이 그 일부를 형성하는 문화에의 제 영향을 설명하는 방법
④ 신화, 상징, 가치, 관념과 같은 추상적인 개념을 내세워 연대순적 시간을 심리적 시간으로 치환하는 방법(김동욱, 위의 글, 146면)
이 유형 분류기준은 시간개념과 인과판단인데, 스필러나 김동욱이 지향하는 문학사는 세 번째의 방법이다.

하나의 선으로 확대"[24]된다고 한다. 사적 연구를 통해 자료가 모아지면 다음 단계로 사적 비평이 가해지는데, 이때 문학사가는 "기록자의 자세로서 육하원칙에 입각하여 그 원류와 상황과 영향을 추심(推尋)하지 않으면 안 된다. 이 경우 연대적 순서라는 것은 필요하기는 하지만, 타(他)와의 총체적 관련이라는 것도 필요하다."[25] 여기에서 주관의 개입을 적극 자제하는 실증적 태도를 보게 된다.

이 논의에 드러난 특징적인 점을 지적해 보면 다음과 같다.

첫째, 문학사 인식이 실재론적 측면에서 이루어지고 있다는 점이다. 실재론적인 측면에서의 인식은 문학을 역사적인 일회적 사실로만 보도록 한다.

둘째, 문학사의 설명 단위들로서 문학 내적 사실들보다는 오히려 문학 외적 사실들을 더욱 중시하고 있다는 점이다. 그것은 '문학의 주변'에 극명히 나타나 있다.

셋째, 문학사 기술방법과 문학사관과의 관계를 분명하게 인식하고 있지 않다는 점이다. 문학사관은 언제나 방법을 매개로 해서만 나타나는 것이기 때문에 같은 차원에서 논의될 성질의 것이 아니다.

김동욱의 논의는 이론 구조의 체계 면에서 문제점이 있기는 하지만 —셋째의 경우가 그 한 예이다—, 실증주의에 토대를 둔 문화사적 문학사를 지향하고 있다는 점을 분명히 함으로써 구성 단위들의 관련 양상을 선명하게 드러내고 있다. 이 방법은 실재론적 문학사 인식을 전제한 것인데, 이 방법을 실천하고자 한다면 여러 보조학문의 힘을 빌려 문학을 발생시킨 배경, 즉 외적 요인을 검토하지 않으면 안될 것이다. 또한 실제 문학사 기술에 있어서 주관이 개입되는 것을 최대한 억

---

24 위의 글, 149면.
25 위의 글, 150면.

제해야 한다. 그러나 이와 같은 관점이 논리적으로 타당성을 얻기 위해서는 문학사 기술방법의 구성적 이념에 대한 원론적인 차원에서의 검토가 선행되어야 한다. 특히 문학 내적 사실과 외적 사실 간의 관련 양상—실증주의 문학사론에서 가장 문제적인—은 어떤 논리적 근거에 기초하지 않을 때 극히 자의적이 될 가능성이 많기 때문이다.

김상일의 「문학사와 그의 대상」은 먼저 학문연구에 있어서 대상을 어떻게 규정할 것인가 하는 문제로부터 논의를 시작한다. 연구대상은 학문연구 그 자체라는 측면에서 규정되어야 한다고 한다. 모든 개별 학문의 존립근거는 어떤 세계관을 담고 있느냐에 있다기보다는 다른 학문과 어떤 변별성을 유지하느냐에 있기 때문이다. 이때 중요한 것은 말할 것도 없이 연구관점인바, 일정한 연구관점에 의해 구성된 대상의 기술은 "반드시 그 자체로서 이해 가능한, 배타적 체계를 구성하고 있어야 하고, 한편 그 대상이나 요소군(要素群)은" 어떤 관점의 "관여적 분류 원리에 따라"[26] 이루어지지 않으면 안 된다.

이와 같은 문학사는 배타적 혹은 관여적 요소로서의 문학성(littérarité)을 기술하는 것이어야 한다. 이는 일차적으로 공시적 기술(description synchronique)을 통해 기법·모티프·문학적 담화 등 연구의 여러 레벨을 텍스트 내적 코드에 따라 읽음으로써 가능해진다. 다음으로 문학사는 공시적 연구를 전제하여 문학상의 통시태(diachronique)를 기술한다. 즉, "구조의 기능상의 혹은 표현양식의 변별적(대립적 혹은 시차적[示差的] 요소의 불변성/변이를 기술한다."[27] 변화의 기술은 "한 체계에서 다른 체계로 치환되는 그 과정을 기술"하는 것으로서 야콥슨이 지적하고 있는 바 "어떠한 변화이든 그것이 행하여지고 있는 당해

---

26 김상일, 「문학사와 그의 대상」, 『한국문학』 68호, 한국문학사, 1979, 365면.
27 위의 글, 368면.

체계와 관련시켜 고찰되어야 한다."[28]

한편 이와 같은 문학사는 전통적인 문학사 방법들이 고수하는 연속성(continuity) 관념을 거부한다. "변화의 시기를 계기적인 것으로 개작할 필요는 조금도 없다. 역사의 이른바 정체성(停滯性)은 그대로 인정해야 하는 것이다. 사실 그대로를 관찰 기술하는 것이 과학의 한 조건이었기 때문이다."[29] 문학사는 불연속적 변화법칙을 모델로 인정해야 한다는 것이다. 이와 같은 문학사에서는 시대구분이 크게 문제되지는 않게 된다.

이 논의에서 특징적인 점을 지적해 보면 다음과 같다.

첫째, 문학사 인식이 방법적인 측면에서 이루어지고 있다는 점이다. 세계관이나 이데올로기의 측면에서 규정하던 전통적인 방식과는 완전히 다르다. 이와 같은 인식은 관점이 대상을 만들어 낸다는 소쉬르(F. Saussure)류의 인식에 기초하고 있기 때문에 문학 자체를 설명함으로써 비환원론적 성과를 거둘 수 있다는 믿음을 갖게 한다.

둘째, 문학사의 설명 단위들을 공시적인 측면과 통시적인 측면에서 동시에 고려하고 있다는 점이다. 두 면이 동시에 충족된다면 문학사는 유기적이 된다고 할 수 있을 것이다. 문학사의 통시성은 공시성에 의해 파악되고 이해된 문학 현상의 다양한 내용이기 때문이다.

김상일은 기본적으로 형식사를 지향하고 있다. 그것도 신실증주의에 토대를 둔 과학으로서의 문학사이다. 이런 문학사에서는, 문학 내적 체계—연구 관점에 의해 추상한—만이 그 대상이 된다. 김상일의 논의에 나타난 이론 구조의 체계는 확실해 보인다. 번다한 문학 외적 사실들을 고려하지 않아도 되기 때문에 그것은 당연한 결과일는지도

---

28 위의 글, 376면.
29 위의 글, 376면.

모른다. 또한 문학사 구성 단위들의 관련 양상에도 크게 관심을 둘 필요가 없게 된다. 체계 내의 변화만을 추구하면 되기 때문이다. 이 논의에서는 적어도 다음과 같은 점들에 대한 고려가 더 있었어야 한다고 본다. 문학 내적 체계의 변화가 왜 일어나는지 그 원인에 대한 설명과 체계를 달리함으로써 나타날 수 있는 문학사의 서로 다른 여러 유형들과 그 유형들 간의 상호관계에 대한 설명이 그것이다. 또한 설명 개념들이 고차 언어적 성격을 띠게 됨으로써 나타날 수 있는 지적 엘리트주의를 스스로 어떻게 극복할 것인가도 문제로 다루었어야 한다고 본다.

반성완의 「문학사」는 '문학사의 성격과 종류', '문학사 연구방법론', 그리고 '문학사의 과제'로 이루어져 있다.

'문학사의 성격과 종류'에서는 서술 방식에 따라 문학사를 분류하여 각 문학사의 성격을 검토한다. 여기서 든 문학사의 종류는 통사적 서술방식의 문학사, 시대별・문예사조별로 쓰여진 문학사, 그리고 장르나 특수한 문학 형식(이미지, 모티브, 상징, 알레고리 등)을 중심으로 한 문학사 등이다. '문학사 연구방법론'에서는 문학사 방법을 민족사적 문학사, 실증주의적 문학사, 정신사적 문학사, 현상학적・실존주의적 문학사, 그리고 사회학적 문학사 등으로 분류한 다음 각 방법의 성격을 철학적 배경과 인접학문과의 관계를 중심으로 하여 검토한다. 여기서 방법의 분류 기준은 뚜렷하게 제시되어 있지 않지만 문학사의 대상, 즉 문학의 성격이 기준이 되어 있는 듯하며, 방법들의 검토 순서는 기술방법의 역사적 전개가 고려되어 있는 듯하다. 다음 '문학사의 과제'에서 일반적으로 연구되어야 할 문학사 과제 몇 가지를 들고 있다. 일반사와 문학사 사이의 유기적 관계, 각 시대나 문예사조・각 문학 장르 사이의 상관관계, 내용과 형식의 변증법적 관계, 그리고 이들을 바탕으로 한 세계 문학사의 보편성과 각국 문학사의 특수성 규명 등이 그것인데, 다만 그것들을 열거하는 데 그치고 있다. 그와 같은 연구 과제들의 효과적인 연구를 기하기 위해서도 원론적인 차원에서 기술방법론을 구성하는 단위들의 상호관계를 구명하는 작업이 앞서야 한다고 본다.

반성완의 논의는 전체적으로 보아 유형론에 한정된 글인데, 문학사 유형들을 서술 방식에 따라 분류하기도 하고, 연구방법에 따라 분류하기도 한다. 여기서 확인할 수 있는 사실은 연구방법을 기준으로 삼은 유형 분류가 가장 신빙성이 있으리라는 점이다. 왜냐하면 그것은 이론적 기반이라고 할 수 있는 문학사관을 근거로 삼고 있기 때문이다. 그러나 이 글은 문학사관에 따라 문학사 인식이 어떻게 달라지는가 하는 점을 분명히 하지 않음으로써 오히려 문학사 유형들을 인접 학문방법들의 반영물로만 인식하게 한다. 문학사 유형은 궁극적으로 문학사를 어떻게 인식하느냐에 따라 결정되는 것이다. 여기에도 문학사관이 전적으로 작용됨은 물론이다. 그리고 이 논의에서는 개별 방법들에서 그 구성적 이념들이 어떻게 작용하는가, 또 유형들 간의 상호 공존성과 경쟁성이 어떤 것인가 하는 문제들에 대한 연구가 이루어져 있지를 않다. 이런 연구들이 함께 이루어져야만이 문학사 기술방법의 유형 연구는 보다 구체화될 것이다. 논자는 "각국 문학사의 특수성에 의해서 문학사는 항시 상이한 문제점과 연구 방법론을 가질 수 있다"[30]라고 했는데, 이 논점은 원론적인 수준의 문학사 유형론에도 해당되는 이야기다.

다음으로 조동일의 「문학사를 어떻게 이해할 것인가」를 살펴보자.

조동일은 문학사를 이해하는 데는 ① 문학사 기술의 가능성, ② 문학사의 연속성 문제, ③ 시대구분 문제, ④ 설명의 문제, ⑤ 문학사 서술의 목적, 그리고 ⑥ 이론과 자료의 관계 등 여섯 가지 사항이 고려되

30 반성완, 「문학사」, 계명대 동서문화연구소 편, 『비교문학총서1—문학 · 장르 · 문학사』, 계명대 출판부, 1979, 138면.

어야 한다고 한다.[31] 이들에 대한 설명을 요약해 보면 다음과 같다.

① 문학사는 시간과 문학 갈래에 의한 면의 전개일 뿐만 아니라, 시간과 문학층에 의한 면의 전개이다. 따라서 문학사는 입체의 전개이며, 작품이나 작가는 이와 같은 입체 속에서 일정한 위치를 차지하면서 다른 것들과의 관계를 맺는다.[32]

② 문학의 실상이라고 하는 입체는 고정되어 있지 않고 운동한다. 문학사의 운동은 계승이라는 개념을 통해서 파악할 수 있다. 앞시대의 문학은 뒷시대의 문학으로 지속되고 지속과 함께 변화가 일어나는데, 지속과 변화를 함께 포괄하는 것이 계승이다.[33]

③ 문학사를 이해하기 위해서는 문학사의 시대구분이 필요하다. 시대구분은 서술의 편의를 위해서 필요한 것만이 아니고, 문학사의 실상을 가장 분명하게 요약해서 나타내는 것이다. 그런데 문학사의 시대구분에 있어서도 입체적인 관점이 필요하다. 문학의 갈래와 문학층의 변화를 동시에 고려하는 입체적인 시대구분이어야 한다.[34] 시대명명 또한 문학의 갈래와 문학 담당층을 아울러 말해 줄 수 있는 개념이어야 한다.

④ 문학사는 사실만 서술하고 가치평가는 배제하는 것이 아니다. 사

---

31 일련번호는 설명의 편의를 위해 필자가 붙인 것이다.

32 그와 같은 문학사는 다음과 같은 문학사들의 한계를 극복한다고 한다. 즉, 문학을 개별적인 사실로만 다루는 연대기로서의 문학사, 갈래들의 역사적 변천과정을 단선적으로 파악하는 일종의 족보로서의 문학사, 그리고 갈래들의 역사적 변천과정에 주목하되 그것을 상호관계 하에서 파악하는 문학사 등이 그것이다.(조동일, 『문학연구방법』, 225~231면) 조동일은 문학의 갈래를 상호관계 하에서 파악하되 여기에 문학과 문학층과의 관계를 고려함으로써 문학사는 입체적이 된다고 한다.

33 조동일은 문학사의 지속과 변화에 대해 설명할 경우 다음 세 가지 점을 고려해야 한다고 한다. 첫째, 지속과 변화의 비중은 항상 같은 것이 아니다. 둘째, 전통의 계승에는 긍정적 계승도 있고 부정적 계승도 있다. 셋째, 외래적인 영향에 의한 변화가 부정될 수 있는 것은 아니지만, 외래적인 영향은 내부적인 변화에 수용되어야만 비로소 의의를 갖게 된다.(위의 책, 231~237면)

34 여기서 시간의 원근에 따른 시대구분, 세기별 시대구분, 그리고 왕조교체에 따른 시대구분 등이 비판되고 있다.(위의 책, 239~241면)

실의 선택과 서술이 이미 가치평가를 내포하고 있을 뿐만 아니라, 문학사 서술은 문학의 가치평가를 적극적인 임무로 삼는다. 문학사는 문학의 가치평가를 올바르게 하기 위해서 필요한 것이기도 하고, 문학사 서술의 방법은 가치평가의 방법이기도 하다. 그런데 가치평가의 기준이나 방법이 이미 확립된 것처럼 전제해서는 안 된다.[35]

⑤ 모든 역사서술은 과거에서 현재까지를 알아서 미래를 예견하고 창조하기 위해서 필요하다. 문학사 서술도 과거에서 현재까지를 알아서 미래를 알고 실현하자는 것을 최종적인 목표로 삼는다. 그러면 현재란 무엇인가. 현재라는 사회적 공간은 작품 한 편의 구조와 마찬가지로 음양의 대결로 이루어져 있고, 음양의 대결은 공간적인 것이면서 또 시간적인 것이다. 그러므로 현재를 알고서 미래를 예견하며 창조하는 방법은 현재의 음양을 정확하게 파악하는 데 있다.[36]

⑥ 문학사는 문학사에 관한 이론만 가지고 쓸 수 있는 것이 아니다. 문학사의 서술이나 문학사적 연구는 문학의 실상을 구체적으로 다루는 작업이어야 한다. 문학연구는 이론학과 자료학이 하나로 합치되는 것을 이상으로 삼는다. 그리고 우리는 외국문학이론에 대해서도 관심을 가져야 하지만, 실제로 우리 문학을 연구하는 데서 검증되고 확인된 이론만이 이론으로서의 의의를 지닌다는 점을 인식해 두어야 한다.

이상 여섯 가지 논의는, 맨 마지막 항에 언급된 이론학과 자료학의 구분을 기준으로 하여 나눌 때, 크게 둘로 나누어진다. 처음 다섯 항이

---

35 문학의 가치는 다음 몇 가지 측면에서 정의되고 평가되어야 한다고 한다. 첫째, 문학의 가치는 문학은 형상이면서 인식이라는 데서 점검되어야 한다. 둘째, 문학의 가치는 작품 자체로서의 가치와 세상을 위한 가치로 이루어진다. 셋째, 문학의 가치는 상대적이며 절대적이다. 넷째, 문학의 가치는 당대적 가치와 현대적 가치로 이루어진다.(위의 책, 246~252면)

36 조동일은 오늘날 우리 문학의 음양을 서양문학의 이식: 민족문학의 이식 그리고 중세문학의 지속 : 근대문학의 창조 두 가지로 설정하여 그 연합양상과 대결양상을 설명한다.(위의 책, 255~258면)

이론학에 관한 것이고, 마지막 것이 자료학에 관한 것이다. 이론학을 언급한 다섯 항 가운데 처음 두 항은 문학사 이론에 대한 원론적 진술들로서 이후에 논의되는 문제들, 즉 시대구분 문제(셋째 항), 설명의 문제(넷째 항), 그리고 문학사 서술의 목적(다섯째 항) 등을 전체적으로 포괄하고 있다. 그런데 같은 이론학이라도 문학사의 서술의 목적을 설명한 다섯째 항은 셋째·넷째 항들과 구분된다. 앞의 두 항이 보편적인 관점에서 문학사 서술의 인식구조를 설명한 것이라면 다섯째 항은 민족문학사라는 특수한 관점에서 그 구조를 설명한 것이기 때문이다. 여섯째 항은 문학사 서술의 예비적 작업으로서 자료학의 중요성에 대해 논의하는 한편, 이론학과 자료학의 상호관계를 논의한 것이다. 그런데 자료학이란 이론학의 설명의 문제와 관련된다고 보았을 때 문학사를 이해하는 데 조동일이 고려해야 한다고 인식한 기본적인 사항은 시대구분 문제, 설명의 문제, 그리고 민족문학사 서술 문제 등으로 요약된다고 할 수 있다.

이 논의에 드러난 특징적인 점을 정리해 보면 다음과 같다.

첫째, 문학사 인식은 실재론적 측면에서 이루어지고 있다. 이와 같은 문학사관은 역사인식에 있어서 주관적 요소의 영향을 받지 않은 채 과거의 사실들을 정확하게 재구하는 것이 가능하다고 주장하는 실증주의적 전통 내에 서는 것으로서, 과거의 문학을 실증적인 역사적 자료로 보아 문명사적 문학사—김동욱의 논의에서 본 바와 같은—를 지향한다.[37] 이 때문에 자료학에 큰 관심을 갖게 된다. 그런데 실증주의적 인식이 주류를 이루고 있는 이 논의는 이념상으로 민족주의를 강조

---

37 조동일 자신도 문학사를 역사학의 한 분야로 인식한다.
"…… 문학사는 아주 포괄적인 의미에서의 역사학의 한 분야이다. 〈아주 포괄적인 의미〉라는 단서를 붙인 이유는 현재 유행하는 역사학은 대부분 문학사를 포괄하기에는 너무 협소하기 때문이다."(앞의 책, 237면)

함으로써 스스로 문제점을 드러내고 있다 하겠다. 이것은 문학사의 서술목적을 밝힌 다섯째 항에서 두드러진다. 민족주의와 같은 이념은 인식론상 현재주의나 주관주의를 기초로 하지 않을 경우 방법과는 무관한 주장으로만 남게 된다. 다시 말하면, 이 논의는 기본적으로 실재론을 지향하고 있기 때문에 방법상 민족주의라는 현재주의적 이념을 포괄하고 있지 않다.[38]

둘째, 문학사 방법의 구성적 이념을 분명하게 정식화하고 있다. 구성적 이념들로 시대구분의 문제, 설명의 문제, 그리고 민족문학사 서술문제 등을 들고 있는데, 논자는 이들의 상호관계를 밝히는 데까지 논의를 진척시키고 있다.

이상 조동일의 논의는 실재론적 문학사 방법에 한정해서 쓰여진 글이지만 그 범위 내에서 구축된 논리 구조와 구성적 이념들의 관련 양상에 대한 천착은 매우 정치하다 하겠다. 이 논의가 앞으로 해결해야 할 점은 방법상으로 제시된 실증주의와 이념상으로 제시된 현재주의를 융합시키는 일이라고 본다. 우리는 여기서 사실에 대비된 것으로서 당위는 사실로부터 합리적으로 추론되지 않으면 객관성을 확보하지 못한다는 사실을 상기할 필요가 있다. 또한 이 논의는 문학사의 설명단위로서 문학 외적 사실들의 기능에 관한 문제를 분명히 해 두어야 할 것이다. 말할 것도 없이, 바로 이 점에서 문명사적 문학사의 정당성이 확보되기 때문이다.

오세영의 「역사주의 비평과 문학사」는 '문학이론, 문학비평, 문학사', '역사주의 비평', '문학사 기술의 가능성', '문학사 기술방법', '문학사의 유형', 그리고 '문학사에 있어 진화의 개념' 등으로 구성되어 있다.

---

38 역사인식에 있어 현재주의(presentism)란 일반적으로 역사적 과정을 현재의 관심과 필요성의 한 함수로 취급하는 방법을 뜻한다.(A. Schaff, 김택현 역, 『역사와 진실』, 청사, 1982, 142면)

그 내용들을 요약해 보면 다음과 같다.

'문학의 이론, 문학비평, 문학사'에서는 문학연구의 차원에서 문학사를 정의한다. 문학연구는 이론·비평·문학사 세 분야로 이루어지는데, 이것들은 상호의존적이며 상당한 영역을 공유한다. 그런데 세 연구는 선후관계를 지닌다. 즉 "문학의 연구는 먼저 개별적인 작품의 해석을, 다음으로 비평을, 마지막으로 문학사 기술을 함으로써 완성된다."[39] 문학연구의 측면에서 이루어진 그와 같은 문학사의 정의는 방법으로서의 문학사를 지향한다. '역사주의 비평'에서 오세영은 문학사는 역사비평으로만 가능한 것이 아니지만,[40] 역사비평은 다른 어떤 방법보다도 문학사 기술에 밀착되어 있으며 그 토대가 된다고 한다. 그는 역사비평 방법이 문학사 기술과정에 어떻게 적용되는지를 알아보기 위해 역사비평의 선구자들이라 할 비코(Giam-battista Vico)의 방법과 테느(Hippolyte Adolphe Taine)의 방법을 간략하게 살핀다.[41]

'문학사 기술의 가능성'에서는 문학사 기술의 문제점, 문학사 기술의 가능성, 그리고 상대주의와 절대주의 등의 문제가 다루어진다.

문학사를 기술하기 어려운 것은 문학연구 자체가 지닌 한계성과 문학사와 역사가 지닌 애매한 관계에서 비롯된다고 한다. 두 가지 사실은 문학사 기술을 위한 독자적인 방법의 부재에서 문학사 기술의 난점을 파악하고 있다는 점에서 문제의식의 출발이 같다고 하겠다.[42] 문학

---

39 오세영, 『문학연구방법론』, 이우출판사, 1988, 12면.

40 문학사는 원형비평에 의한 기술이나 형태에 의한 양식사 등에 의해서도 가능하다고 한다.(위의 책, 13면)

41 비코는 문학작품의 내적 세계를 사회 내지 역사성의 반영으로 체계있게 설명한 최초의 사람으로 설명되고 있으며(위의 책, 15면), 떼느는 19세기에 더불어 역사비평의 이론적 체계를 확립한 사람으로 설명되고 있다.(위의 책, 16면)

42 문학연구의 한계란 첫째로 일관된 체계를 지닌 작품 분석 방법을 개발하지 못한 점, 둘째로 내용이나 의미적 요소들을 배제하여 작품을 순수하게 기호체계로 기술할 수 있는 이론을 아직 확립하지 못한 점 등이다. 한편 문학사와 역사가 애매한 관계에 있

사 기술의 가능성은 문학작품의 구조가 역동적이라는 점과 문학사는 작품들로서 이루어진 완전한 체계라는 점에서 논의된다. 여기서는 문학의 형식 또는 구조를 이해하는 태도에 대한 하르트만의 유형 분류를 들어[43] 전통적인 문학사론들이 작품들의 체계를 어떻게 파악하고 있는가를 살펴보고 있다. 이것은 후자에 대한 인식만을 반영한 것이다. 그런데 그와 같은 방법들에 대한 유형 분류는 방법들을 역사인식의 한 형식으로 보게 한다. 이럴 경우 모든 방법들은 상호간에 상대화된다고 할 수 있다. 다음 상대주의와 절대주의의 논의에 있어서는 사실을 판단하고 설명하는 데 있어서 극단적인 절대주의와 완전한 주관주의는 바람직하지 않다는 점을 강조한다. 그러나 그 당위성만을 강조한 아우어바흐(Erich Auerbach), 웰렉 등 기존 논자들만 소개되어 있을 뿐 구체적인 방안은 제시되어 있지 않다.

'문학사 기술방법'에서는 랑송, 웰렉, 하르트만의 문학사 기술방법들을 간략하게 소개하고 있을 뿐,[44] 이들 방법에 대한 비교연구가 이루

다는 것은 다음과 같은 사실들에서 논의된다. 첫째로 역사가 원래 인간행위의 기술인 고로 인간이 기술되지 않는 문학사는 성립할 수 없다. 둘째로 문학사는 일반역사에 포괄될 가능성이 다른 어떤 예술양식보다도 높다. 셋째로 예술은 본래 있는 그대로만 발언하지는 않는다. 넷째로 문학작품에 발전 혹은 진보의 개념이 있는지 의문이다. 다섯째로 역사 연구는 기록(document)이 되지만 문학연구는 기록체(monument)의 연구이다.(위의 책, 23~25면)

이와 같은 문학사 기술의 난점은 웰렉(Rene Wellek), 하르트만(Geoffry H. Hartman) 등의 기존 논의를 정리한 것인데, 역사연구와 문학사 연구의 차이에 대한 랑송(Gustave Lanson)의 논의는 따로 소개되고 있다.(위의 책, 25~26면)

43 하르트만은 문학의 형식 또는 구조를 이해하는 태도를 다음 네 유형으로 분류한다.
첫째, 마르크스주의 문학론의 형식관이다.
둘째, 프라이(Northrop Frye)류의 원형비평에 있어서의 형식관이다.
셋째, 레비스트로스(Levi-Strauss)류의 형식관이다.
넷째, 리챠즈(A. Richards)와 뉴크리티시즘(New Criticism)류의 형식관이다.(위의 책, 26~29면)

44 랑송은 실제 문학사 기술의 단계를 텍스트의 수용, 작품들의 분류・비교, 문학과 삶의 관계 해명 등으로 나눈다. 그리고 웰렉은 문학사 기술을 원리의 측면과 방법의 측

어져 있지 않다. '문학사의 유형'에서는 문학사를 작가사, 부분사, 그리고 통합사로 분류한다. 그러나 분류 기준이 분명하지 않다.[45] 작가사의 전제는 문학작품도 결국 인간 행위의 소산이라는 점이다. 그러나 작가사는 문학사 바로 그 자체는 아니다. 다만 진정한 문학사를 기술하기 위한 예비적 단계이며 그 토대가 된다고 한다. 한편 부분사란 문학작품을 구성하는 요소 또는 기법을 한 가지 계열로 일관성 있게 파악하는 문학사이다. 이에는 사상사, 사회사, 사조사, 비교문학사, 양식(genre)사, 기법사, 언어사, 문체사, 풍속사 등이 있을 수 있다고 한다. 마지막으로 통합사란 위의 여러 부분사를 통합시킨 문학사인데, 완전한 의미에서의 문학사란 이 통합사이다. 그러나 통합사를 위한 구체적인 방법론은 제시되어 있지 않다. 그리고 오세영은 문예비평사도 문학사로 수용해야 한다고 한다.[46]

'문학사에 있어 진화의 개념'에서는 진화론적 사고의 연원, 진화의 유형, 그리고 진화론적 문학사관의 한계 등에 대해 언급하고 있는데,

---

면으로 나누어 설명하는데, 원리란 문학 관습(convention)의 변화를 파악하여 이를 시대적으로 기술하는 것을 가리키며, 문학사 기술의 방법은 소재(텍스트), 장르나 타입, 시대구분 등에 대한 연구를 가리킨다. 한편 하르트만은 구체적인 방법은 언급하지 않았으나 문학사 기술의 원리를 그 나름의 관점에서 제시하는데, 그는 문학사를 "개인적 천재 즉 예술가(genius)가 시대적 천재 즉 과거의 위대한 예술 작품(Genius)와 공간적 천재(genius loci)와 투쟁하는 것의 기록"이라고 한다. 랑송과 웰렉이 경험론적 인식 태도를 보이고 있다고 한다면, 하르트만은 관념론적 인식 태도를 보인다고 해야 할 것이다.(위의 책, 31~37면)

45 이 분류는 다음과 같은 랑송의 문학사 분류를 참조한 것이다.
① 작품을 구성해 내는 "형식 및 장르"로서의 역사
② 작품에 반영된 "사상 감정의 계열, 지성윤리성의 계열"의 역사
③ 장르와 정신이 서로 다른 작품들 속에 공존하는 어떤 기법과 색조들에 따라서 취향면으로 본 제 시대의 역사
④ 한 시대의 사회의 삶과 문학의 관계를 해명하는 역사(위의 책, 37면)

46 '문학사의 유형'에는 스필러의 문학사 유형분류와 문학사 인식에 있어서 정서적 반응(emotional reaction)을 중시해야 한다는 에드문드 윌슨(Edmund Wilson)의 문학사론이 소개되어 있다.(위의 책, 42~44면)

이는 기본적으로 문학사가의 사관과 관련된 논의이다. 요약하면 다음과 같다.

진화론적 사고는 세계나 역사를 고정된 상태, 혹은 정태적 질서의 상태로 파악하지 않고, 연관성이나 연속성 속에서 파악하고자 한 데서 비롯된다. 따라서 진화론적 문학사 기술은 사실들을 단순히 시대적으로 배열하는 연대기적 문학사 기술의 한계성을 극복한다. 이것은 진화 개념을 설명틀로서 파악하고 있는 것이라고 할 수 있다. 진화론적 사고는 아리스토텔레스로부터 비롯된 것인데, 근대 생물학에서 진화론이 정립됨에 따라 보다 체계화된 역사철학으로 정립하게 된다. 이와 같은 진화 개념에 토대를 둔 연속의 원리는 생명체란 탄생하고, 성숙하여, 소멸한다는 과정에서 본 연속의 원리와 한 개의 종이 다른 종으로 발전한다는 넓은 의미의 변증법적 원리(principle of dialect) 두 가지가 있다. 이에서 유추된 진화론적 문학사는 연속적 원리에 토대한 진화론적 문학사와 변증법적 원리에 토대한 진화론적 문학사로 구별된다. 전자의 사관은 순환사관으로서 역사는 탄생, 성숙, 소멸을 되풀이한다는 인식에 기초해 있다.[47] 후자는 문학의 사적 전개가 돌연한 혁명적 변화, 대립 속의 역전, 또는 지양, 그리고 폐기와 보존 등으로 발전한다고 보는 데 특징을 지닌다.[48] 그런데 진화론적 문학사관은 금세기 들어 많

---

47 여기에는 연속적 원리의 진화관을 보인 역사가들, 즉 비코, 니체(F. Nietsche), 스펭글러, 토인비, 슐레겔 형제(Schlegels), 헤르더(Herders), 노드롭 프라이, 예이츠(W. B. Yeats), 허버트 리드(Herbert Read), 보링거(Wilhelm Worringer), 위고(Victor Hugo) 등의 소론이 소개되어 있다.(위의 책, 47~49면)

48 변증법적 원리의 진화관을 보인 역사가들로는 헤겔과 마르크스를 들고, 헤겔의 진화론을 중점적으로 살핀다. 헤겔 이후의 진화론적 문학사가로는 영국의 시몬드(John Addington Symond), 무울톤(Richard Green Moulton), 포스넷(H. M. Posnett), 검미어(F. Gummere), 멕켄지(A. S. Mackenzie), 프랑스의 떼느, 부륜띠에(F. Bruntiere), 러시아의 베셀롭스키(Aleksander Veselovsky), 그리고 동구의 무카롭스키(Mukarovsky) 등이 언급되고 있다.(위의 책, 49~53면)

은 비판을 받게 된다. 이는 문학비평의 조류가 반역사주의 경향으로 흐른 데도 그 원인이 있지만 무엇보다 그 자체가 지닌 결함이 주 원인이 된다.[49]

이상 오세영의 논의에 드러난 특징적인 점을 정리해 보면 다음과 같다.

첫째, 문학사 인식이 방법의 측면에서 이루어지고 있다. 바꿔 말하면, 문학사 인식이 인식 대상의 측면에서 이루어진 것이 아니다. 문학사에 대한 그와 같은 인식은 문학사 기술방법들을 상대화시키기 때문에, 방법을 달리하면 문학사 기술은 얼마든지 다양해질 수 있다는 믿음을 갖게 한다. 여기서는 역사주의 비평방법에 의한 문학사를 주로 다루고 있다.

둘째, 이 논의는 문학사관을 문학사 기술방법의 구성적 이념으로 인식하고 있다. 그러나 그것이 여타의 구성적 이념들, 즉 설명의 문제, 시대구분의 문제 등과 어떻게 관련되는지 구체적인 언급이 없다. 논의가 전체적으로 주제 중심 연구의 인상을 주고 있는데, 이것은 구성적 이념들 간의 유기적 관련성을 분명히 하지 않은 데서 비롯된 것으로 판단한다.

셋째, '문학사 기술방법'과 '문학사 유형', 양자에서 구사된 분류기준에 일관성이 없어 그 상호관계가 모호한데, 그 관계는 기본적으로 문학사관에 의해 매개될 때 분명해진다고 본다. 이는 기본적으로 이론과 인식론의 관계에 대한 철저한 인식을 전제로 한다.

역사주의 비평과 문학사와의 관계를 해명하고자 한 오세영의 논의는 문학사론에 대한 총체적 인식을 주는 데 시사하는 바 많다 하겠으

---

49 그것은 다음과 같다.

첫째, 진화론적 문학사에서는 모든 문학 현상을 시대성에 의해 규정한 나머지 작가의 개성이나 창조성이 무시되어 버린다.

둘째, 문학사는 생명체의 진화와 동일한 패턴으로 전개되지는 않는다. 문학은 진화의 저층으로서의 종(種)—생물이 지닌—에 비교되는 고정된 장르(fixed genre)를 지니지 않고 있기 때문이다.

셋째, 진화로서의 문학사는 결정론적, 기계주의적 도식성에 빠진다.(위의 책, 54면)

나, 다양한 외래 이론들의 철학적 · 인식론적 토대를 비교하지 않고 다만 소개하는 수준에 머문 부분이 많은 결과 논의 자체가 개별성을 지닌 이론적 체계로 되지 못한 감이 없지 않다.

우리는 지금까지 일곱 편의 기존 문학사 기술방법론을 검토해 보았다. 연구사에 드러난 일반적인 경향과 문제점을 지적하면 다음과 같은 것들을 들 수가 있다.

첫째, 우리 학계에서 이루어진 원론적인 수준의 문학사 기술방법론이 아주 빈약하다는 점이 우선 지적되어야 할 것이다. 그것도 외래 이론들을 단순하게 소개한 글을 빼고 나면 자기 주장의 글은 또 크게 줄어드는 형편이다. 원론적인 수준에서 문학사의 원리 · 범주 · 기준 등을 적극적으로 논의하지 않고서는 이것의 응용이론이라고 할 수 있는 한국문학사 기술방법론이 답보 상태에 머물 것이며, 앞으로도 외래 이론을 추수하는 상태를 벗어나지 못할 것이다. 또한 실제 문학사 기술 수준도 향상되지 못할 것임은 자명하다 하겠다.

둘째, 기존 문학사 기술방법론들은 상당히 실증주의적 문학사 방법론(대표적인 것은 이경선 · 김동욱 · 조동일의 방법론이다)에 편향되어 있다. 이는 현 학계의 연구 경향과 수준을 말해주는 것인데 좀더 다양해질 필요가 있다고 생각한다. 문학사의 대상인 문학이 역사적인 한편으로 개방적이며 자족적인 실체라는 점을 염두에 둔다면, 역사 상대주의적 관점만 가지고서는 문학사를 올바르게 해명하기는 어려우리라고 본다. 그리고 실증주의를 지향하는 문학사가들은 그 문학사의 정당성을 확보하기 위해서는 특히 문제가 되는 문학 내 · 외적 사실들 간의 관계를 보다 명확하게 이론화하지 않으면 안 된다고 본다. 문학사의 정당성은 일차적으로 분과학으로서의 문학사 연구의 독립성에서 확보되기 때문이다.

셋째, 기존 연구들은 대체로 논자들 나름대로 상정한 문학사의 설명단위들을 주제별로 다루는 경향이 많다(특히 반성완, 오세영의 경우). 그나마 문학사 기술의 표현 차원에 해당하는 문체에 대한 관심은 아주 드물고, 내용 차원에만 관심이 집중되어 있다(문체에 대한 관심은 김윤식의 경우뿐이다). 이는 문학사 기술방법의 이론에 대한 인식이 철저하지 못하거나 결여되어 있다는 사실을 나타낸 것으로 보인다. 이론이 전제되면 문학사의 설명단위들은 기술방법의 구성적 이념들로 인식되는 것이며, 동시에 그 구성적 이념들은 상호규정적으로 이해되는 것이다. 따라서 주제별 연구는 이론의 전제가 없이 시행될 경우 주제들 간의 유기적 관념이 배제된 채 한없이 병렬될 것이며, 그것도 주관적인 상태를 벗어나지 못할 것이다.[50]

넷째, 기존 연구 가운데는, 문학사 기술방법의 이론이 전제되어 있다 할지라도, 방법과 이념—문학사가의—과의 관계에 대한 인식이 불충분하여 인식론적 혼란이나 유형적 이해에서 오는 추상성에 빠지는 경우도 있다. 이것은 방법과 이념을 의식적이든 무의식적이든 거의 동일하게 인식하거나(전자는 김윤식의 경우, 후자는 김동욱의 경우), 방법에서 이념을 완전히 배제시킴으로써(김상일의 경우) 나타난 현상으로 판단된다. 방법과 이념이 동일하지 않다는 사실은 이론과 인식론이 동일하지 않다는 사실과 같다. "어떤 이론이든 표면적으로는 비슷할지 몰라도 실상 그것들은 각기 다른 인식론에 속할 수 있고, 그 역도 성립할 수 있다. 다시 말해서 동일한 인식론적 틀이라도 그 아래 수준에서는 서로 다른 이론적 명제가 양립될 수도 있는 것이다."[51] 알려진 바와 같이, 방

50 주제별 연구 경향은 기존 연구들이 의식적이든 무의식적이든 문학사를 지식의 집적물로만 인식하고 있었다는 사실을 시사해 주는 것으로 판단한다. 지식의 집적물이라는 문학사 인식에서 유기적 관념이 유추될 수는 없는 일이다. 기술된 문학사—이상적인 의미에서 완전하든 불완전하든 간에—는 하나의 역사상을 지닌 텍스트이다.

법은 현상을 설명·해석하는 가설이며, 이념은 방법의 토대가 되는 인식론적·철학적 전제이다. 이때 이념은 방법에 의미를 부여하여 그것을 구체화시키고 형상화시킨다.[52] 방법과 이념의 관계가 이와 같기 때문에 배제의 논리 자체가 이미 이념적이라고 인식되어야 할 것이다. 또한 문학사 기술방법의 선택의 원리는 궁극적으로 사가의 이념에 의해 기능한다고 보아야 한다. 이상에서 본 바와 같이, 문학사 기술방법의 인식에 있어서 사가의 이념을 고려한다는 것은 당위적 수준의 문제가 아니라, 근본적으로 이론상의 문제이다.

연구사적 반성을 통해 우리가 얻을 수 있는 교훈은 명백하다. 그것은 무엇보다 먼저 문학사 기술방법론을 위한 이론적 체계가 정식화되어야 한다는 점이다. 이 작업은 실제 문학사 저술에 도움을 줄 뿐만 아니라 문학사 이론 자체의 발전을 도모함은 물론, 기술된 문학사를 하나의 완결된 텍스트로 분석해 볼 수 있는 내적 기준을 마련하는 것이 되기 때문이다.

---

51 M. Gluckswan, *Structuralist Analysis in Contemporary Thought : A Comparison of the Theories of Claude Levi-Strauss and Louis Althusser*; 정수복 역, 『구조주의와 현대 마르크시즘』, 한울, 1983, 27면.

52 위의 책, 27~28면.

참고문헌

1. 저서

1) 국내서

고위공, 『해석학과 문예학』, 서린문화사, 1983.
구중서, 『한국문학과 역사의식』, 창작과비평사, 1985.
_____ , 『한국문학사론』, 대학도서, 1978.
국사편찬위원회 편, 『한국사론 6: 한국사의 의식과 서술』, 국사편찬위원회, 1985.
국어국문학회 편, 『국어국문학회 삼십년사』, 일조각, 1983.
_____________, 『국어국문학과 구미이론』, 지식산업사, 1989.
권영민, 『한국현대문학사』 1 · 2, 민음사, 2002.
김광웅, 『방법론강의』, 박영사, 1997.
김기봉 외, 『포스트모더니즘과 역사학』, 푸른역사, 2002.
김기봉, 『'역사란 무엇인가'를 넘어서』, 푸른역사, 2004.
김동욱, 『국문학사』, 일신사, 1983.
김동일 외, 『사회과학 방법론 비판』, 청람, 1983.
김열규, 『한국문학사』, 탐구당, 1983.
김욱동, 『대화적 상상력-바흐친의 문학이론』, 문학과지성사, 1988.
______, 『수사학이란 무엇인가』, 민음사, 2005.
김윤식, 『근대한국문학연구』, 일지사, 1973.
______, 『한국근대문학사상사』, 한길사, 1984.
______, 『한국문학의 근대성과 이데올로기 비판』, 서울대 출판부, 1987.

______ · 김현, 『한국문학사』, 민음사, 1973.
______ · 정호웅, 『한국소설사』, 문학동네, 2000.
김장호, 『한국시의 전통과 그 변혁』, 정음문화사, 1984.
김주연, 『문학비평론』, 열화당, 1986.
김준오, 『한국 현대장르 비평론』, 문학과지성사, 1990.
김 현, 『문학사회학』, 민음사, 1983.
______, 『프랑스 비평사』, 문학과지성사, 1981.
______ · 김주연 편, 『문학이란 무엇인가』, 문학과지성사, 1976.
김흥규, 『한국문학의 이해』, 민음사, 1986.
나병철, 『소설의 이해』, 문예출판사, 1998.
동서문화연구소 편, 『비교문학총서 1-문학 · 장르 · 문학사—』, 계명대 출판부, 1979.
민두기 편, 『중국사시대구분론』, 창작과비평사, 1984.
박성수, 『역사학개론』, 삼영사, 1984.
박성창, 『수사학』, 문학과지성사, 2005.
박이문, 『인식과 실존』, 문학과지성사, 1982.
박철희 · 김시태, 『문학의 이론과 방법』, 이우출판사, 1986.
서울대학교 인문과학연구소 편, 『인문과학의 새로운 방향』, 서울대 출판부, 1984.
석경징 · 전승혜 · 김종갑 편, 『서술이론과 문학비평』, 서울대 출판부, 1999.
성기조, 『한국문학과 전통논의』, 장학출판사, 1985.
송현호, 『문학사기술방법론』, 새문사, 1985.
송호근, 『칼 만하임의 지식사회학 연구』, 홍성사, 1983.
송효섭, 『문화기호학』, 민음사, 1997.
신동욱, 『문예비평론』, 고려원, 1984.
안자산, 『조선문학사』, 한일서점, 1922.
양병우, 『역사의 방법』, 민음사, 1989.
여증동, 『한국문학사』, 형설출판사, 1973.
______, 『한국문학역사』, 형설출판사, 1983.
역사학회 편, 『한국사의 반성』, 신구문화사, 1983.
__________, 『현대 한국 역사학의 동향』, 일조각, 1983.
오세영, 『문학연구방법론』, 이우출판사, 1988.
유종호 · 염무웅 편, 『한국문학의 쟁점』, 전예원, 1977.
윤명노, 『현상학과 현대철학』, 문학과지성사, 1987.

이가원 외편, 『한국학연구입문』, 지식산업사, 1981.
이경선, 『한국비교문학논고』, 일조각, 1976.
이광주 · 오주환 편, 『역사이론』, 문학과지성사, 1987.
이기백 · 차하순 편, 『역사란 무엇인가』, 문학과지성사, 1976.
이만열, 『한국 근대 역사학의 이해』, 문학과지성사, 1985.
이명현, 『이성과 언어』, 문학과지성사, 1982.
이민호, 『역사주의』, 민음사, 1988.
이병근 외, 『국어국문학연구사』, 우석, 1985.
이병기 · 백철, 『국문학전사』, 신구문화사, 1970.
이병천 편, 『북한학계의 한국근대사논쟁』, 창작과비평사, 1989.
이상변, 『문학비평용어사전』, 민음사, 1976.
______, 『문학연구의 방법: 그 한국적 적용을 위한 개관』, 탐구당, 1974.
이상신, 『서양사학사』, 청사, 1984.
이선영, 『문학비평의 방법과 실제』, 동천사, 1983.
이우성 · 강만길 편, 『한국의 역사인식 (하)』, 창작과비평사, 1976.
이유영, 『독일문예학개론: 원리와 방법론』, 삼영사, 1979.
이재선, 『한국문학의 해석』, 새문사, 1981.
______, 『한국현대소설사』, 홍성사, 1979.
이정민, 『언어이론과 현대과학사상』, 서울대 출판부, 1986.
이청원, 『한국민족문학사론』, 원광대 출판부, 1982.
이한구, 『역사주의와 역사철학』, 문학과지성사, 1986.
______, 『역사학의 철학』, 민음사, 2007.
임 화, 『문학의 논리』, 학예사, 1940.
임규찬 · 한기형 편, 『카프시대에 대한 회고와 문학사』, 태학사, 1989.
임성운, 「문학사 기술방법 연구」, 동국대 박사논문, 1990.
장덕순 외, 『한국문학사의 쟁점』, 집문당, 1986.
전해종 · 길현모 · 차하순, 『역사의 이론과 서술』, 서강대 인문과학연구소, 1975.
정한기, 『문체와 문학』, 태학사, 1994.
조동일, 『문학연구방법』, 지식산업사, 1980.
______, 『한국문학통사』 1, 지식산업사, 2005.
______, 『한국문학통사』 2, 지식산업사, 1983.
조윤제, 『국문학사』, 동국문화사, 1953.

______, 『국문학사』, 동방문화사, 1949.
차봉희 편저, 『수용미학』, 문학과지성사, 1985.
차하순 편, 『사관이란 무엇인가』, 청람, 1985.
______, 『서양사학의 수용과 발전』, 나남, 1988.
______, 『역사의 의미』, 홍성사, 1981.
______ · 이태동 · 이근삼, 『역사와 문학』, 서강대 인문과학연구소, 1981.
한국경제사학회 편, 『한국사시대구분론』, 을유문화사, 1970.
한국고전문학연구회 편, 『근대문학의 형성과정』, 문학과지성사, 1983.
한국사연구회 편, 『한국사연구입문』, 지식산업사, 1985.
______________, 『한국사학사의 연구』, 을유문화사, 1985.
한국역사연구회 편, 『한국사 강의』, 한울아카데미, 1990.
한국철학사상연구회 편, 『철학대사전』, 동녘, 1989.
한길문학 편집위원회 편, 『한국근대문학연구입문』, 한길사, 1990.
한단석, 『헤겔 철학사상의 이해』, 한길사, 1981.
한영우 외, 『한국사 특강』, 서울대 출판부, 1990.
한용환, 『소설의 이론』, 문학아카데미, 1990.
홍기삼, 『문학사의 기술과 이해』, 평민사, 1979.
황패강 외, 『한국문학연구입문』, 지식산업사, 1982.

2) 국외서

Anderson, R. J., Philosophy and the Human Sciences, 양성만 역, 『철학과 인문과학』, 문예출판사, 1988.
Bate, W. J.(ed.), Criticism: The Major Texts, New York : Harcourt Brace Jovanovich, INC., 1970.
Berger, P. L. · Lukman, T., The Social Construction of Reality, 박충선 역, 『지식 형성의 사회학』, 홍성사, 1982.
Bernheim, E., Einleitung in die Geschichtswissenschaft, 4th ed., 1926, 조기준 역, 『역사학입문』, 정음사, 1976.
Burckhardt, J., Weltgeschichtliche Betrachtungen, 이상신 역, 『역사를 어떻게 볼 것인가』,

한길사, 1981.

Burger, P., Vermittlung-Rezeption-Funktion:Asthetische Theorie und Me- thodologie der Literaturwissenschaft, Frankfurt, 김경연 역, 『미학 이론과 문예학 방법론』, 문학과 지성사, 1987.

Callinicos, Alex, 박형신 · 박선권 옮김, 『이론과 서사 – 역사철학에 대한 성찰』, 일신사, 2000.

Carr, E. H., What is History, The Univ. of Cambridge, 1961, 길현모 역, 『역사란 무엇인가』, 탐구당, 1971.

Cohen, R.(ed.), New Directions in Literary History, London: R.K.P., 1974.

Collingwood, R. G., The Idea of History, 소광희 · 손동현 공역, 『역사의 인식—역사학은 과학인가 이념인가—』, 경문사, 1985.

Coreth, E., Grundfragen der Hermeneutik—Ein Philosophischer Beitrag, Herder, 1969, 신귀현 역, 『해석학』, 종로서적, 1985.

Crane, R. S., Critical and Historical Principal of Literary History, The Univ. of Chicago Press, 1971.

Croce, B., Zur Theorie und Geschichte der Historiographie, Tubingen, 1915, 이상신 역, 삼영사, 1978.

Dray, W. H., Philosophy of History, 황문수 역, 『역사철학』, 문예출판사, 1980.

Duara, Prasenjit, 문명기 · 손승희 옮김, 『민족으로부터 역사를 구출하기』, 삼인, 2004.

Eagleton, T., Criticism and Ideology, 유희기 역, 『비평과 이데올로기 – 마르크스 문학이론의 한 연구』, 열린책들, 1987.

Eagleton, T., Literary Theory : An Introdcution, Oxford:Basil Black-well, 1983, 김명환 외 역, 『문학의 이론 입문』, 창작사, 1986.

Ellis, J. M., The Theory of Literary Criticism: A Logical Analysis, 이승훈 역, 『문학의 이론』, 대방출판사, 1982.

Erlich, V., Russian Formalism: History-Doctrine, 박거용 역, 『러시아형식주의 – 역사와 이론』, 문학과지성사, 1983.

Evans, Richard J., 이영석 옮김, 『역사학을 위한 변론』, 소나무, 1999.

Feyerabend, P., Against Method: Outline of an anarchistic theory of knowledge, NLB., 1975, 정병훈 역, 『방법에의 도전-새로운 과학관과 인식론적 아나키즘』, 한겨레, 1987.

Gay, P., Style in History, Basic Books, INK., 1974.

Glucksmann, J. M., Structuralist Analysis in Contempoary Social Thought : A Comparison of the Theories of Claude Levi-Strauss and Louis Althusser, 정수복 역, 『구조주의와

현대마르크시즘』, 한울, 1983.
Goldmann, L., Sciences humanies et philosophie, 김현・소광희 공역, 『인문과학과 철학』, 문학과지성사, 1980.
Grebstein, S. N., Perspectives in Contemporary Criticism. State Univ. of New York, 1968.
H. Stuart Hughes, 이순영 역, 『과학과 예술로서의 역사』, 풀빛, 1981.
Hauser, A., Methoden Moderner Kunnstbetrachtung, C. H. Beck, 1975, 황지우 역, 『예술사의 철학』, 돌베개, 1983.
Hegel, G. W., Vorlesung uber die Philosophie der Geschichte, 김종호 역, 『역사철학강의 I・II』, 삼성출판사, 1976.
Heller, Agnes, A Theory of History, 강성호 역, 『역사의 이론』, 문예출판사, 1988.
Hernadi, P., Beyond Genre, Cornell Univ. Press, 1972, 김준오 역, 『장르론: 문학분류의 새 방법』, 문장사, 1983.
Holub, R. C., Reception Theory, 최상규 역, 『수용이론』, 삼지원, 1985.
Hoy, David C., 이경순 역, 『해석학과 문학비평: 비판적 순환의 고찰』, 문학과지성사, 1988.
Hughes, H, S., History as Art and Science, 이순영 역, 『과학과 예술로서의 역사』, 풀빛, 1981.
I. A. Richards, 박우수 역, 『수사학의 철학』, 고려대학교출판부, 2001.
Jameson, Fredric, 윤지관 옮김, 『언어의 감옥 : 구조주의와 형식주의 비판』, 도서출판 까치, 1985.
Jauss, H. R., Literaurgeschichte als Provokation, 장태영 역, 『도전으로서의 문학사』, 문학과지성사, 1983. Minnesota Univ. Press, 1982.
Leslie, A. White., 이문웅 역, 『문화의 개념』, 일지사, 1977.
Lodge, D.(ed.), 20th Centry Literary Criticism, Longmann, 1972. 윤지관・이동하・김영희 옮김, 『20세기 문학비평』, 도서출판 까치, 1984.
Morris, W., Toward a New Historicism, New Jersey: Princeton Univ. Press, 1972.
Schaff, A., History and Truth, 김택현 역, 『역사와 진실』, 청사, 1982.
Todorov, Tzevetan, 곽광수 역, 『구조시학』, 문학과지성사, 1977.
모리스 만델보옴, 임희완 역, 『역사지식의 해부』, 집문당, 1987.
미에치슬라브 마넬리, 손장권・김상희 역, 『페렐만의 신수사학』, 고려대학교출판부, 2006.
사라 밀즈, 김부용 역, 『담론』, 인간사랑, 2001.
여홍상 엮음, 『바흐친과 문화이론』, 문학과지성사, 1995.
올리비에 르불, 박인철 역, 『수사학』, 한길사, 1999.
조너선 컬러, 이은경・임옥희 역, 『문학이론』, 동문선, 1999.
존 S. 넬슨・앨런 메길・도널드 N. 맥클로스키, 박우수・양태종 외 역, 『인문과학의 수사학』, 고려대 출판부, 2003.
존 루이스 개디스, 강규형 역, 『역사의 풍경』, 에코리브르, 2004.
키스 젠킨스, 최용찬 역, 『누구를 위한 역사인가』, 도서출판 혜안, 2002.
토마스 S. 쿤, 김명자 역, 『과학혁명의 구조』, 정음사, 1984.
폴 벤느, 이상길 · 김현경 역, 『역사를 어떻게 쓰는가』, 새물결, 2004.
하인리히 F. 플렛, 양태종 역, 『수사학과 텍스트 분석』, 도서출판 동인, 2002.
헤이든 화이트, 천형균 역, 『19세기 유럽의 역사적 상상력-메타 역사』, 문학과지성사, 1991.

2. 논문

김동욱, 「일반문학사」, 『청파문학』 제11집, 숙명여대 국어국문학회, 1974.
김명호, 「도남 조윤제의 국문학연구방법론」, 서울대 석사논문, 1977.
김상일, 「문학사와 그의 대상」, 『한국문학』 제68호, 한국문학사, 1979.
김열규, 「고전문학과 현대문학」, 국어국문학회, 『국어국문학』 제88호, 1982.
______, 「한국문학사의 현황과 장래」, 국어국문학회, 『국어국문학』 제46호, 1969.
______, 「문학의 소재와 그 정신사적 배경」, 『문학사상』, 1974. 2.
김윤식, 「국문학사의 방법론 · 문제점 및 업적비판의 연구」, 한국언어교육연구회, 『국어교육』 제4호, 1962.
김준오, 「한국근대문학의 장르론에 대한 연구」, 계명대 박사논문, 1987.
반성완, 「문학사」, 동서문화연구소, 『비교문학총서 1—문학 · 장르 · 문학사』, 계명대 출판부, 1979.
백 철, 「국문학사 서술방법론」, 『사상계』 제44호, 사상계사, 1957.
______, 「국문학사 정리는 어디까지 와 있는가」, 국어국문학회, 『국어국문학』 제46호, 1969.
최순열, 「문학교육론연구－그 이론의 정립을 중심으로」, 동국대 박사논문, 1987.
홍기삼, 「한국문학사 시대구분론」, 『한국문학연구』 제12집, 동국대 한국문학연구소, 1989.
홍신선, 「한국 근대 문학이론 형성과정에 관한 연구－1894~1919년을 중심으로」, 동국대 박사논문, 1987.

찾아보기

ㅇ

ㅈ